Luther für Nichtlutheraner

Hans Schwarz

Luther für Nichtlutheraner

BRILL | Ferdinand Schöningh

Bibliografische Information der Deutschen Nationalbibliothek

Die Deutsche Nationalbibliothek verzeichnet diese Publikation in der Deutschen Nationalbibliografie; detaillierte bibliografische Daten sind im Internet über http://dnb.d-nb.de abrufbar.

www.schoeningh.de

Einbandgestaltung: Anna Braungart, Tübingen
Herstellung: Brill Deutschland GmbH, Paderborn

ISBN 978-3-506-76054-8 (hardback)
ISBN 978-3-657-76054-1 (e-book)

Inhalt

Vorwort

Haben wir denn nicht schon genügend Bücher über Martin Luther? Allein zum 500. Jahrestag der Veröffentlichung von Luthers 95 Thesen von 1517 kamen Dutzende von Büchern über den Reformator auf den Markt. Und jetzt kommt noch ein Buch über Martin Luther für Leser, die nicht aus der lutherischen Tradition stammen. Nun, die Idee für solch ein Buch kam nicht von mir, sondern von Martin Illert vom Schöningh Verlag. Für Interessenten an Luther gibt es wahrlich genug Bücher. Aber für die Leser, die Luther kaum kennen oder mit ihm überhaupt nichts am Hut haben, ist das nicht der Fall. So habe ich die Idee gerne aufgegriffen, da der Reformator Martin Luther weit über die lutherische Kirche hinaus prägend geworden ist. Ich war erstaunt, dass Papst Johannes Paul II. bei jeder seiner drei Pastoralreisen nach Deutschland ausdrücklich auf Martin Luther und die Reformation einging. Wir leben im deutschen Sprachraum in einem konfessionell gemischten Gebiet, so dass eigentlich die Evangelischen selbstverständlich etwas über den Katholizismus und seine leitenden Überzeugungen wissen müssten und im Gegenzug auch die Katholiken über das, was für Evangelische wichtig ist. Aber der Reformator Martin Luther ist für Katholiken oftmals weithin unbekannt und deswegen oft noch etwas suspekt. Um Missverständnisse auszuräumen, ist eine bessere Kenntnis des Reformators hilfreich.

Die nachfolgenden Seiten wollen keine Verteidigung Martin Luthers und seiner Anliegen sein, sondern sie sollen in verständlicher Sprache das aufzeigen, was wir dem Reformator heute noch in Kirche und Gesellschaft verdanken. Dass er weit über den kirchlichen Raum hinaus wirkte, wird oft vergessen oder auf Themen wie Luther und die Juden verkürzt. Allerdings war Luther kein Heiliger und hatte wie jeder Mensch auch seine Schwächen. Das soll nicht unterschlagen werden, obwohl darauf nicht der Hauptakzent dieses Buches liegt. Der liegt auf seinen Verdiensten um den christlichen Glauben und um die Gesellschaft.

Ich danke Herrn Illert und dem Schöningh Verlag ganz herzlich, dass er diese Veröffentlichung möglich machte. Frau Andrea Bauer von meinem ehemaligen Lehrstuhl an der Universität Regensburg danke ich für ihre Hilfsbereitschaft bei der Literaturbeschaffung. Nicht zuletzt gilt auch mein herzlicher Dank meiner Frau, dass sie mich wieder in meinem

Arbeitszimmer unbehelligt arbeiten ließ, obwohl ich ihr versprochen hatte, dass ich nicht so schnell ein weiteres Buch schreiben würde, damit wir endlich einmal mehr Zeit füreinander hätten.

Regensburg im Sommer 2020 Hans Schwarz

Einleitung

Warum sollte ein Katholik oder ein Orthodoxer sich für Martin Luther interessieren? Hat Luther den Katholiken nicht große Probleme bereitet, die zu einer Kirchenspaltung im Westen führten? Für die Orthodoxen ist Luther weitgehend ein Fremdkörper, wie auch umgekehrt. Zwar schätzte Luther die altkirchlichen Konzilien und hielt an ihren Lehrentscheidungen fest, aber die orthodoxen Kirchenstrukturen mit Patriarchen, Erzbischöfen und Metropoliten, sowie der Verehrung von Ikonen spielten für Luther keine Rolle. Weshalb dann Luther für Nichtlutheraner? Dies erinnert mich an eine Episode während meines Studiums. Da ich neben Theologie auch Anglistik studierte, musste ich einige Scheine in Französisch erwerben. Im Sprachkurs für Französisch kamen dann auch solche Ausdrücke wie Altar, Fronleichnamsfest und Hostie vor. Einige Kommilitonen protestierten, dass man solche Ausdrücke ja wohl nicht lernen müsste, wenn man mit der Kirche nichts am Hut hätte. Doch die Lektorin, Frau Zöbelein, entgegnete, dass man sie sehr wohl lernen müsse, denn sie gehörten zur Allgemeinbildung. Somit gehört auch eine Grundkenntnis von Martin Luther und seinen wichtigsten Aussagen zur Allgemeinbildung von Nichtlutheranern, wie das auch auf die Kenntnis von Thomas von Aquin und Karl Rahner für Lutheraner zutrifft. Ich erinnere mich noch, wie ein gebildeter und mit mir befreundeter griechisch-orthodoxer Abt mich einmal fragte: „Hans, habt ihr [Lutheraner] denn auch Sakramente?“ Als ich ihm dann erklärte, wir haben zwei Sakramente, nämlich Taufe und Abendmahl, aber daneben noch andere Riten, wie Eheschließung, Konfirmation, Ordination usw., die wir zwar nicht Sakramente nennen, aber doch für sehr wichtig halten, meine er: „Das ist ja dann fast wie bei uns.“ Unkenntnis der anderen Konfessionen führt oft zu Vorurteilen und vertieft die Gräben zwischen den Konfessionen. Deshalb ist es für Nichtlutheraner wichtig zu wissen, was es denn mit diesem Luther auf sich hat. War er wirklich ein Ketzer und Kirchenspalter, von dem man sich möglichst fernhalten sollte?

Auch wenn einen das als Nichtlutheraner nicht interessiert, kann man sich Luther und seiner Reformation so leicht nicht entziehen. Er hat damit eine solche Breitenwirkung entfaltet, dass ihre Wirkung selbst dort sichtbar wird, wo man es überhaupt nicht vermutet. Dies zeigte sich auch bei dem 500-jährigen Jubiläum des Thesenanschlags Martin Luthers, ein Ereignis dessen man 2017 weltweit gedachte und auf das eine zehnjährige sogenannte Lutherdekade hinführte. Diese Dekade lud seit 2008 bis einschließlich 2016 mit vielfältigen Veranstaltungen und Reiseangeboten zur Spurensuche von Luther und der Reformation an wichtigen Originalschauplätzen ein. In ganz Deutschland widmeten sich Ausstellungen, Konzerte und andere kulturelle Veranstaltungen den verschiedenen Aspekten der Reformation. Jedes Jahr stand unter einem anderen Motto, wie Reformation und Freiheit (2011), Reformation und die Musik (2012) und Reformation und Politik (2014). Weil Luther im Herbst 1508 zum ersten Mal nach Wittenberg kam, an den Ort, der seine wichtigste Wirkungsstätte werden sollte, wurde die Lutherdekade feierlich in der Schlosskirche zu Wittenberg eröffnet. Da Luther als Mönch, wie im 16. Jahrhundert üblich, mit einem Kahn über die Elbe nach Wittenberg gekommen war, so setzte am 20. September 2008 ‚Martin Luther' mit einem Kahn über die Elbe und wurde von Bürgern und Gästen der Stadt feierlich begrüßt. Teil der Eröffnungsveranstaltung war auch der Beginn eines Luthergartens, in dem Kirchen aus aller Welt die Patenschaft für je einen der 500 Bäume übernehmen konnten, die dort gepflanzt werden sollten. Dies war als Symbol gedacht für die weltweite Ausstrahlung der Reformation sowie für die Verbundenheit, Vernetzung und Versöhnung der christlichen Kirchen weltweit. Im Gegensatz zu früheren Reformationsfeiern wollte man bewusst die Einheit und Versöhnung der christlichen Kirchen in den Mittelpunkt der Feiern stellen und nicht etwa Gegensätze zwischen den Lutheranern und den Katholiken. Deswegen sprach man oft von einem Reformationsgedenken statt von einer Reformationsfeier. Das 500-jährige Jubiläum der 95 Thesen Martin Luthers wurde also nicht mehr als eine lutherische Sache verstanden, von der sich die Katholiken distanzierten, sondern als ein Jubiläum, das sowohl Lutheraner als auch Katholiken anging. War im 16. Jahrhundert konfessionelle Abgrenzung und Selbstbehauptung angesagt, so ging es 500 Jahre später um Überbrückung der konfessionellen Gegensätze. Damit sollte das Vergangene nicht einfach ungeschehen gemacht und unter den Teppich gekehrt werden, sondern man sah das Vergangene in seinem damaligen Kontext und fragte sich, ob dieser für uns noch relevant und gültig sei.

So lesen wir etwa im Ergebnisprotokoll der ersten Sitzung der Gemeinsamen Ökumenischen Kommission, die am 6.-7. Mai 1981 in München tagte: „Kardinal Ratzinger hält eine entsprechende Überprüfung von Lehrentscheidungen des Trienter Konzils für notwendig. Es muss dabei formuliert werden, was im evangelisch-katholischen Gespräch immer schon vorausgesetzt wird, dass neue Realitäten entstanden sind, der alte massive Dissens faktisch nicht mehr existiert."[1] Bei dieser ersten Sitzung dieser Kommission, die aufgrund des Besuchs von Papst Johannes Paul II. in Deutschland konstituiert wurde, zeigte sich, dass die im 16. Jahrhundert von der einen Kirche über die andere abgegebenen Urteile, die dann Aufnahme in die Bekenntnisschriften der lutherischen und reformierten Kirchen bzw. in die Lehrentscheidungen des Konzils von Trient gefunden hatten, „nach allgemeiner Überzeugung nicht mehr den heutigen Partner" treffen.[2] So nannte schon 1983 der katholische Theologe Peter Manns (1923-1991), bei einer Vortragsreihe des Instituts für Europäische Geschichte Mainz, anlässlich des 500. Geburtstags von Martin Luther, diesen als „‚Vater des Glaubens' für die gesamte Christenheit".[3] Seine Glaubensgrundsätze, allein Christus, allein die Schrift, allein die Gnade und allein der Glaube seien auch die Glaubensgrundsätze der ganzen Christenheit. Auch habe er niemals die eine Kirche verlassen und habe keine eigene Kirche gründen wollen.

Am 31. Oktober 1999, also am Reformationsfest, wurde in Augsburg von Kardinal Edward Idris Cassidy und Bischof Walter Kasper für die römisch-katholische Kirche und vom Präsidenten des Lutherischen Weltbundes, Bischof Christian Krause, und vom Generalsekretär des LWB, Ishmael Noko, sowie von sechs Vizepräsidenten/innen des Lutherischen Weltbundes die Gemeinsame Offizielle Feststellung zur „Gemeinsamen Erklärung zur Rechtfertigungslehre" unterzeichnet. In der Präambel der Gemeinsamen Erklärung wird darauf hingewiesen, dass aus

---

1 *Lehrverurteilungen – kirchentrennend? Rechtfertigung, Sakramente und Amt im Zeitalter der Reformation und heute*, hg. v. Karl Lehmann und Wolfhart Pannenberg (Freiburg: Herder, 1986), 177.

2 Ebd., 178f.

3 So Peter Manns in seinem bedenkenswerten Aufsatz, „Was macht Martin Luther zum ‚Vater des Glaubens' für die eine Christenheit?", in Martin Luther „Reformator und Vater im Glauben". Referate aus der Vortragsreihe des Instituts für Europäische Geschichte Mainz, Peter Manns, Hg. (Wiesbaden: Franz Steiner, 1985), 15.

reformatorischer Sicht in dem unterschiedlichen Verständnis der Rechtfertigungslehre der Kernpunkt aller Auseinandersetzungen war: Wie wird der sündhafte Mensch mit Gott versöhnt? Hierüber kam es in den lutherischen Bekenntnisschriften und im Konzil von Trient zu entgegengesetzten Erklärungen, die bis heute gültig sind und kirchentrennende Wirkung haben. Auf Grund des bisherigen Dialogs zwischen der katholischen und der lutherischen Kirche konnte man nun offiziell feststellen, dass es „einen Konsens in Grundwahrheiten der Rechtfertigungslehre" gibt und „dass die weiterhin unterschiedlichen Entfaltungen [der Rechtfertigungslehre] nicht länger Anlass für Lehrverurteilungen sind".[4] Man stimmte nun auch offiziell in den wesentlichen Punkten der Rechtfertigungslehre überein. Papst Johannes Paul II. hatte also Recht, wenn er bei seinem Deutschlandbesuch 1996 feststellte, dass Gräben überbrückt wurden, „die frühere Generationen für unüberbrückbar hielten. Dieser Fortschritt ist möglich geworden, weil methodisch sorgsam darauf geachtet wurde, zwischen dem Glaubensgut selbst und der Formulierung, in der es ausgedrückt wird, zu unterscheiden."[5] Es reicht also nicht, wenn man bestimmte Aussagen miteinander vergleicht, sondern man muss gleichzeitig fragen, was mit diesen Aussagen gemeint ist. Man muss also den Gesprächspartner wirklich kennenlernen, damit man die inhaltlichen Gemeinsamkeiten und Unterschiede bestimmen kann. Somit ist es sinnvoll, wenn nicht sogar notwendig, dass man sich als Nichtlutheraner über Martin Luther informiert, denn auch Katholiken trennt nichts Wesentliches mehr von diesem Wegbereiter einer weltweiten Reformation. Was waren und sind also bis heute noch die Grundprinzipien lutherischen Glaubens und sind diese anderen Glaubensüberzeugungen, wie etwa den römisch-katholischen oder den reformierten, wirklich fremd?

4 *Gemeinsame Erklärung zur Rechtfertigungslehre* (Frankfurt am Main: Otto Lembeck / Paderborn: Bonifatius Verlag, 1999), 9.

5 Ansprache von Johannes Paul II. an die Vertreter der Evangelischen Kirche und der Arbeitsgemeinschaft christlichen Kirchen in Deutschland, Paderborn 1996. https://www.vatican.va/content/john-paul-ii/de/speeches/1996/june/documents/hf_jp-ii_spe_19960622_incontro-ecumenico.html Zugriff 9.5.2020.

1. Grundprinzipien lutherischen Glaubens

Vor einigen Jahren promovierte bei mir ein junger Mann aus Korea. Als das Ende seiner erfolgreichen Promotion vorauszusehen war, fragte ich ihn, welcher Konfession er sich nach seiner Rückkehr anschließen würde. Er war erst durch sein Studium in Korea zum Christentum bekehrt worden und hatte sich noch keiner Kirche angeschlossen. Er antwortete: „Es ist nicht wichtig, zu einer Kirche zu gehören. Entscheidend ist vielmehr, Christ zu sein." – Doch gerade in Korea ist es wichtig, einer Konfession anzugehören, denn ohne solch eine Zugehörigkeit kann man dort an keiner theologischen Institution arbeiten. – Ich erwiderte: „So einfach ist das nicht, denn jede Konfession hat eine bestimmte Sichtweise des Evangeliums, von der aus sie den christlichen Glauben versteht." Nachdem ich in Korea die lutherische Kirche gut kannte, schlug ich ihm vor, Lutheraner zu werden. Nach einigem Zögern willigte er ein. Nach entsprechender Vorbereitung wurde er konfirmiert und nachdem er die Aufnahmebedingungen der lutherischen Kirche in Korea bestanden hatte, wurde er Pfarrer dieser Kirche.

Jede Konfession bietet also eine bestimmte Sichtweise des Evangeliums. Da die lutherische Kirche, ähnlich wie die römisch-katholische, der westlichen Christenheit zugehört, wird bei ihr durch die lateinische Sprache das juridische betont. Bei der katholischen Kirche zeigt sich das im hohen Stellenwert des kanonischen Rechts und bei der lutherischen Kirche durch die Betonung der Rechtfertigung. Während die katholische Kirche Wert darauf legt, dass alle Gläubigen den Vorschriften des kanonischen Rechts folgen und der Papst letztendlich den Jurisdiktionsprimat hat, betont die lutherische Kirche, dass der Gläubige allein durch die unverdiente Gnade von Gott angenommen wird. Die östliche Christenheit ist vom griechischen Geist geprägt, und das Ziel der Gläubigen ist die Vergöttlichung, also die völlige Durchdringung vom Geist Gottes. Die Rechtfertigung, durch die man allein aus Gnaden zu Gott kommt, spielt dort eine geringere Rolle.

 | DOI:10.30965/9783657760541_002

a. Die Bekenntnisse sind Leitlinien für den Glauben

Die lutherische Kirche ist eine Konfessionskirche. Damit unterscheidet sie sich von den Kirchen, die bewusst jedes christliche Bekenntnis, wie etwa das apostolische Glaubensbekenntnis, oder auch Bekenntnisschriften mit dem Hinweis ablehnen, dass es durch solche Bekenntnisse zu Kirchenspaltungen kam. So wurde zum Beispiel 1881 die *Church of God* (Anderson, Indiana, USA) – in Deutschland: *Freikirchlicher Bund der Gemeinde Gottes* – gegründet, wobei man sich nur auf die Bibel berief. Man wollte die Kirchenspaltungen überwinden und alle vereinigen, für die die Bibel als inspiriertes Wort Gottes Fundament ihres Glaubens ist. Die Kirche, die heute über eine Million Mitglieder hat, veröffentlichte aber zu ihrem 100. Geburtstag ein Bekenntnis, damit die Menschen wissen, woran man in dieser Kirche glaubt. Langfristig kommt man eben ohne Bekenntnis als Zusammenfassung des eigenen Glaubens nicht aus, denn die Bibel kann ganz verschieden gelesen werden, liberal, konservativ oder fundamentalistisch. Ein Bekenntnis, wie es in den *Bekenntnisschriften der Evangelisch-Lutherischen Kirche* vorliegt, ist für den Glauben ein Orientierungspunkt, auf den man sich berufen kann. So hat man etwa auf dem Reichstag zu Augsburg 1530 das Augsburgische Bekenntnis (*Confessio Augustana*) dem Kaiser vorgelegt, um zu zeigen, dass man nicht vom rechten Glauben abgewichen ist. Dieses Bekenntnis ist für Lutheraner nach fast 500 Jahren immer noch eine Leitlinie, wie man den biblisch begründeten Glauben verstehen soll.

Das Bekenntnis, ob das apostolische Glaubensbekenntnis oder das Augsburgische Bekenntnis, ist für einen Lutheraner nur eine Leitlinie, aber nicht die Norm für den christlichen Glauben. Norm allein ist die Heilige Schrift, und alles andere, einschließlich der Bekenntnisse, muss immer wieder daraufhin überprüft werden, ob es schriftgemäß ist. So sagen die lutherischen Bekenntnisschriften selbst: „Wir glauben, lehren und bekennen, dass die einige Regel und Richtschnur, nach welcher zugleich alle Lehren und Lehrer gerichtet und geurteilt werden sollen, sind allein die prophetischen und apostolischen Schriften Alten und Neuen Testaments."[6] Für Martin Luther war die Schrift die nicht hinterfragbare

6 *Die Konkordienformel* (Epitome), in: *Die Bekenntnisschriften der Evangelisch-Lutherischen Kirche*, hg. v. Irene Dingel (Göttingen: Vandenhoeck & Ruprecht, 2014), 1216.

Norm des christlichen Glaubens. Doch sind die Schriften der Bibel nicht einheitlich. Sie beinhalten Dichtung (die Psalmen), Briefe (Paulus), Gesetzesvorschriften (Reinheitsvorschriften des Alten Testaments) und Erzählungen (Auszug aus Ägypten). So urteilte schon Luther, das alttestamentliche Gesetz sei „der Juden Sachsenspiegel", d.h. ein Gesetz, das primär nur für die Israeliten verpflichtend war, aber für uns keine verbindliche Norm darstellt. Er unterschied deshalb in der Bibel zwischen dem Zentrum (was den christlichen Glauben beflügelt) und Peripherie (was mit Christus wenig oder überhaupt nichts zu tun hat). Insgesamt gesehen bezeugen aber alle biblischen Schriften Gottes Selbstoffenbarung in der Geschichte. Da die biblischen Schriften so verschieden sind und zu ganz verschiedenen Anlässen verfasst wurden, muss man sie zunächst in ihrem jeweiligen historischen Kontext erfassen, um sie richtig zu verstehen. Man darf also ein Schriftwort nicht aus dem jeweiligen Kontext, in dem es steht, herausreißen und sofort auf die Gegenwart beziehen oder mit anderen Schriftworten aus anderen geschichtlichen Kontexten frei kombinieren. Die Bibel ist kein Kreuzworträtsel, sondern will immer kontextuell verstanden werden. Allerdings konfrontiert sie uns mit dem Anspruch, Gottes Wort zu sein. Sie ist also nicht ein Buch wie jedes andere.

b. Die Unterscheidung von Gesetz und Evangelium

Die Bibel ist zunächst ein Buch, das uns anspricht, und zwar als Gesetz und/oder Evangelium. Einerseits konfrontiert sie uns mit dem Gott, der uns zeigt, so wie es Luther einmal in einem Lied schrieb: „Mit unsrer Macht ist nichts getan, wir sind gar bald verloren." Je mehr man über das eigene Leben nachdenkt, desto deutlicher wird einem, dass man nicht so war, wie man hätte sein wollen. Mit anderen Worten, man ist ein Sünder. Das wird schon am ersten Gebot deutlich, wo Gott spricht: „Ich bin der Herr, dein Gott. [...] Du sollst keine anderen Götter haben neben mir" (Ex 20,1-2). Wie oft ist uns aber anderes wichtiger als Gott! Damit ist dieses Gebot ein Gesetz, das uns unsere eigene Sündhaftigkeit aufzeigt. Wenn man jedoch beim ersten Gebot den ersten Teil betont und nicht den zweiten, verliert dieses Gebot seinen Charakter als Gesetz und wird zu einer wunderbaren Zusage: „Ich bin der Herr, dein Gott." Wir sind nicht allein, stehen also nicht von Gott verlassen in dieser Welt, sondern Gott ist unser Herr und Beschützer. So hat sich das erste Gebot in ein großartiges Evangelium verwandelt. Man kann man also die biblischen Worte nicht in solche unterteilen, die das Gesetz enthalten, und andere, die das Evangelium enthalten. Die Bibel spricht uns immer in zweifacher Weise an, sie deckt unsere sündhafte Entfremdung von Gott auf, und wenn wir darüber erschrecken, dann zeigt sie uns, wie sich Gott zu uns gnädig hinwendet. Bei Predigten ist es wichtig, dass Gesetz und Evangelium streng unterschieden wird, also die Predigt nicht in einen Moralismus abgleitet. Andererseits darf durch das Verschweigen des Gesetzes keine billige Gnade gepredigt werden, entweder nach dem Motto des Faschingsschlagers: „Wir kommen alle in den Himmel, weil wir so brav sind." Oder nach dem Motto: „Gott wird schon vergeben, denn dazu ist er da." Nein, Gott ist Gott, war die Erkenntnis Luthers, und keine Gestalt, die über alles den Mantel seiner billigen Gnade ausbreitet. Deswegen gehört das wahrhafte Erschrecken über das, was wir sind, genauso zur Predigt des Wortes Gottes, wie der tröstliche Zuspruch des Evangeliums. Wir sind eben Sünder und Gerechtfertigte zugleich und damit freie Kinder Gottes und nicht Menschen, denen ständig der moralische Zeigefinger vorgehalten werden muss.

Die Unterscheidung zwischen Gesetz und Evangelium setzt sich in der sogenannten Zwei-Regimente-Lehre fort, nämlich in der Überzeugung, dass Gott die Welt in zweifacher Weise regiert, nämlich im Reich zur Linken durch das Gesetz und im Reich zur Rechten durch das Evangelium. Dabei ist hier unter Gesetz das weltliche Gesetz zu verstehen, durch das Ordnung in der Welt aufrechterhalten und der Unordnung und dem Bösen widerstanden wird. Diesem Gesetz ist jeder unterworfen, ob Christ oder Nichtchrist. Man hat hier auf Römer 13 verwiesen, wo Paulus betont, dass die Obrigkeit von Gott verordnet ist und man ihr zu gehorchen hat. Oft wurde deswegen den Lutheranern vorgeworfen, sie seien obrigkeitshörig. Der reformierte Theologe Karl Barth (1886-1968) betonte genau das Gegenteil von obrigkeitshörig: Einer „gewissen notwendigen Politisierung der Kirche entspricht ebenso notwendig eine gewisse Verkirchlichung" des Staates, denn „der rechte Staat muss in der rechten Kirche sein Urbild und Vorbild haben".[7] Aber überschätzt man damit nicht die ordnungspolitischen Möglichkeiten des Evangeliums?

7 Karl Barth, Karl Barth, *Rechtfertigung und Recht* und *Christengemeinde und Bürgergemeinde* (Zürich: Theologischer Verlag, 1979^2), 34 und 80.

Man darf neben Römer 13 nicht Offenbarung 13 vergessen, wo die weltliche Macht als dämonische Verführungsmacht dargestellt wird. So hat der lutherische Theologe Walter Künneth (1901-97) seiner *Christlichen Ethik des Politischen* nach dem Zweiten Weltkrieg zu Recht den Titel gegeben *Politik zwischen Dämon und Gott*. Aber viele Christen haben die dämonischen Verführungskünste der Nationalsozialisten nicht rechtzeitig erkannt und dachten, dass die Nationalsozialisten eine von Gott gewollte Obrigkeit seien. Andererseits waren viele Widerstandskämpfer im Dritten Reich Lutheraner, wie Dietrich Bonhoeffer und Hans von Dohnanyi, die erkannten, dass Gott eine solche Obrigkeit nicht wollte. Luther selbst hat ja immer betont, dass in dieser Welt zwei Reiche im Kampf miteinander stehen, das Reich des Bösen und das Reich Gottes.

Aber wie steht es nun mit dem Reich zur Rechten, wo Gott mit dem Evangelium regiert? Für Luther war es klar, dass über die Herzen niemand regieren darf, weder ein Fürst noch ein Papst, sondern Gott allein. Man darf jedoch das Reich zur Linken nicht mit dem Staat gleichsetzen und das Reich zur Rechten mit der Kirche, denn sowohl im Staat als auch in der Kirche gibt es verbindliche Ordnungen, nach denen man sich richten muss. Als ich vor vielen Jahren in den USA in einem lutherischen theologischen Seminar lehrte, wollte ein Student die vorgeschriebene Seminararbeit nicht schreiben. Als ich ihm erklärte, wenn er keine Seminararbeit schriebe, würde er den Kurs nicht bestehen, erwiderte er: „Gibt es denn hier keine Gnade?“ Ich antwortete darauf: „Nein, auch in einem theologischen Seminar herrschen bestimmte Regeln, die für alle gelten.“ Man kann also die Kirche nicht einfach mit dem Evangelium leiten, genauso wenig wie das beim Staat der Fall ist, wenn auch Schwärmer dies immer wieder versuchten. Da in der Welt auch sündhafte Menschen leben, kann man auf Gesetze nicht verzichten, deren Einhaltung nach den Grundsätzen des Rechts im Zusammenleben der Menschen gewährleistet werden muss. Dabei sind die Christen zur Mithilfe aufgefordert, damit die Ordnung in allen Lebensbereichen aufrechterhalten wird und sich keine Unrechtsordnung breitmacht.

c. „Allein Christus“ gilt auch für die Sakramente

Eine weitere Eigenheit der lutherischen Kirche ist ihr Verständnis der Sakramente. Während die römisch-katholische Kirche auf dem Konzil zu Trient (1545-63) im Gegensatz zu den reformatorischen Kirchen festlegte, dass es sieben Sakramente gibt – Taufe, Firmung, Eucharistie, Ehe, Priesterweihe, Buße und Krankensalbung –, und die reformierte Kirche im *Heidelberger Katechismus* von 1563 feststellte, es gibt zwei Sakramente, Taufe und Abendmahl, hat sich die lutherische Kirche niemals auf eine bestimmte Zahl festgelegt. In seinem *Großen Katechismus* schreibt Luther „von unseren zwei Sakramenten, von Christus eingesetzt"[8], aber Philipp Melanchthon (1497-1560) schreibt von Taufe, Abendmahl und Absolution, dass sie als rechte Sakramente „Gottes Befehl und Verheißung der Gnaden" haben.[9] Er könnte sogar das Predigtamt, also die Priesterweihe, als Sakrament bezeichnen. Hier zeigt sich, dass die Zahl der Sakramente davon abhängt, als was man sie versteht. Versteht man sie mit Luther als von Christus eingesetzt, so kommt man auf zwei Sakramente. Führt man sie mit Melanchthon auf Gottes Befehl zurück, dann kann man sogar drei oder vier geistliche Handlungen als Sakramente bezeichnen. Schließt man noch die Tradition ein, so kommt man auf die Siebenzahl. In der Frühzeit der Kirche war der Sakramentsbegriff viel weiter gefasst, als das in der Reformationszeit der Fall war, und man kam manchmal auf über dreißig Sakramente. Nach lutherischem Verständnis sind Sakramente sichtbare Zeichen der unsichtbaren Gnade Gottes, die von Christus eingesetzt wurden. Hier unterscheiden sich die Lutheraner auch von den Freikirchen, in denen oft der Begriff „Sakrament" vermieden wird, da dieser Begriff für sie katholisch klingt. Für sie ist das Abendmahl weitgehend eine Erinnerung an den Opfertod Christi und die Taufe ein Bekenntnis des Täuflings zu Jesus Christus. Damit wird das Tun des Menschen betont und nicht das, was Gott in Jesus Christus für uns getan hat. Für die Lutheraner steht jedoch das Tun Gottes in Jesus Christus im Mittelpunkt. Dies zeigt sich auch daran, welcher Stellenwert Jesus Christus im Verständnis des Glaubens eingeräumt wird.

„Allein Christus" war das Losungswort Martin Luthers, und nicht der Papst oder die Tradition. In Christus hat uns Gott sein Herz gezeigt, so Luther. Damit können wir an Christus erkennen, wie Gott sich zu uns verhält. Christus ist das menschliche Antlitz Gottes, denn „dieses Menschsein ist nämlich unsere heilige Leiter zu Gott, auf der wir zu Gott hochsteigen

8 Luther, *Der Große Katechismus*, in *Die Bekenntnisschriften der Evangelisch-Lutherischen Kirche*, 110.

9 Philipp Melanchthon, *Apologia Confessionis Augustanae*, in ebd., 512.

und ihn erkennen können".[10] Deshalb bekennen Lutheraner selbstverständlich mit dem Konzil von Chalcedon (451), dass Jesus Christus wahrer Mensch und wahrer Gott ist. Jesus Christus muss vollständig und ganz Gott sein. Sonst hätte er Gott nicht vermitteln können. Gleichzeitig musste Christus vollständig und ganz ein menschliches Wesen sein. Sonst hätte er uns nicht erreichen und sich mit uns identifizieren können. Von dieser Erkenntnis aus muss auch all das beurteilt werden, was etwa vom Papst oder der Tradition bezüglich unseres Glaubens vermittelt wird, denn, so Luther, „Was Christum nicht lehret, das ist nicht apostolisch, wenn es gleich Petrus oder Paulus lehrte. Wiederum, was Christum predigt, das ist apostolisch, wenn es gleich Judas, Hannas, Pilatus, und Herodes täte."[11] Damit ist gleichzeitig die ökumenische Ausrichtung der Lutheraner gegeben. Sie können mit allen Konfessionen ins Gespräch kommen und auch mit ihnen in vielen Dingen übereinstimmen, solange nicht daran gerüttelt wird, dass Jesus Christus im Mittelpunkt des Glaubens steht, so wie er von den Schriften des Alten und Neuen Testaments bezeugt wird. Über menschliche Traditionen kann man sich immer einigen, denn, so Luther, „die Heiligkeit besteht nicht in Chorhemden, [...] sondern im Wort Gottes und rechtem Glauben".[12] Die lutherische Kirche darf niemals vergessen, dass Martin Luther eine Kirche reformieren wollte, die in Gefahr stand, Jesus Christus als ihren Grundstein in Vergessenheit geraten zu lassen. Dieses reformatorische Anliegen muss durch die vier lutherischen Alleinstellungsmerkmale, allein Christus, allein die Schrift, allein die Gnade und allein der Glaube, auch heute gewahrt bleiben.

10 Luther, *Vorlesung über den Hebräerbrief* (1517), *WA* 57/III:99.3f., Scholie zu Heb 1,2.

11 Luther, *Vorreden zum Neuen Testament* (Vorrede zum Jakobusbrief :1522), *WA DB* 7:384.25-32.

12 Luther, *Schmalkaldische Artikel*, in: *Die Bekenntnisschriften der Evangelisch-Lutherischen Kirche*, 776.

2. Luther als Initiator einer weltweiten Reformation

Wittenberg war für Martin Luther als hauptsächlicher Wirkungsort denkbar ungeeignet, denn die dortige Universität war erst 1502 durch den Kurfürsten Friedrich den Weisen (1463-1525) gegründet worden. Die Stadt lag, wie Luther noch 1532 sagte, am Rand der Zivilisation: Wenn man nur einen Schritt weitergeht, dann ist man tief in der Barbarei. Aber im Herbst 1508 wurde Luther überraschend von seinem Orden nach Wittenberg entsandt, um dort Moralphilosophie in der Artistenfakultät zu lehren. Endgültig wurde er 1511 nach Wittenberg berufen, um dann nach Abschluss seiner Promotion zum Doktor der Theologie, die 1512 stattfand, die Professur für biblische Exegese an der theologischen Fakultät der Universität Wittenberg zu übernehmen. Diese Professur bekleidete er bis zu seinem Tod im Jahr 1546. Luther lebte und wirkte also „am Rand der Zivilisation" und hatte mit Italien nur einmal ein fremdes Land besucht, als er 1510 von seinem Orden nach Rom geschickt wurde, um dort zusammen mit einem Nürnberger Augustinermönch die Probleme seines Ordens vorzutragen. Ähnlich wie der Philosoph Immanuel Kant, der auch niemals aus Königsberg herausgekommen war, lebte und arbeitete Luther keineswegs in Isolation. Dies war einerseits auf seinen Fürsten zurückzuführen, da Friedrich der Weise seine neue Universität als Landesuniversität des Kurfürstentums Sachsen entsprechend förderte. Sie entwickelte sich zu einer der bedeutendsten Universitäten im Deutschen Reich. Zum andern war Martin Luther literarisch so produktiv, dass er viele Zeitgenossen beeinflusste und mit vielen wichtigen Persönlichkeiten im Briefwechsel stand. Wenn wir zunächst beispielhaft Luthers Einfluss in Böhmen, England und Skandinavien kurz betrachten, so dürfen wir nicht meinen, dass seine reformatorischen Gedanken in anderen Gegenden unbekannt waren. Obwohl sich zum Beispiel die bayerischen Herzöge der Reformation verschlossen, gab es in vielen Städten Bayerns und teils auch auf dem Land Anhänger Luthers, die dann zum Widerruf gezwungen wurden. Dennoch führten einzelne Territorialherren, sehr zum Missfallen der bayerischen Herzöge, in

 | DOI:10.30965/9783657760541_003

altbayerischen Gebieten die Lehren Luthers ein, so etwa die Herzöge von Pfalz-Neuburg, die Grafen von Haag und die Grafen von Ortenburg.

a. Luthers Einfluss in Böhmen, England und Skandinavien

Da Martin Luther auf der Leipziger Disputation von 1519 von seinem Kontrahenten, dem Ingolstädter Professor Johannes Eck (1486-1543), als Hussit bezeichnet wurde, setzte er sich mit den Lehren von Jan Hus (1369-1415) auseinander, der auf dem Konzil von Konstanz 1415 als Ketzer verbrannt worden war. Luther bemerkte seine geistige Nähe zu Hus und den böhmischen Brüdern, die nach dessen Flammentod seine Lehren weiterverbreiteten.[13] Luther berichtete am 20. Juli 1519 an den kurfürstlich sächsischen Hofprediger und Sekretär Georg Spalatin (1484-1545): Eck „hielt mir die Böhmen entgegen und beschuldigte mich öffentlich als einen Häretiker und Schutzherrn der häretischen Böhmen".[14] Die Hussiten gratulierten Luther jedoch wegen seiner Disputation in Leipzig und übersandten ihm die Schrift *de ecclesia* von Hus.[15] So konnte er sich selbst mit Hus beschäftigen, denn, wie er selbst bekannte, „dass ich leider in Leipzig bei der Disputation Johannes Hus [noch] nicht gelesen hatte".[16] Er nennt jetzt *de ecclesia* ein „hochverständiges, edles, christliches Büchlein". Obwohl viele Dinge nicht Luthers Meinung entsprachen, wie etwa die Siebenzahl der Sakramente, die Ehelosigkeit der Priester und die doch undeutliche Stellung zum Abendmahl, übte Luther nur höfliche, freundschaftliche Kritik und meinte: „Wiewohl ich euch einst Ketzer nannte, da ich noch päpstlich war, nun aber bin ich anders gesinnt."[17] Luther

13 Zum Folgenden vgl. Amedeo Molnár, „Luthers Beziehungen zu den Böhmischen Brüdern," in: *Leben und Werk Martin Luthers von 1526 bis 1546*, hg. v. Helmar Junghans (Göttingen: Vandenhoeck & Ruprecht, 1983), 1:627-639.

14 Luthers ausführlicher Bericht an Spalatin vom 20. Juli 1519, *WA BR* 1:422.65-66 (Nr. 187).

15 Briefe von Johann Poduška und von Wenzel von Roždalowky (17. Juli 1519) und Brief Luthers an Johann Staupitz (3. Oktober 1519) *WA BR* 1:514.27-30.

16 Luther, *Von den neuen Eckischen Bullen und Lügen* (1529), *WA* 6:587.21-24, für dieses und das nachfolgende Zitat.

17 Luther, *Vom Anbeten des Sakraments des heiligen Leichnams Christi* (1523), *WA* 11:432.1-3.

hatte also seine Meinung gegenüber den böhmischen Brüdern gründlich geändert und hielt dies auch bei. Dadurch wurden die Beziehungen zu Wittenberg immer enger. So studierten 1520 nur 29 böhmische Studenten in Wittenberg, während es zehn Jahre später schon 88 waren.

Am wichtigsten erwies sich der Einfluss der Reformation Luthers auf das neu formulierte Brüderbekenntnis von 1535. Dieses Bekenntnis wurde auch ins Lateinische übersetzt und dem späteren Kaiser Ferdinand I. überreicht, der seit 1526/27 als König von Böhmen ihr Landesherr war. Doch scheint das Interesse Ferdinands an den Böhmen und ihrem Glauben nicht sehr groß gewesen zu sein. Luther hingegen war mit der erlangten Übereinstimmung bezüglich des Abendmahls und der Taufe zufrieden und hegte die Überzeugung, dass die noch bestehenden Unterschiede in gegenseitiger christlicher Geduld zu ertragen seien.[18]

Das Lob Luthers spornte die Böhmen an, an diesem Bekenntnis weiter zu arbeiten. Es wurde letztlich nach den Vorschlägen Luthers umgearbeitet und sollte in Wittenberg gedruckt werden. Doch zögerte sich der Druck immer wieder hinaus, nicht, wie die Brüder vermuteten, aus Desinteresse Luthers, sondern aus finanziellen Gründen. Als die Brüder selbst das nötige Geld aufbrachten und Luther mit Georg Rhau (1488-1448) in Wittenberg einen bereitwilligen Drucker fand, der das finanzielle Risiko des Druckes auf sich nahm, konnte 1538 die *Confessio fidei ac religionis baronum ac nobilium regni Bohemiae* zusammen mit der ebenfalls umgearbeiteten *Rechenschaft des Glaubens* veröffentlicht werden. Hier wurden auch die Fragen der Buße und der Ehelosigkeit der Priester im Sinne Luther gelöst. Bezüglich der Buße gestand man den Menschen zu, die Beichte erst am Lebensende abzulegen, da Gott einem bis zum Tode gnädig sei. Die Brüder wollten zwar den Zölibat nicht nur als Möglichkeit anerkennen, wie es Luther lieber gewesen wäre. Wenn jedoch ein Priester nicht den Zölibat halten könne, legten sie fest, er solle es den Ältesten der Brüder mitteilen, die dies dann akzeptieren würden. Wie der tschechische Theologe und Historiker Amedeo Molnár (1923-90) erklärt: „Durch die Wittenberger Ausgabe der lateinischen Fassung der Brüderkonfession erkannte Luther geradezu manifestartig die Brüderunität als Glied der Familie der Reformationskirchen an."[19]

18 Luther an Benedict Bavorinský, Bischof der böhmisch-mährischen Brüder, vom 18. April 1535, *WA BR* 7: 176 (Nr. 2189).

19 Amedeo Molnár, „Luthers Beziehungen zu den Böhmischen Brüdern", 1:637.

Wenn wir auf England blicken, so entwickelte sich dort Luthers Einfluss nicht sehr positiv.[20] Zwar hatten schon innerhalb eines Jahres nach Bekanntwerden von Luthers 95 Thesen seine Schriften England erreicht.[21] Aber König Heinrich VIII. war damals noch von seinem Lord Kanzler, Kardinal Thomas Wolsey beeinflusst, der diese neue Bewegung aufs schärfste verurteilte. Der Erzbischof von Canterbury, William Warham, berichtete Wolsey, dass die Universität Oxford „von den Häresien Luthers" infiziert sei.[22] Es sei auch traurig, wie besonders die Jugend auf diese neuen Lehren hereinfällt. Heinrich VIII. fertigte dann ein Buch gegen Luther über die sieben Sakramente an (*Assertio septem sacramentorum adversus Martinum Lutherum*), das dem Papst überreicht wurde, der Heinrich dafür mit dem Titel „Verteidiger des Glaubens" (*Fidei Defensor*) auszeichnete. Diese Veröffentlichung war ein verletzender Angriff auf Luther, in der er Luther als Ketzer beschimpfte. Luther reagierte darauf in derselben Weise in einer „Schrift gegen Heinrich den König Englands" (*Contra Henricum Regem Angliae*), worin er Heinrich VIII. grob und beleidigend angriff. Diese Schriften und noch weitere Auseinandersetzungen entfremdeten Luther und den König immer mehr. Die Sache änderte sich jedoch, als Heinrich VIII. seine erste Frau, Katharina von Aragon, verstieß und 1533 Anna Boleyn heiratete. Zwar hatte Papst Clemens VII. schon 1528 in einem heimlichen Ratschlag dem König geraten, Anna Boleyn einfach zu heiraten, und man werde dann sehen, was zu tun sei. Als dann aber der Papst noch einmal die Gültigkeit von Heinrichs erster Ehe mit Katharina von Aragon betonte, sagte der sich und die englische Kirche von Rom los, und das Parlament erkannte dem König 1534 den Titel „Oberhaupt der englischen Kirche auf Erden" zu. Luther wurde dann gebeten, eine Stellungnahme zu der Ehescheidung zwischen Heinrich und Katharina abzugeben. Aber Luther dachte ähnlich wie der Papst, dass eine Bigamie der Ehescheidung vorzuziehen sei. Dieses ausführliche und unparteiische Gutachten, dessen Ergebnis auch von anderen Theologen geteilt wurde, dass letztendlich die Ehe trotz der Schwierigkeiten aufrechtzuerhalten

---

20 Zum Folgenden vgl. James Atkinson, „Luthers Beziehungen zu England", in: *Leben und Werk Martin Luthers von 1526 bis 1546*, hg. v. Helmar Junghans, 1:677-687.

21 Johann Froben an Luther vom 14. Februar 1519, *WA BR* 1:332.26.

22 Brief Nr. 93 von „Archbishop Warham to Cardinal Wolsey", in: *Original Letters, Illustrative of English History*, Henry Ellis, Hg., Third Series, Bd. 1 (London: Richard Bentley, 1846), 239.

sei, fiel nicht im Sinne des Königs aus. Heinrich verfolgte aber weiterhin die Frage der Ehescheidung, wobei englische Delegierte mit Wittenberger Theologen verhandelten. Die Angelegenheit erledigte sich, als Anna Boleyn 1536 auf Befehl des Königs hingerichtet wurde.

Doch wurde in Wittenberg weiterverhandelt, obwohl Luther dieser Verhandlungen überdrüssig war, weil sie nur Streit brächten. Er überließ diese Angelegenheiten dann weitgehend seinem Mitarbeiter Philipp Melanchthon. Für König Heinrich VIII. hatten politische Fragen Vorrang vor den theologischen. So hielt er es bei der Auflösung der Klöster mit den Lutheranern, da die Auflösung riesige finanzielle Einnahmen bedeutete. In der Frage des Zölibats blieb er Rom treu, da es dabei weder politische noch finanzielle Gewinne gab. Luther durchschaute diese Motive. Trotzdem zeigten seine reformatorischen Überzeugungen in England Wirkung, zunächst durch seine Schriften und dann später durch bewusst evangelische Christen, die in Wittenberg studiert hatten.

In Hinblick auf Skandinavien war in Dänemark Paul Helie der maßgebende Theologe.[23] Er war Karmeliterprovinzial und Lektor an der Universität Kopenhagen und humanistisch geprägt. Als er jedoch Luthers Schrift *Von der babylonischen Gefangenschaft der Kirche* gelesen hatte, wandte er sich von dessen theologischer Einstellung ab. Trotzdem schätzte er ihn als wichtigen Erbauungsschriftsteller, sodass er 1524 dessen *Ein Betbüchlein der 10 Gebote, des Glaubens, des Vaterunsers und des Ave Maria* (1522) ins Dänische übersetzte. Er wurde insofern ein wichtiger Vorbereiter der lutherischen Reformation, da er zwischen dem eigentlich Lutherischen unterschied, dass ketzerisch sei, und den Dingen, in denen Luther Recht habe und mit dem wahren katholischen Glauben übereinstimme.

Besonders wichtig für Luthers Reformation war König Christian II., der 1520 die Veröffentlichung der Bulle verbot, in der Luther der Kirchenbann angedroht wurde. Im gleichen Jahr bat er Kurfürst Friedrich den Weisen, ihm einen Prediger aus Wittenberg zu senden. Humanistisch geprägt, wollte er seine Universität in Kopenhagen modernisieren und lud einige Gelehrte aus Wittenberg dazu nach Dänemark ein. In Dänemark und Norwegen erhob sich aber der Adel gegen ihn und zwang Christian II.

23 Zum Folgenden vgl. Martin Schwarz-Lausten, „Luthers Beziehungen zu Skandinavien", in: Helmar Junghans, Hg., *Leben und Werk Martin Luthers von 1526 bis 1546*, 1:689-697.

1523 zur Flucht. Bald nach seiner Absetzung reiste Christian mit seiner Frau nach Wittenberg und besuchte Martin Luther. Christian und seine Frau Isabella empfingen das Abendmahl in beiderlei Gestalt und bekannten sich damit zum lutherischen Glauben. In Wittenberg schlossen sie auch Bekanntschaft mit Melanchthon und Lucas Cranach, in dessen Haus sie vermutlich bis Juli 1524 lebten. In diesem Haus war auch Katharina von Bora, die spätere Frau Luthers beschäftigt, der Christian einen goldenen Ring schenkte. 1524 gab der ehemalige König das Neue Testament auf Dänisch heraus, die sogenannte *Christian II's Bibel.* In den Vorreden zu den einzelnen biblischen Büchern wird äußerst stark gegen den alten Glauben polemisiert und für den vertriebenen König geworben. Christian blieb zeitlebens mit den Reformatoren im brieflichen Kontakt. In seiner Schrift *Ob Kriegsleute auch im seligen Stande sein können* stellte Luther die Dänen, die Christian II. vertrieben hatten, als negatives Beispiel dar. Obwohl Christian II. seit seinem vergeblichen Versuch, Dänemark zurückzugewinnen, bis zu seinem Tod 1559 in Haft saß, spielte er als Schwager Kaiser Karls V. eine gewisse politische Rolle, zumal er wieder zur katholischen Kirche zurückkehrte.

Christians Nachfolger, König Friedrich I., musste 1523 versprechen, dass niemals ein Ketzer, ein Schüler von Luther, oder sonst jemand gegen Gott und die römische Kirche predigen würde. Der Reichsrat verbot die lutherische Ketzerei in Wort und Schrift. Trotzdem ließ er die evangelischen Prädikanten gewähren und untersagte den dänischen Bischöfen, künftig um päpstliche Bestätigung nachzusuchen. Der Reichsrat wollte also zumindest eine reformierte katholische Kirche unter königlicher Leitung. Nachdem König Friedrich I. 1527 seine Tochter Dorothea mit dem evangelischen Herzog Albrecht von Preußen vermählte, entstanden sogar evangelische Predigerschulen, und eine gegen den Katholizismus gerichtete polemische Literatur wurde herausgegeben. Als nach Friedrichs Tod Christian III. 1536 König wurde, wurden statt der katholischen Bischöfe evangelische Superintendenten berufen, die schon bald wieder Bischöfe genannt wurden. 1537 wurde dann offiziell die Reformation eingeführt. Der Stadtpfarrer von Wittenberg, ein Schüler Martin Luthers, Johannes Bugenhagen, krönte das Königspaar und ordinierte die sieben neuen Superintendenten, wodurch die Kirche die apostolische Sukzession verlor. Außerdem wurde eine neue Kirchenordnung erlassen und die zwischenzeitlich zum Erliegen gekommene Universität Kopenhagen wiedereröffnet. Diese drei Beispiele,

England, Böhmen und Dänemark – zeitweilig gehörten auch Norwegen und Schweden zu Dänemark –, zeigen den europäischen Einfluss Martin Luthers und seiner Reformation. Viel wichtiger jedoch ist der Einfluss, den er auf andere Reformatoren ausübte.

b. Luthers Einfluss auf die reformierten Theologen

Weitreichende Folgen hatte Luthers Auftreten bei der *Heidelberger Disputation* im April 1518. Er hinterließ bei einem Teil der Heidelberger Humanisten einen so nachhaltigen Eindruck, dass sich deren kritische Auseinandersetzung mit der Tradition beschleunigte. Unter den begeisterten Förderern Luthers finden wir führende Köpfe der späteren reformatorischen Bewegung Süddeutschlands wie Johannes Brenz in Schwäbisch Hall, Martin Bucer in Straßburg und Martin Frecht in Heidelberg und Tübingen. Diese Theologen wirkten auch bei der Durchführung und Festigung der Reformation in Süddeutschland tatkräftig mit. Allerdings darf man auch die indirekte Wirkung Luthers nicht übersehen, nämlich durch die Druckerpressen etwa in Basel und Zürich, durch die Luthers reformatorische Gedanken weite Verbreitung fanden. „Die Verteidiger und Anhänger des Wittenbergers konnten sich nicht genug tun, für den Nachdruck seiner Schriften zu sorgen, der den geschäftstüchtigen Druckern auch einen entsprechenden Gewinn versprach. Diese große Verbreitung von Lutherschriften wie das Anwachsen seiner Popularität nach der Leipziger Disputation und vor allem der Wormser Verurteilung hatten zufolge, dass zur Bezeichnung der gesamten reformatorischen Bewegung, namentlich von gegnerischer Seite, der Begriff ‚lutherisch' diente. Das Wort galt als Synonym für häretisch oder ketzerisch."[24]

Wieweit der Reformator Zürichs, Huldreich Zwingli (1484-1531), von Luther theologisch in seinem reformatorischen Streben beeinflusst war, lässt sich schwer feststellen. Der Hauptstreitpunkt zwischen beiden war das Abendmahl: Sind Leib und Blut Jesu Christi im Abendmahl real gegenwärtig (Realpräsenz, so Luther) oder sind Leib und Blut Christi im Abendmahl nur geistlich gegenwärtig, da Christus real zur Rechten

---

24 Ulrich Gäbler, „Luthers Beziehungen zu den Schweizern und Oberdeutschen von 1526 bis 1530/1531", in: Helmar Junghans, Hg., *Leben und Werk Martin Luthers von 1526 bis 1546*, 1:482.

Gottes ist (so Zwingli)? Landgraf Philipp von Hessen lud deswegen die Kontrahenten zu einem Religionsgespräch ein, um die Differenzen zu beseitigen. Als Abschlussdokument dieses Marburger Religionsgesprächs von 1529, verfasste Luther die sogenannten 15 Marburger Artikel, an denen die Schweizer noch einige Zusätze anbrachten. Daraus wird deutlich, dass Luther mit Zwingli und den von ihm beeinflussten Theologen, wie Johannes Oekolampad (1482-1531) aus Basel und Bucer aus Straßburg, in 14 Punkten übereinstimmte. Diese betrafen u.a. die Schöpfung, die Trinität, das Erlösungswerk Christi, die Kindertaufe und die guten Werke. Nur in dem längsten und 15. Artikel bezüglich des Abendmahls konnte man zu keiner völligen Übereinstimmung gelangen. Man war sich einig, dass das Abendmahl unter beiderlei Gestalt stattfindet, dass die Teilnahme am Abendmahl für jeden Christen notwendig ist und dass das Abendmahl den Christen zum Glauben bewegt. Ob jedoch Christus leiblich in Brot und Wein zugegen ist, darüber konnte man sich nicht verständigen. Man hoffte jedoch immer noch auf eine Lösung der Gegensätze und schrieb: „Und wiewohl aber wir uns, ob der wahre Leib und das wahre Blut Christi leiblich in Brot und Wein sei, diesmal nicht verglichen haben, so soll doch ein Teil gegen den anderen christliche Liebe, sofern jedes Gewissen immer das leiden kann, erzeigen, und beide Teile Gott den Allmächtigen fleißig bitten, dass er uns durch seinen Geist den rechten Verstand bestätigen wolle."[25] So musste es Luther hinnehmen, dass er zwar den südwestdeutschen, also den Oberdeutschen Protestantismus fast völlig für sich gewann, aber dass die Schweizer Reformation sich schließlich endgültig gegen ihn entschied. – Der Bruch mit Zwingli, so muss man eingestehen, ist allerdings auch auf die grobe und oft persönlich verletzende Art Luthers zurückzuführen, mit der er Zwingli in den Abendmahlsstreitigkeiten angriff.

Neben Zwingli darf man einen anderen reformierten Theologen nicht übersehen, sozusagen aus der zweiten Generation, den um 25 Jahre jüngeren Johannes Calvin (1509-64). Luther und Calvin begegneten sich niemals persönlich, und sie kannten zudem nicht die Sprache des anderen. Luther konnte kein Französisch, und Calvin hatte nur durch Übersetzungen Zugang zu Luthers deutschen Schriften. Calvin sandte zwar am 21. Januar 1545 einen Brief an Luther, den allerdings Melanchthon nicht weiterleitete, wahrscheinlich aus Angst, dass Luther unfreundlich

---

25 *Das Marburger Gespräch und die Marburger Artikel* (1529), *WA* 30/III:170.5-14.

reagieren würde. Der Brief enthielt zwei Schriften Calvins, zu denen er gerne eine Stellungnahme Luthers gehabt hätte. Er hatte großen Respekt vor dem Wittenberger Reformator und bezeichnete ihn als „trefflichsten Hirten der christlichen Kirche".[26] Calvin verlor niemals die Hochachtung vor Luther. Dies zeigt sich in einem Brief an Heinrich Bullinger vom 25. November 1544, in dem er von Luthers maßlos leidenschaftlichen und kecken Charakter schreibt, womit er zwar große Fehler habe, aber auch reich an herrlichen Tugenden sei. Deshalb müsse man bei seiner Beurteilung den „ganz hervorragenden Knecht Gottes" im Vordergrund sehen, „dem wir alle viel verdanken".[27] Umgekehrt gibt es nur eine direkte Äußerung von Luther über Calvin, in einem Brief an Martin Bucer vom 14. Oktober 1539, in dem er Calvin grüßen lässt, dessen Schriften gegen den italienischen Kardinal und humanistischen Gelehrten, Jacopo Sadoleto (1477-1547), er mit großem Vergnügen gelesen habe.[28] Ähnlich wie bei Zwingli bemerkt Luther allerdings, dass Calvins Verständnis des Abendmahls problematisch ist. So erwähnt Luther in einer Tischrede: „Calvin ist ein gelehrter Mann, aber des Irrtums der Sakramentierer sehr verdächtig."[29] Luther erkannte, dass Calvin die reformatorische Lehre mit unerbittlichen Ernst verteidigte, auch wenn er nach Luther hinsichtlich der Abendmahlslehre nicht auf dem rechten Weg war.

Schließlich wollen wir noch einen Blick auf Osteuropa werfen.

c. Luthers Einfluss in Osteuropa

Auch in Osteuropa war Luthers Einfluss zu spüren.[30] So schreibt der Ablassprediger Johann Tetzel 1518 in einem Brief an den päpstlichen Nuntius Karl von Miltitz: „Der Augustiner Martin Luther hat die Mächtigen nicht allein in allen deutschen Landen, sondern auch in den Königreichen von Böhmen, Ungarn und Polen so gegen mich aufgebracht und bewegt, dass

26 Johann Calvin an Luther, 21. Januar 1545, *WA BR* 11:28.1 (Nr. 4072).

27 Brief Nr. 120 von Calvin an Bullinger vom 25.11.1544, in: *Johannes Calvins Lebenswerk in seinen Briefen*. Eine Auswahl von Briefen Calvins in deutscher Übersetzung, Rudolf Schwarz, Hg., Bd. 1 (Tübingen: J.C.B. Mohr, 1909), 201.

28 Luther an Bucer, *WA BR* 8:569.29-31 (Nr. 3394).

29 *WA TR* 5:461.18f. (6050).

30 Zum Folgenden vgl. Tibor Fabriny, „Luthers Beziehungen zu Ungarn und Siebenbürgen", in: Helmar Junghans, Hg., *Leben und Werk Martin Luthers*, 1:641-646.

ich nirgends sicher bin."[31] Wahrscheinlich kamen schon 1518 Drucke und Flugschriften aus Wittenberg durch Kaufleute und Studenten nach Osteuropa. Da Luthers 95 Thesen schon bald nach ihrer Veröffentlichung in Nürnberg in deutscher Übersetzung gedruckt wurden, konnten in Ungarn und Siebenbürgen die deutschsprachigen Bürger Luthers Kritik an der Kirche schnell kennenlernen. Obwohl Erzbischof Georg Szakmári, der damalige Primas von Ungarn, befahl, die Lehre Luthers von allen Kanzeln des Landes zu verurteilen, gab es schon entschiedene Anhänger Luthers unter den Priestern und Hochschullehrern. Auch die strengen Maßnahmen, die der ungarische Landtag 1523 und 1524 gegen alle Lutheraner und deren Gönner beschloss, konnte die tiefe Sympathie für Luther nicht ausrotten, denn aus verschiedenen südosteuropäischen Ländern waren zu dieser Zeit schon Studenten an der Wittenberger Universität immatrikuliert, die viel zur Verbreitung der Reformation in ihren Heimatländern beitrugen. So studierten zwischen 1522 und 1600 allein aus Ungarn 1018 Studenten in Wittenberg.

Da 1526 in der Schlacht von Mohács gegen den osmanischen Herrscher Suleiman I. viele christliche Krieger und auch Würdenträger einschließlich des Königs Ludwig II. von Ungarn und Böhmen getötet wurden, sehnten sich in der nachfolgenden politischen und wirtschaftlichen Verwirrung viele nach einem Trost, den sie in der lutherischen Reformation fanden. So war beim Tod Luthers über die Hälfte der Bevölkerung der lutherischen Kirche zugetan. Da Luther hörte, dass Maria, die Ehefrau Ludwig II., Sympathien für seine Lehre hätte, schickte er ihr nach dem Unglück von Mohács im Dezember 1526 *Vier tröstliche Psalmen an die Königin zu Ungarn*. Formell blieb die Königin aber immer Rom treu. Trotzdem schrieb Luther im September 1531 an sie noch einen Brief, in dem er sie tröstete, dass auf Erden alles entfallen kann, „wenn uns nur die Gnade bleibt, dass Gott unser Vater, sein Sohn unser Bruder, sein Himmel und Kreatur unser Erbe, und alle Engel und Heiligen unsere Brüder, Vettern und Schwestern sind".[32] Der bedeutende Einfluss Martin Luthers zeigt sich auch darin, dass Thomas Stoltzer (ca.1480-1526), der Hofmusiker von Königin Maria, verschiedene von Luther ins Deutsche übersetzte Psalmen vertonte und dabei eine Motette über Psalm 37

31 Zitiert nach Tibor Fabriny, „Luthers Beziehungen zu Ungarn und Siebenbürgen", 1:641. Zitat sprachlich geglättet.

32 Luther an die Königin von Ungarn (1531), *WA BR* 6:194-7 (Nr. 1866), Zitat 196.25-30.

komponierte und aufführte. Die Gemeinden in Ungarn hatten bis 1569 elf Lieder Luthers übernommen, und durch seinen Einfluss wurden in Ungarn die ersten Gesangbücher mit Noten herausgegeben.

Luther diente auch als theologischer Ratgeber. So wandte sich Graf Franz I. Reway aus der heutigen Westslowakei an Luther wegen seiner zwinglianischen Zweifel an der Realpräsenz Christi. Der Reformator antwortete dem ungarischen Grafen in einem Brief vom 4. August 1538, indem er ihn zur Standhaftigkeit in der rechten Lehre über das Abendmahl ermunterte.[33] Der Graf schickte daraufhin einen Theologiestudenten nach Wittenberg, der 1538 dort immatrikuliert wurde. Wichtig war auch Leonhard Stöckel, der *praeceptor Hungariae*, der in Wittenberg bei Luther und Melanchthon studiert hatte. Er führte in Oberungarn eine neue Schulordnung ein, die von humanistischen Erziehungsmethoden geprägt war. Die beiden Reformatoren Mittel- und Oberungarns, Matthias Dévay (ca. 1500-1546) und Leonhard Stöckel (1510-60), blieben lebenslang in enger Verbindung mit Wittenberg, wo sie 1530 gemeinsam studiert hatten. Durch die brieflichen Beziehungen Luthers zu dieser Gegend sehen wir, dass er an der kirchlichen und theologischen Entwicklung Ungarns einschließlich der heutigen Slowakei und Siebenbürgens besonders interessiert war.

Die Stellung Luthers als Initiator einer weltweiten Reformation war einerseits auf seine immense literarische Produktion zurückzuführen und gleichzeitig auf die Erfindung des modernen Buchdrucks mit beweglichen Lettern, durch die man seit etwa 1450 einen Text aus einzelnen Buchstaben zu Wörtern, Sätzen und ganzen Seiten zusammensetzen konnte. Durch die gleichzeitige Erfindung der Druckerpresse konnte man dann die einzelnen Seiten wesentlich einfacher vervielfältigen, als wenn man sie mühselig mit der Hand abschrieb. So breiteten sich zur Überraschung Luthers in Windeseile seine 95 Thesen von 1517 in ganz Deutschland aus, „als wären die Engel selbst Botenläufer gewesen“, wie Friedrich Myconius, ein Zeitgenosse Luthers schrieb.[34] Sein *Sermon von Ablass und Gnade* von 1518 erschien in mehr als 20 Auflagen mit insgesamt mehr als 20.000 Exemplaren, ein bis dahin unerhörter Bucherfolg. Zudem

33 Luther an den Grafen Franz von Reway (4. August 1538), *WA BR* 8:258-61 (Nr. 3246), bes. 260.22-25.

34 Friedrich Myconius, *Geschichte der Reformation*, hg. v. Otto Clemens (Leipzig 1914), 22.

predigte er regelmäßig in der Stadtkirche und auch in der Schlosskirche. Entscheidend für seine Breitenwirkung war jedoch seine Professur an der Universität Wittenberg. Er verhalf der theologischen Fakultät dazu, dass sie innerhalb der Universität zu erstrangiger Bedeutung aufstieg. Im Gründungsjahr der Universität waren dort insgesamt 416 Studenten immatrikuliert, während 1520 schon 579 Einschreibung verzeichnet wurden. „Bis 1540 beliefen sich die jährlichen Einschreibungen durchschnittlich auf 221. Im Jahre 1544 wurde mit 814 Studenten die höchste Immatrikulationszahl im 16. Jh. erreicht. In dem Jahrzehnt zwischen 1535 und 1545 erfolgten mehr als 4.700 Immatrikulationen. Wittenberg hatte im Vergleich mit den anderen deutschen Universitäten in diesen Jahren die meisten Studenten. Sie kamen aus zahlreichen Ländern Europas, darunter vor allem aus Skandinavien und Südosteuropa."[35] Auch nach dem Tod Luthers erfreute sich Wittenberg stolzer Immatrikulationszahlen. Sie bewegten sich jährlich etwa zwischen 400 und 800. Da Luther bis zu seinem Lebensende 1546 an der Universität lehrte, prägte er viele zukünftige Theologen, die seine Lehre in alle Länder Europas hinaustrugen.

35 Heiner Lück, „Wittenberg, Universität", *TRE* 36:234.

3. „Allein aus Gnade", ein lutherisches Alleinstellungsmerkmal?

Oft wird der Gegensatz zwischen evangelisch und katholisch darin gesehen, dass die Katholiken sich durch gute Werke die ewige Seligkeit erwerben können, wogegen die Evangelischen nur an Christus glauben müssen, da gute Werke nichts zur Seligkeit beitragen. Diese Meinung wird noch dadurch erhärtet, dass es in katholischen Gegenden von den Gläubigen prunkvoll ausgeschmückte Kirchen gibt, wogegen die evangelischen Gotteshäuser manchmal geradezu karg anmuten.

Natürlich hat sich die Reformation am Ablasshandel entzündet, als Luther bemerkte, dass sich gläubige Menschen Ablassbriefe erwarben und meinten, mit ihren Geldzahlungen würden ihnen die Strafen im Fegfeuer erlassen, ohne dass sie ihr Fehlverhalten bereuen müssten. Luther behauptete dagegen in These 7 seiner 95 Thesen von 1517: „Gott erlässt überhaupt keinem die Schuld, ohne ihn zugleich demütig in allem dem Priester, seinem Stellvertreter, zu unterwerfen."[36] Zum Erlass einer Schuld gehört eine demütige Haltung, die auch eine entsprechende Sinnesänderung nach sich zieht. Mit Gott kann man also nicht handeln, wie man das mit einem Menschen tun würde, denn Gott ist Gott. Man kann ihn nur demütig um Verzeihung bitten, Besserung geloben und auf Begnadigung hoffen. Der reformierte Schweizer Theologe Karl Barth (1886-1968) sprach deshalb von einem „unendlichen Abstand von Schöpfer und Geschöpf".[37] Wie können wir aber von uns aus diesen Abstand überbrücken und zu Gott kommen? Für viele Menschen im Mittelalter war es klar, dass hier nur gute Werke helfen würden, um Gott gnädig zu stimmen. Als Kind seiner Zeit war das auch die Meinung Martin Luthers, als ihn die Frage, „wie bekomme ich einen gnädigen Gott?" ins Kloster trieb. Zu Luthers Zeit war die Lebenserwartung sehr kurz. Als er mit noch nicht einmal 63 Jahren starb, war sein Körper durch Krankheiten

36 Luther, *Disputatio pro declaratione virtutis indulgentiarum* (1517), *WA* 1:233.23f.

37 Karl Barth, „Das Wort Gottes als Aufgabe der Theologie" [1922], in: *Anfänge der dialektischen Theologie*, Teil 1, hg. v. Jürgen Moltmann (München: Christian Kaiser, 1966), 211.

 | DOI:10.30965/9783657760541_004

geschwächt, und er war ein alter und gebrechlicher Mensch. Das Leben war damals voll von Mühen und Leid. Man war hilflos gegenüber Krankheiten wie Pest, Nierensteinen oder Bluthochdruck, um nur einige zu nennen. Den Komfort, den wir heute als selbstverständlich annehmen, war damals kaum vorhanden, wie etwa Glasfenster oder beheizte Wohnräume. Und als Luther von Wittenberg nach Rom reiste, tat er das zu Fuß und war mehrere Wochen unterwegs.

a. Wie bekomme ich einen gnädigen Gott?

Da man von dem Leben auf Erden wenig erwarten konnte, wollte man zumindest sicher gehen, dass es einen gnädigen Gott gab, der einem ein angenehmes Leben im Jenseits verschaffte. Deshalb tat man alles Denkbare, um Gott gnädig zu stimmen. Man unternahm Wallfahrten, machte der Kirche große Spenden, erwarb Reliquien von bekannten Heiligen, ging wie Luther ins Kloster oder kaufte sich Ablassbriefe, damit die Zeit möglichst kurz war, die man im Fegfeuer verbringen musste. Es war kein Zufall, dass sich Luther den Augustinereremiten anschloss, denn sie waren als strenger Orden bekannt, und Luther dachte, wenn er ein striktes Mönchsleben führte, wären seine Chancen besser, dass er von Gott in Gnaden angenommen würde. Deshalb nahm er die vom Kloster gestellten Anforderungen sehr ernst. Wenn er zum Beispiel einen der vorgeschriebenen Gottesdienste versäumte, holte er diesen später nach. Er bekannte einmal: „Ist jemals ein Mönch wegen seines Mönchslebens in den Himmel gekommen, so wollte ich auch hineingekommen sein.“[38] Aber Luther fand durch seine frommen Tätigkeiten keine innere Ruhe. Im Gegenteil: Er fühlte immer mehr, dass ihn Gott nicht annehmen würde, da er niemals so leben könnte, wie es Gott von ihm verlangte. Schließlich erkannte Luther, dass wir von uns aus nichts tun können, um Gott gnädig zu stimmen. Keine Gebete, keine guten Werke, keine Gottesdienste oder Wallfahrten, oder was immer wir uns ausdenken können, würden genügen, um Gott gnädig zu stimmen. Gott ist eben Gott und lässt sich nicht von uns beeinflussen. Als guter Augustiner – er war ja in den Augustinerorden eingetreten – erkannte er wie Augustin: „Ein Mensch,

38 Luther, *Die kleine Antwort auf Herzog Georgen nächstes Buch* (1533), *WA* 38:143.26f.

der sich von Gott abwendet, ist von ihm verlassen.“[39] Aus eigener Kraft können wir nicht zu Gott kommen. Solch einen Weg von uns zu Gott hin, gibt es nicht. Ganz gleich, wie hoch wir springen, wir fallen immer auf die Erde zurück. Wir können uns das einmal an einem Beispiel vor Augen führen, das sicher für viele Menschen zutrifft: Jemand hat Gott jahrelang nicht ernst genommen, weil die Karriere, die Familie und das irdische Streben wichtiger waren als Gott. Gott sollte sich in unser Leben nicht einmischen. Aber im Alter denkt man doch eher an das Sterben. Man wird fromm und wendet sich Gott zu. Wenn wir nun vermuten würden, dass sich Gott über solch eine Umkehr freut, dass man ihn endlich ernst nimmt, haben wir eine völlig unzureichende Vorstellung von Gott. In der Tat sagte Jesus, dass sich Gott über einen Sünder freut, der umkehrt. Aber Jesus sagte nichts davon, dass sich Gott freut, wenn wir ihn so benutzen, wie es uns passt. Zuerst schieben wir ihn in die Ecke, damit er uns nicht in die Quere kommt. Dann aber wenden wir uns ihm zu, damit er uns ein ewiges Leben gewährt. Nein, Gott ist Gott. Er ist nicht der alte senile Mann im Himmel, der sich freut, dass ihn endlich jemand wieder benutzen möchte. Nein, Gott braucht uns nicht. Er ist wahrhaftig Gott.

In seiner berühmten Schrift *Vom unfreien Willen* (1525) betonte Luther, dass wir uns von uns aus nicht Gott oder dem Teufel zuwenden können. Es ist genau umgekehrt: Gott und der Teufel streiten sich um uns. Deshalb werden wir entweder vom Teufel geritten oder von Gott geleitet. Was sollen wir dann tun, wenn unsere Macht nicht ausreicht, um uns einem von beiden zuzuwenden? Sind wir dann nur Marionetten, die das tun müssen, was Gott oder Satan mit uns vorhat? Die Antwort der meisten Menschen, ob zu Luthers Zeiten oder auch heute, wäre wohl: „Nicht ganz“. Obwohl Gott souverän und allmächtig ist, wird Gott nicht außer Acht lassen, wenn wir ein frommes Leben führen oder gute Werke vollbringen. Luther jedoch erkannte, dass diese Rechnung nicht aufgeht. Er bekam trotz all seiner Bemühungen kein ruhiges Gewissen, denn Gott belohnt uns nicht für etwas, was wir sowieso tun sollten, nämlich ein frommes Leben zu führen und gute Werke zu tun.

Luther bemerkte also, dass die Gerechtigkeit, die vor Gott gilt, nicht aus unserem Bemühen stammt, sondern von Gott selbst uns zugerechnet wird. Gerecht, also sündlos sind wir niemals vor Gott. Aber Gott ist nicht

39 Augustin, *De correptione et gratia*, 11,31.

der unerbittliche Richter, den Luther aus der mittelalterlichen Frömmigkeit kannte, in der er aufwuchs, sondern er ist der gnädige Gott. Woher wissen wir aber, dass Gott gnädig und barmherzig ist? Ist das nicht einfach menschliche Einbildung, eine Erfindung, damit es am Ende doch gut ausgeht? Die Erkenntnis, dass Gott Gott ist und uns deshalb so überlegen ist, dass wir ihn niemals von uns aus erreichen können, sondern dass nur er den Graben zwischen sich und uns überbrücken kann, diese Erkenntnis kann man auch in anderen Religionen finden. Wie Luther drastisch ausdrückte, selbst der Teufel könnte zu solcher Erkenntnis kommen. Entscheidend ist jedoch nicht, wie Gott im Allgemeinen ist, sondern wie er sich zu jedem Einzelnen von uns verhält. Wie kann man das herausfinden? Luther verweist hier auf Jesus, das menschliche Antlitz Gottes. Er argumentiert, wenn Gott von uns durch die Vernunft in seiner Majestät hätte erkannt werden wollen, „so wäre er nicht ins Fleisch gekommen. Deswegen aber hat er uns sein Fleisch vorgehalten, dass wir an demselben hangen und es einigermaßen fassen und verstehen können."[40] In dem geschichtlichen Jesus von Nazareth hat sich Gott fassbar gemacht und uns sein Herz gezeigt.

b. In Christus hat sich Gott fassbar gemacht

In Jesus kamen das Endliche und das Unendliche zusammen. Durch Gottes Handeln wurde der unendliche qualitative Unterschied zwischen den Menschen und Gott überbrückt. Wie Luther in seinem Weihnachtslied *Vom Himmel hoch* schrieb:[41]

> So merket nun das Zeichen recht:
> die Krippe, Windelein so schlecht,
> da findet ihr das Kind gelegt,
> das alle Welt erhält und trägt.

Im Jesuskind kam der Schöpfer und Erhalter der ganzen Welt zu uns. Und in einem anderen Vers des gleichen Liedes schrieb Luther:

---

40 Luther, *Vorlesung über Jesaia* (1527-29), *WA* 25:106.44f., in der Scholie zu Jes. 4,6.

41 *Evangelisches Gesangbuch*, Nr. 24, Verse 5 und 3.

Es ist der Herr Christ, unser Gott,
der will euch führn aus aller Not,
er will eu'r Heiland selber sein,
von allen Sünden machen rein.

Christus ist unser Erretter. Er kann uns aus der Knechtschaft der Sünde befreien und uns das Himmelstor öffnen. Er kann dies, denn er ist das menschliche Antlitz Gottes und der, in dem Gott uns sein Herz zeigt. Nach Luther ist dies der große Unterschied zwischen dem christlichen Glauben und allen anderen Religionen und Philosophien. Diese haben achtbare Erkenntnisse, wie Gott im Allgemeinen ist, aber nur in Jesus Christus haben wir die Erkenntnis, wie Gott uns gegenüber ist. Durch Jesus sehen wir, dass Gott ein gnädiger Gott ist, der uns einlädt, ihm zu vertrauen, und dass Gott nichts auslässt, um uns von der Endlichkeit und menschlicher Selbsttäuschung zu erretten.

Dabei ist das Kreuz Christi der hermeneutische Schlüssel zu Gottes Erlösungsgeschichte und besonders zum Christusereignis. Luther behauptete, dass niemand als Mittel zur Erlösung ein Kreuz erfunden hätte. Hätten wir Menschen uns ein Zeichen für unsere Erlösung ausgedacht, hätten wir etwas Großes und Wunderbares ausgewählt, aber nicht ein schmachvolles Kreuz. Das Kreuz zeigt jedoch Gottes charakteristischen Weg der Schöpfung aus dem Nichts. Gott errettet in einer Weise, wie es niemand für möglich gehalten hat, nicht einmal der engste Jüngerkreis Jesu. Alle meinten, mit Jesu Tod sei alles zu Ende. Aber dann kam die entscheidende Wende, die Auferweckung Jesu durch Gott. Da dies nicht erfunden worden sein kann, reflektiert es die Geschichte und das Tun Gottes zu unserer Erlösung. Deshalb versicherte Luther: „Allein das Kreuz ist unsere Theologie."[42] Und: „Wahre Theologie ist praktisch, und ihre Grundlage ist Christus, dessen Tod uns durch den Glauben zu eigen wird."[43] Mit praktischer Theologie meinte Luther eine existenzielle Theologie im Gegensatz zur spekulativen oder theoretischen Theologie. Dieser praktische Aspekt wird sofort klar in der Erklärung des 2. Artikels des Apostolischen Glaubensbekenntnisses in Luthers *Kleinem Katechismus*. Nach dem Bekenntnis zum wahren Gottsein und wahren Menschsein

42 Luther in seiner Erklärung von Ps. 5,12: *Operationes in Psalmos* (1519-21), *WA* 5:176.32f.

43 Luther, Tischrede Nr. 153 (1531/32), *WA TR* 1:72.16f.

Jesu Christi, wird sofort diese „zweifache Natur“ in ihren unmittelbaren Auswirkungen für die Erlösung erläutert. Die Erlösung wird vollbracht durch das unschuldige Leiden und den Tod Christi. Und dies wurde zu unserem Heil getan.

Die Betonung des Kreuzes ist keine negative Theologie, oder eine Theologie des Absurden, dass etwa Jesus als menschliches Antlitz Gottes leiden und sterben musste. Ganz im Gegenteil: Das Kreuz ist realistisch, denn es zeigt die charakteristische Arbeitsweise Gottes. Niemand würde annehmen, dass etwas Gutes entstehen könnte, wenn jemand von allen Freunden verlassen am Kreuz stirbt. Aber genau dieses Zeichen der Niederlage wird von Gott zum Ausgangspunkt für den Sieg des Lebens gewählt. In seinem größten Mitleid dreht Gott dieses Zeichen der Niederlage um und machte daraus ein Zeichen des Sieges über den Tod und als Ausgangspunkt für eine neue Schöpfung. Gott ist derjenige, der ohne unser Zutun in und durch Christus Erlösung bringt. Wir hören hier nichts über die Mitwirkung der Heiligen oder Maria, denn wie Luther sagte: „[Maria] ist zutiefst meine Dienerin, weil sie mir [Gottes] Sohn geboren hat, so dass ich an ihn glauben kann.“[44]

Wie weiß ich jedoch, dass Gott mir in Jesus sein Herz zeigt? Gibt es nicht viele andere Verkörperungen der Gottheit oder Avatars? Luther wusste nichts von den zahlreichen hinduistischen Göttern oder den vielen menschlichen Verkörperungen dieser Götter, aber er kannte den Heiligen- und Marienkult seiner Zeit. Er schätzte die Heiligen, besonders Maria, weil sie uns als Vorbild für ein gottgefälliges Leben dienen können und somit eine pädagogische Funktion haben. Aber sie haben keine Mittlerfunktion zwischen uns und Gott und können deswegen nach Luther auch nichts zu unserer Erlösung beitragen. Der Grund dafür war einfach: Gott hatte sich entschieden, sich uns nur in Jesus Christus zu zeigen und nicht in einem der Heiligen.

Nur durch das menschliche Wesen Jesus können wir uns Gott nähern, denn „dieses Menschsein ist nämlich unsere heilige Leiter zu Gott, auf der wir zu Gott hochsteigen und ihn erkennen können“.[45] Durch den Eindruck der Verkündigung und des Schicksals Jesu erkennen wir, dass Gott uns liebt. Durch ihn bekommen wir ein richtiges Verständnis von Gott

---

44 Luther, Predigt über Joh 1,1ff. (1522), *WA* 11:227.12f.

45 Luther, *Vorlesung über den Hebräerbrief* (1517/18), *WA* 57/III:99.3f., in der Scholie zu Heb 1,2.

und seinem Wirken. Jesus ist also nicht deshalb wichtig, weil er ein solch guter Prediger war, weil er Wunder wirkte, oder durch sein heiliges Leben. Er ist entscheidend für uns, weil er der Vermittler von Gottes Erlösungstätigkeit ist. Mit dieser Betonung auf der Erlösungstätigkeit Gottes in Christus wurden alle anderen Wege als nutzlos erkannt, auf denen die Christen im Mittelalter Gott erreichen, seinen Willen verstehen oder ihn günstig stimmen wollten. Christus allein war Luthers entscheidende Erkenntnis.

Wie wir schon sagten, der Grund für „Christus allein“ liegt nur in Gottes Entscheidung, sich in Jesus zu offenbaren. Luther erkannte auch, dass diese göttliche Selbstoffenbarung von dem einzigartigen Verhältnis zwischen Gott und Christus abhing. Um Gott ganz zu vermitteln, konnte Jesus nicht nur ein Heiliger oder ein Avatar sein. Er muss vollständig und ganz Gott sein. Sonst hätte er Gott nicht vermitteln können. Gleichzeitig musste Christus vollständig und ganz ein menschliches Wesen sein. Sonst hätte er uns nicht erreichen und sich mit uns identifizieren können. Im Eins-Sein mit dem Vater, das Luther mit dem Konzil von Nicea bejahte, konnte Christus Gott vermitteln. Deshalb betonte Luther: „Christus besteht nicht aus Seele und Leib, sondern aus Menschsein und Gottsein. Er hat nicht nur die menschliche Natur angenommen, d.h. jene, die aus Leib und Seele besteht.“[46] Und dann stellte er fest, „dass das, was Christus erlitt, auch Gott zugeschrieben werden kann, denn sie sind eins“.[47]

Obwohl Luther sorgfältig auf die Tradition der Kirche achtete, besonders auf die Kirchenväter, vertraute Luther nicht auf menschliche Worte. Er betonte, dass er weder den Schriften Augustins folgen würde noch denen irgendeines anderen Theologen, sofern die Bibel diese nicht bestätigt. Er sagte sogar: „Man kann eher einem einfachem Laien glauben, der die Bibel zitiert, als dem Papst oder einem Konzil, die nicht die Bibel zitieren.“[48] Unsere Kenntnis von Christus darf nicht auf theologischen Ableitungen oder menschlichen Schlussfolgerungen beruhen, wenn sie glaubwürdig sein soll, sondern nur auf Gottes Wort, wie es die Bibel bezeugt. Nur die Schrift allein ist die letztendliche Grundlage für unseren Glauben. Führt Luther durch die Betonung der Bibel als der einzigen Quelle unseres Wissens von der Erlösung aber nicht die Bibel als einen

46 Luther, *Disputation de divinitate et humanitate Christi* (1540), *WA* 39/II:110.22f.

47 Ebd., *WA* 39/II:121.1f.

48 Luther, *Contra Malignum I. Eccii judicium M. Lutheri defensio* (1519), *WA* 2:649.2f.

papieren Papst ein, anstelle des Papstes in Rom? Luther würde dieser Vermutung vehement widersprechen, denn was in der Bibel steht, ist nicht deswegen richtig, weil es eben in der Bibel steht.

Luther war kein biblischer Literalist, und im Gegensatz zu Johannes Calvin erläuterte er nicht ein biblisches Buch nach dem anderen. Für Luther gab es zentrale Schriften und zentrale Passagen in der Bibel und periphere Schriften. Zentral für ihn war alles, was Christus klar mitteilte. Alles andere, was nahezu nichts mit Christus zu tun hat, wie z.B. große Teile des jüdischen Zeremonialgesetzes oder der Jakobusbrief, sind Randschriften – Luther kritisierte: Der Jakobusbrief „will Christenleute lehren, und gedenkt nicht einmal in solcher langen Lehre des Leidens, der Auferstehung, des Geistes Christi. Er nennt Christum etliche Mal, aber er lehrt nichts von ihm, sondern spricht vom gemeinen Glauben an Gott.“[49] – Glauben bedeutete für Luther nicht, bestimmte Dinge für wahr zu halten, wie die Verlautbarungen der Kirchenkonzile oder des Papstes oder jeden Buchstaben der Bibel. Glaube war für ihn persönliches Vertrauen, Vertrauen auf Jesus Christus, der sich uns durch die Bibel mitgeteilt hat und uns zum Vater führt, der uns allein Erlösung im Jenseits verschaffen kann und Führung im jetzigen Leben. Das bedeutet, Luther führt wieder zurück zur zentralen Lehre des christlichen Glaubens – Gott in Christus, sowohl souverän als auch barmherzig, der mich ohne jegliche Vorbedingung annimmt und dem wir antworten mit einem in der Liebe tätigen Glauben.

Obwohl sich die katholische Kirche im Zweiten Vatikanischen Konzil nicht zu dem Allein-die-Schrift durchgerungen hat, wenn sie feststellt: „Die heilige Überlieferung und die Heilige Schrift sind also eng miteinander verbunden und haben aneinander Anteil.“[50] Doch gleichzeitig betont sie mit einem Zitat des Kirchenvaters Hieronymus, „dass Unkenntnis der Schrift Unkenntnis Christi ist“. Will man also Christus richtig erkennen, dann wird man von der katholischen Kirche ganz im Sinne Luthers auf die Bibel verwiesen. Wie steht es aber mit den guten Werken?

---

49 Luther, *Vorrede auf die Epistel St. Jakobi und Judae* (1522), *WA DB* 7:384.19-22.

50 *Dogmatische Konstitution Dei verbum: Offenbarung*, 2.9 und 6.25, in: Heinrich Denzinger, *Kompendium der Glaubensbekenntnisse und kirchlichen Lehrentscheidungen*, 47. Aufl. (Herder: Freiburg, 2017), 1173f. und 1182f.

c. Die Funktion der guten Werke

Hier hat sich ebenfalls Entscheidendes getan. Der 31. Oktober gilt für die Lutheraner als Gedenktag der Reformation, denn an diesem Tag schlug Martin Luther 1517 seine 95 Thesen an der Schlosskirche zu Wittenberg an, dem „schwarzen Brett“ der Wittenberger Universität. Genau an diesem Tag unterzeichneten 1999 Kardinal Edward Idris Cassidy, der Präsident des Päpstlichen Rates zur Förderung der Einheit der Christen, und der Präsident des Lutherischen Weltbundes, Christian Krause, in der evangelisch-lutherischen Kirche St. Anna in Augsburg die *Gemeinsame Erklärung zur Rechtfertigungslehre*, der die Methodisten am 23. Juli 2006 durch Unterschrift des Präsidenten Bischof Sunday Mbang und des Generalsekretärs George Freeman beitraten. Am 4. Juli 2017 trat bei einem Festakt in Wittenberg auch die Weltgemeinschaft der reformierten Kirchen der Erklärung bei, die von ihrem Generalsekretär Chris Ferguson in der Stadtkirche zu Wittenberg unterzeichnet wurde. Diese Gemeinsame Erklärung drückt die Grundübereinstimmung über die Rechtfertigung des Christen durch Gott „allein aus Gnade“ aus, die zwischen dem Lutherischen Weltbund und der Römisch-katholischen Kirche sowie den Methodisten und den Reformierten erreicht wurde.

In dieser *Erklärung* heißt es: „Wir bekennen gemeinsam, dass der Mensch im Blick auf sein Heil völlig auf die rettende Gnade Gottes angewiesen ist. Die Freiheit, die er gegenüber den Menschen und den Dingen der Welt besitzt, ist keine Freiheit auf sein Heil hin. Das heißt, als Sünder steht er unter dem Gericht Gottes und ist unfähig, sich von sich aus Gott um Rettung zuzuwenden oder seine Rechtfertigung vor Gott zu verdienen oder mit eigener Kraft sein Heil zu erreichen. Rechtfertigung geschieht allein aus Gnade.“[51] Hier wird also bekundet, dass in diesem zentralen Anliegen Luthers, dass der Mensch allein aus Gnade von Gott angenommen, also gerechtfertigt wird, die Lutheraner und die Katholiken eins sind, wobei dann auch die Methodisten und die Reformierten dieser Übereinstimmung zustimmten. Gleichzeitig wurde bekundet, dass die gegenseitigen Lehrverurteilungen aus dem 16. Jahrhundert zur Lehre des Partners über die Rechtfertigung des Sünders vor Gott heute nicht mehr

---

51 http://www.vatican.va/roman_curia/pontifical_councils/chrstuni/documents/rc_pc_chrstuni_doc_31101999 zitiert am 18.4.2020 (Gemeinsame Erklärung zur Rechtfertigungslehre 19).

gelten. An dem Streit über die Rechtfertigung und die Ablasspraxis war in der Reformationszeit die Einheit der westlichen Kirche zerbrochen. Mit der *Gemeinsamen Erklärung* und den Zusatzdokumenten ist es zum ersten Mal gelungen, dass die seit der Reformation getrennten Kirchen gemeinsame Aussagen zu der Lehre machen, die einst Ausgangspunkt für die Spaltung der abendländischen Kirche gewesen ist. Die Lehrverurteilungen, die sich auf die Rechtfertigungslehre beziehen, haben somit ihre kirchentrennende Wirkung verloren.

Natürlich gab es auch bei dieser Übereinstimmung Theologen, denen die Texte zu weit gingen oder umgekehrt nicht weit genug gingen. Schon ein Jahr vor der Unterzeichnung hatten 160 deutsche evangelische Theologen gegen die *Gemeinsame Erklärung* Bedenken angemeldet, dass damit die lutherische Position nicht klar genug zur Geltung kam. Auf der anderen Seite wies die Kongregation für die Glaubenslehre unter Vorsitz ihres Präfekten Kardinal Ratzinger darauf hin, dass immer noch abweichende Positionen zwischen den beiden Konfessionen bestünden. Auch wurde bezweifelt, das der Lutherische Weltbund wirklich ein Partner mit verbindlicher Autorität sei, da er nicht wie der römische Papst Jurisdiktionsvollmacht hätte. Trotz dieser Kritiken darf man nicht übersehen, dass hier ein wichtiger Baustein zur Einheit der Kirchen gelegt wurde, selbst wenn es keine unmittelbaren ökumenischen Konsequenzen gab. Die gegenseitigen Lehrverurteilungen des 16. Jahrhunderts, die bis heute immer wieder gegen die jeweils andere Seite zitiert wurden, hat man endlich für überholt erklärt. Damit war ein wichtiger Stolperstein beseitigt. Zudem wurde erkannt, dass man wirklich nur durch die Gnade Gottes zu Gott kommen kann. Kardinal Gerhard Ludwig Müller, der Nachfolger von Kardinal Ratzinger als Präfekt der Kongregation für die Glaubenslehre, gestand 2017 in einem Interview, Martin Luther habe mit seiner Kritik am Ablasshandel recht gehabt. Der Ablasshandel sei ein „Betrug an den Gläubigen“ gewesen.[52] Statt Luther zu exkommunizieren hätte die katholische Kirche kritischer unterscheiden müssen, was er eigentlich gewollt habe. Für Luther stand das Allein-aus-Gnaden im Mittelpunkt des Verhältnisses von uns zu Gott. Durch die gemeinsame Erklärung hat sich auch die Römisch-katholische Kirche dazu bekannt. Wenn allerdings Papst Johannes Paul II. im Jahr darauf ein Heiliges Jahr verkündete, das mit einem Ablass verbunden war, so wird das

52 *Katholisch.de* (Stuttgart, 11.4.2017).

Alleinstellungsmerkmal des christlichen Glaubens, „allein durch Gnade“, wieder relativiert.

Aber sind dann die guten Werke bei Luther völlig überflüssig? Kann man sich sozusagen zurücklehnen, Gott einen guten Mann sein lassen, denn er wird's schon richten? Damit hätte man Luther völlig missverstanden, denn er betont sehr deutlich: „Gute fromme Werke machen nimmermehr einen guten frommen Mann, sondern ein guter frommer Mann macht gute fromme Werke.“[53] Viele und große gute Werke gehören wie selbstverständlich zu einem frommen Menschen. So schreibt Luther: „Gute Werke machen nicht gut, wie auch die Früchte nicht einen guten Baum ausmachen, sondern ein guter Baum bringt gute Frucht, und ein guter Mann schafft ein gutes Werk. Ein guter Mann und ein guter Baum wächst ohne Werke allein durch den Glauben an die Wahrheit des Wortes Gottes.“[54] Luther ging es hier um die richtige Reihenfolge: Zuerst kommt Gott und dann kommt der Mensch. Gott nimmt uns aus Gnaden an, und in unserer Reaktion darauf sind wir auch gegenüber anderen gnädig, d.h. wir tun gute Werke. Erfolgt das nicht, dann haben wir auch nicht verstanden, was Gott ohne jede Vorbedingung für uns getan hat. Im mittelalterlichen Verständnis hat zwar Gott mit seiner Gnade, die er uns erwies, immer eine große Rolle gespielt, aber die guten Werke waren sozusagen eine Versicherung, dass sich Gott uns wirklich gnädig zeigen würde. Aber Luther bemerkte, wenn wir auch nur einen kleinen Teil zu unserer Seligkeit beitragen müssten, dann stünde die Seligkeit auf wackeligen Füßen. Gott wird es sicher seinen Teil beitragen, denn er ist verlässlich, aber wie stünde es mit uns? Deshalb betonte Luther das Allein-aus-Gnaden, denn Gott hält, was er verspricht. Aber bei uns ist dies unsicher.

Gute Werke sind also keineswegs überflüssig, sondern sogar notwendig, aber nicht als Vorbedingung des Heils, sondern als Folge der Freude über das uns zuteil gewordene Heil. Dabei ist es für Luther immer wichtig, dass unsere guten Werke den Menschen zugute kommen, die unsere Hilfe benötigen und nicht einfach Gott. So sagte er in einer Predigt: „Auch werden die nicht gute Werke genannt, die wir Gott tun; sondern die wir unseren Nächsten tun sollen, das sind gute Werke.“[55] Diese Werke werden natürlich nicht an Gott vorbei getan, denn Luther erinnerte

53 Luther, *Von der Freiheit eines Christenmenschen* (1520), *WA* 7:32.4-7.

54 Luther, *Resolutio disputationis de fide infusa et acquisita* (1520), *WA* 6:95.15-18.

55 Luther, in einer Predigt vom 27. April 1522, *WA* 10/III:98.15-17.

sich, wie Jesus zu seinen Zuhörern sagte: „Was ihr getan habt einem von diesen meinen geringsten Brüdern, das habt ihr mir getan“ (Mt 25,40). Deshalb schreibt Luther: „Jedes Werk eines Christenmenschen soll ein Dienst Gottes sein.“[56] Für Luther ist alles, was wir tun, letztendlich ein Dienst gegenüber Gott, aber es geschieht für unsere Mitmenschen. Wie Luther erklärt, ist all unser Tun gleichzeitig Gottesdienst: „Gottes Dienst ist nicht an ein oder zwei Werke gebunden, auch nicht in einem oder zwei Ständen, sondern auf alle Werke und alle Stände verteilt.“[57]

Gute Werke oder soziales Engagement auf dieser Erde sind nicht Vorbedingung für unser Heil. Dazu wären sie völlig ungenügend. Sie sind jedoch unsere natürliche Reaktion, wenn wir erkennen: Wir sind von Gott unverdienterweise angenommen. Gott hat uns von ihm entfremdete Menschen ohne jede Vorbedingung zu Christen gemacht. Da Gott zu mir gut ist, werde ich zu anderen ebenfalls gut sein. Da Gott gegen mich barmherzig war, werde ich auch anderen gegenüber barmherzig sein. Das ethische Verhalten eines Christen ist somit ein reaktives Verhalten. Es wird motiviert durch die Erkenntnis, dass Gott mich bedingungslos liebt. Allerdings war Luther auch Realist und räumte ein, dass wir zwar im Bitten sehr gut sind, aber nicht im Danken. Deswegen wurde das Allein-aus-Gnade von Lutheranern, aber nicht nur von ihnen, oft als ein Freibrief für Untätigkeit gegenüber Gott und den Menschen missverstanden.

---

56 Luther in einer Fastenpredigt (*Sermone aus den Jahren ca. 1514-1520*), *WA* 4:653.1.

57 Luther, Evangelium am Sonntag nach dem Christtage (Lukas 2,33-49; *Kirchenpostille 1522*), *WA* 10/I.1:413.5-9.

4. Gott lässt sich nicht erkennen

Bis zum Beginn der Neuzeit war es für die meisten Menschen selbstverständlich, dass sie an Gott glaubten, denn die Natur und die menschliche Vernunft bezeugten für sie die Existenz und das Wirken Gottes. Mit der Aufklärung des 17. und 18. Jahrhunderts und dem Aufblühen der naturwissenschaftlich-technischen Welterkenntnis und Weltbemächtigung im 19. und frühen 20. Jahrhundert änderte sich die Lage. So schrieb der Philosoph Immanuel Kant (1724-1804) im Vorwort zur 2. Aufl. seiner *Kritik der reinen Vernunft* gegen die britischen Empiristen, dass er das Wissen aufheben musste, „um zum Glauben Platz zu bekommen".[58] Gleichzeitig widerlegte er die bis dahin als gültig angenommenen Gottesbeweise, um aufzuzeigen, dass wir über das hinaus, was wir in der Welt vorfinden, nichts beweisen können. Gott und sein Wirken lassen sich mit unserer Vernunft nicht ergründen. Dem pflichtete auch später Charles Darwin (1809-82) bei, als er auf der einen Seite strikte Regeln entdeckte, nach denen sich alle Lebewesen entwickelten, und auf der anderen Seite es nicht für möglich hielt, dass dies alles ohne Gottes Zutun geschehen könne. Für immer mehr Menschen war es aber damit klar, dass Gott sozusagen arbeitslos geworden war. Dies zeigte sich auf drastische Weise in der folgenden Anekdote:

Als der französische Mathematiker und Astronom Pierre Simon Laplace (1749-1827) ein Exemplar seiner fünfbändigen *Himmelsmechanik* Napoleon überreichte, fragte ihn dieser neugierig, welche Stelle Gott in seinem System einnehme. Voll Stolz soll Laplace erwidert haben: „Sire, ich bedurfte dieser Hypothese nicht." Da Gott arbeitslos geworden war, vermieden es immer mehr Theologen, ihn mit der Natur in Verbindung zu bringen. Gott wurde sozusagen in das Ghetto der menschlichen Seele eingesperrt. So schrieb Dietrich Bonhoeffer, dass wir in der Welt leben müssen, als ob es Gott nicht gebe, denn die Welt ist mündig geworden

58 Immanuel Kant, *Kritik der reinen Vernunft*, in: ders. *Werke in zehn Bänden*, hg. v. Wilhelm Weischedel (Darmstadt: Wissenschaftliche Buchgesellschaft, 1968), 3:33.

 | DOI:10.30965/9783657760541_005

und braucht Gott nicht mehr.[59] Wenn Bonhoeffer allerdings daraus folgerte, dass wir uns auf eine religionslose Welt zu bewegen, dann hatte er Unrecht. Zwar nimmt die Zahl derer ständig zu, die sich von der Kirche, ob evangelisch oder katholisch, lossagen, sodass die großen Kirchen in Europa bald zu Minderheitskirchen werden. Aber d.h. nicht, dass immer mehr Menschen religionslos werden. Dies mag vielleicht auf die Bewohner der sogenannten neuen Bundesländer in Deutschland zu treffen und die Tschechische Republik, aber die große Mehrzahl der Menschen hat irgendeinen Glauben, an ein höheres Wesen, eine höhere Macht, oder sogar an Engeln, die stets populärer zu werden scheinen. Da man heute weitgehend als selbstbestimmter Mensch lebt, lässt man sich immer weniger von den Konfessionen vorschreiben, was man zu glauben hat. Man bastelt sich selbst seine Religion zusammen, nimmt Anleihen aus dem Buddhismus, dem Christentum und aus heidnischen Vorstellungen.

Luther hätte solch einer selbst gestrickten Religion durchaus zugestimmt, denn er war überzeugt, dass alle Menschen einen Glauben haben, also religiös sind. Dazu brauchen sie nicht einmal Christen zu sein. So schreibt er in der Auslegung zum ersten Gebot in seinem *Großen Katechismus*: „Ein Gott heißt das, dazu man sich versehen soll alles Guten und Zuflucht haben in allen Nöten. So dass einen Gott haben nichts anderes ist, als ihm von Herzen trauen und glauben; wie ich oft gesagt habe, dass allein das Trauen und Glauben des Herzens beides ausmacht: Gott und Abgott. Ist der Glaube und Vertrauen recht, so ist auch dein Gott recht; und umgekehrt: wo das Vertrauen falsch und unrecht ist, da ist auch der rechte Gott nicht. Denn die zwei gehören zusammen, Glaube und Gott. Woran du nun dein Herz hängst und [dich darauf] verlässt, das ist eigentlich dein Gott."[60]

Jeder hat etwas, worauf er sich verlässt und woran er sein Herz hängt, was ihm also als Gott dient, sei es Verstand, Karriere oder Familie. Doch

59 Dietrich Bonhoeffer, Brief an Eberhard Bethge vom 16.-18. Juli 1944, in: *Widerstand und Ergebung*, hg. v. Christian Gremmels u.a. (München: Christian Kaiser, 1998), 533-535.

60 Martin Luther, *Der Große Katechismus*, in: *Die Bekenntnisschriften der Evangelisch-Lutherischen Kirche*, 930 und 932.

führt von diesem allgemeinen Gottesbezug kein direkter Weg zur Erkenntnis dessen, wer Gott wirklich ist. Luther schwankt jedoch bei der Beurteilung dieser natürlichen Gotteserkenntnis, denn er kritisiert sie einerseits als Projektion unserer eigenen Wünsche oder unserer Vernunft, lässt sie andererseits aber als tatsächliche Erkenntnis Gottes gelten. Dies liegt daran, dass er eine zweifache Erkenntnis Gottes vertritt, eine allgemeine, die bei allen Menschen in irgendeiner Weise vorhanden ist, und eine spezielle, die allein durch Christus vermittelt wird. So schreibt er: „Es gibt eine zweifache Erkenntnis Gottes, eine allgemeine und eine spezielle" (*Duplex est cognitio Dei, Generalis et propria*).[61] Die allgemeine oder natürliche Erkenntnis Gottes ist, wie wir oben schon gesehen haben, zunächst in Luthers weit gefassten Verständnis begründet, wer oder was Gott ist.

a. Die natürliche Erkenntnis Gottes aus seinen Werken

In einer Predigt spricht Luther von der Vieldeutigkeit der natürlichen Erkenntnis Gottes: „Alle Welt nennt das einen Gott, worauf der Mensch in Not und Anfechtung traut, womit er sich tröstet und [worauf er sich] verlässt, von dem man alles Gute haben will und der helfen kann. So haben die Heiden getan und erst den Jupiter zum Helfer und Gott gemacht. [...] Danach haben sie aus der Vernunft viel Abgötterei gemacht. Die Römer haben vielerlei Götter aufgestellt und mancherlei Anliegen um Hilfe willen, die ihnen nötig war, dass einer den Leuten hülfe im Kriege, einem anderen diese Gewalt gegeben, jenem das zugeschrieben: z.B. der sollte Korn wachsen lassen, jener zu Wasser beim Schiffbruch helfen. Soviel Not, Gut und Nutzen auf Erden war, soviel Götter hatte man erwählt, bis sie auch Gewächse und Knoblauch zu Göttern machten. [...] So beschreibt die Vernunft Gott, dass er sei, was einem Menschen hilft, ihm nützt und ihm zugute kommt. Daraus spürt man, dass die Vernunft nur so viel von Gott weiß, wie Paulus Röm 1, 19-21 sagt: Dass man weiß, dass Gott ist."[62]

61 Martin Luther, *In epistolam S. Pauli ad Galatas Commentarius* (1535), *WA* 40/I:607.28.

62 Luther zu Dtn 5,6: *Predigten über das 5. Buch Mose* (1529), *WA* 28:609.29-610.19.

Da Gott dieses Wissen den Menschen unauslöschlich in ihr Herz gegeben hat, kann es nach Luther nicht aus der menschlichen Vernunft kommen. Die Epikureer und andere Atheisten haben zwar dieses Gottesbewusstsein leugnen wollen, „aber sie tun's mit Gewalt und wollen das Licht in ihrem Herzen dämpfen, tun wie die, so mit Gewalt die Ohren zustopfen oder die Augen zuhalten, dass sie nicht sehen noch hören. Aber es hilft ihnen nicht, ihr Gewissen sagt es ihnen anders."[63] Modern ausgedrückt könnte man sagen, der Mensch ist unheilbar religiös, oder: jeder weiß, dass es über uns hinaus noch etwas gibt. Luther betonte zu Recht in seiner Auslegung zum Propheten Jona: „Solch Licht und Verstand ist in allen Menschenherzen und lässt sich nicht dämpfen noch löschen."[64] Rufen z.B. die Heiden ihre Götter an, von denen sie glauben, dass sie wirklich göttlicher Natur sind, dann „folgt aufs sicherste, dass sie ein Verständnis oder einen Begriff der Gottheit haben, die ohne Zweifel durch Gott in ihnen ist, wie er sagt".[65] Alle Religionen bezeugen das Dasein einer Gottheit, die unsichtbar, ewig und mächtig ist. Damit weiß der Mensch von Natur aus um eine letzte Bedingtheit und Abhängigkeit seiner Existenz. Er hat sein Leben nicht aus sich selbst und hält es auch nicht völlig in seiner Hand. „So haben die Heiden diese Art von natürlichem Instinkt, dass es irgendein höchstes Wesen gibt."[66] Luther beruft sich dabei immer wieder auf Röm 1,19ff., wenn er behauptet: „Die Heiden erkannten Gott in der Natur."[67]

Die natürliche Erkenntnis Gottes und das Wissen um ihn stammen nicht vom Menschen selbst, denn die Natur als Schöpfung Gottes bezeugt bereits, „dass man Gott anrufen soll".[68] Um Gott richtig zu verehren, haben die Juden von Gott das Gesetz am Sinai empfangen, während er den Heiden sein Gesetz ins Herz gepflanzt hat. Von der natürlichen

63 Luther in seiner Auslegung von Jona 1,5: *Der Prophet Jona ausgelegt* (1526), *WA* 19:206.2-5.

64 Ebd., in: *WA* 19:205.35f. Die Epikureer, benannt nach dem griechischen Philosophen Epikur (ca. 341-ca. 270 v. Chr.), zeichneten sich durch Furchtlosigkeit vor den Göttern und einem Streben nach Glückseligkeit aus. Epikureer nannte man dann fälschlicherweise Menschen, die den Lebenssinn im reinen Genuss des Lebens sahen.

65 Luther in einer Scholie zu Röm 1,19: *Römerbriefvorlesung* (1515/16), *WA* 56:177.6ff.

66 Luther zu Gen 17,7 in *Vorlesungen über 1. Mose* (1535-45), *WA* 42:631.36f.

67 Ebd., *WA* 42:631.38f.

68 Luther, *Über das 1. Buch Mose. Predigten* (1527), *WA* 24:9.20f.

Gotteserkenntnis ist niemand ausgeschlossen, „denn es ist nie ein Volk so ruchlos gewesen, das keinen Gottesdienst aufgerichtet und gehalten hätte".[69] Unter Hinweis auf die Tatsache der allgemeinen Verehrung Gottes betont Luther immer wieder, dass alle Menschen „haben läuten hören" von Gott.[70] Wodurch wird die natürliche Erkenntnis Gottes vermittelt? Hier stoßen wir zunächst auf das natürliche Gesetz, dann die Vernunft und die Philosophie.

Erkenntnis Gottes durch das natürliche Gesetz: Nach Luther ist das Wissen um Gott aus dem ethisch verbindlichen Gesetz, wie etwa den Zehn Geboten, ein Gemeingut aller Menschen. „Die Erkenntnis aus dem Gesetz ist der Vernunft bekannt", erklärt Luther.[71] „Denn einen Gott hat man nicht durch Mose Gesetz allein, sondern auch durch ein natürliches Gesetz, wie Paulus Römer 1 sagt, dass die Heiden von der Gottheit wissen, dass ein Gott sei. Das beweist auch die Tatsache, dass sie Götter erwählt und Gottesdienste eingerichtet haben, was unmöglich gewesen wäre, wenn sie nichts von Gott wüssten oder dächten, sondern Gott hat's ihnen durch die Werke offenbart."[72] Die Zehn Gebote gehören nach Luther auch in den Bereich der allgemeinen oder natürlichen Erkenntnis Gottes, ja fallen gewissermaßen mit diesem zusammen. Das naturgemäße Gesetz, das sich am reinsten in den Zehn Geboten ausdrückt, fordert nach der ersten Tafel (Gebote 1-3) zur Verehrung Gottes auf und verpflichtet nach der zweiten Tafel (Gebote 4-10) zur Nächstenliebe. Da Gott das natürliche Gesetz den Menschen gleichsam ins Herz eingraviert hat, können sie ihn daraus erkennen. Inzwischen haben Verhaltensforscher dekalogähnliche Verhaltensregeln in vielen Kulturen und sogar im Tierreich feststellen können, die das Zusammenleben und Überleben von Menschen und auch von Tieren ermöglichen.

Erkenntnis Gottes durch die Vernunft: Luther war gegenüber dem menschlichen Vernunftgebrauch und dem philosophischen Nachdenken äußerst skeptisch. Er wusste, dass sich der Mensch immer schnell ein „vernünftiges" Argument zurechtlegen kann, damit er seinen Willen

---

69 Luther in seiner Erklärung zum 1. Gebot: *Der Große Katechismus*, in: *Die Bekenntnisschriften der Evangelisch-Lutherischen Kirche*, 936.

70 Luther, *In epistolam S. Pauli ad Galatas Commentarius* (1535), *WA* 40/I:607.8.

71 Luther zu Joh 1, 18: *Auslegungen des ersten und zweiten Kapitels Johannes in Predigten* (1537/38), *WA* 46:667.10f.

72 Luther, *Wider die himmlischen Propheten, von den Bildern und Sakrament* (1525), *WA* 18:80.18-23.

durchsetzt und sich dem Willen Gottes entzieht. Auch die Philosophie war ihm zu spekulativ, da sie über Gott viele Behauptungen aufstellte, die nach Luther im klaren Widerspruch zur Schrift standen. Trotz dieser Kritik sah er Vernunft und Philosophie als ursprünglich gute Gaben Gottes an, durch die wir mancherlei von Gott wissen können. Besonders in seiner Schrift *Vom geknechteten Willen* (1525) betont Luther, dass die Vernunft einiges über Gott auszusagen weiß, denn es gibt keine Vernunft, die Gott nicht anerkennt. Diese Vernunfterkenntnis Gottes wird aus seinen Werken gewonnen, nämlich der Schöpfung und aus seinem Regiment, dem Wirken in der Geschichte. Somit stammt auch diese Erkenntnis nicht vom Menschen selbst, sondern von Gott, der den Menschen mit der Vernunft ausgestattet hat, um ihn in seinen Werken zu erkennen.

„Gott hat auch solches Licht und Verstand der menschlichen Natur eingepflanzt, um ihr eine Anzeige und ein Bild seines göttlichen Regiments zu geben, dass er einziger Herr und Schöpfer aller Kreaturen sei."[73] Die Vernunft schließt z.B. in den so genannten Gottesbeweisen aus der Zweckmäßigkeit und Ordnung der Natur auf einen Schöpfer und Erhalter. Selbst die Erkenntnis Gottes aus dem von den Menschen anerkannten natürlichen Gesetz kann man dem Erkenntnisbereich der Vernunft zuordnen, denn sie erfasst Gottes Gebot und somit die Unterscheidung von Recht und Unrecht. Doch die Erkenntnis durch die Vernunft steht auf unsicheren Füßen, denn, die Menschen wollen nicht wahrhaben, dass Gott die Sünde bestraft, und folgen deshalb lieber ihren eigenen Gedanken. Sie neigen dazu, diese Erkenntnis durch eigene Überlegungen zu kompromittieren, und spekulieren über Gott. Die natürliche Vernunft kann zwar erkennen, „dass die Gottheit etwas Großes sei vor allen anderen Dingen", so dass alle Menschen eine Gottheit anrufen können.[74] Doch wird die gottgegebene Erkenntnis oft durch menschliche Eigenmächtigkeit in ihr Gegenteil verkehrt und führt zur Abgötterei, das heißt, man folgt statt Gott anderen Göttern nach.

Erkenntnis Gottes durch die Philosophie: Die Philosophie, die von Luther fast synonym mit der Vernunft gebraucht wird, wendet sich ebenfalls der Schöpfung zu und erkennt aus ihr den, der die Welt regiert. Sie

73 Luther, „Epistel am Sonntag Trinitatis. Röm 11,33-36", in: *Crucigers Sommerpostille* (1537), *WA* 21:510.39-511.1.

74 Luther in seiner Auslegung von Jona 1,5: *Der Prophet Jona ausgelegt* (1526), *WA* 19:205.29f.

weiß, dass es ein erstes Bewegendes (*primum movens*) und ein höchstes Sein (*summum ens*) gibt, wie schon Plato gezeigt hat. Während sie die Tatsache der Schöpfung erkennen kann, bleibt der Wille des Schöpfers der Vernunft verborgen, da der Mensch in seiner sündhaften Selbstbehauptung so verblendet ist, dass er die Welt nicht richtig erkennt. Natürlich kamen die Platoniker in ihren Spekulationen darauf, dass Gott Geist ist, der die Welt regiert und der Grund alles Guten in der Natur ist. Aber sie waren von der Souveränität und Majestät Gottes in seinen Werken in der Welt so geblendet, dass sie bei ihrem Suchen nach Gott diesen nicht erkannten. Weshalb Gott alles so gemacht habe und warum er so regiere, wissen die Philosophen nicht.

Die spekulative Erkenntnis Gottes durch die Philosophie scheitert auch daran, dass sie sich der nackten Majestät Gottes (*nuda majestas dei*) zuwendet, die aber dem Menschen unzugänglich ist. Die spekulative Philosophie will nach Luther vom Diesseits auf das Jenseits schließen. Wie wir schon bei Kant aufzeigten, ist dies unmöglich, da Gott von uns aus nicht erfassbar ist. Luther gesteht zwar der spekulativen Philosophie ein allgemeines Erkennen Gottes zu, doch verliert sie sich oft in abstrakter Spekulation.

Ahnende Erkenntnis Gottes aus seinen Werken: Wir haben bisher gesehen, dass nach Luther Gott als der alles Umgreifende unbegreiflich ist. Gleichzeitig hält er aber daran fest, dass Gott dennoch von den Menschen erahnt wird. „Gott kann man nicht begreifen und man fühlt ihn doch, denn er lässt sich allenthalben sehen und erkennen, und er zeigt sich als ein gütiger Schöpfer, der uns alles Gutes tut und gibt, welches die Sonn' und der Mond, Himmel und Erde und alle Früchte, so aus der Erde wachsen, bezeugen. Aber der Mangel, dass wir Gott in solchen seinen Werken und unzähligen Wohltaten nicht erkennen, ist nicht am Schöpfer, dass er wollte, dass solches vor unseren Augen sollt' verborgen sein. Nein, der Fehler liegt nicht an ihm, sondern an uns; denn die menschliche Natur ist durch die Erbsünde so verderbt und vergiftet, dass wir's nicht achten noch erkennen und verstehen können."[75] Es liegt nicht an Gott, sondern an uns, dass die tastende und ahnende Erkenntnis Gottes aus seinen Werken vieldeutig ist. Der Mensch will Gott von sich aus erfassen und ihn aus der Natur erkennen. Das ist schon wegen der Gottheit Gottes unmöglich, da wir uns dazu mit Gott auf die gleiche

75 Luther, „Tischrede Nr. 6530" (undatiert), *WA TR* 6:20.19-29.

Ebene stellen müssten. Zudem haben wir uns als sündhafte Menschen von Gott entfernt und können deshalb Gottes Wirken nicht mehr deutlich wahrnehmen. Trotzdem lässt uns Gott durch die Natur etwas von ihm erahnen. Sie spiegelt etwas von ihm wider und lehrt, „dass ein Gott sei, der da alles Gute gibt und in allem Übel hilft".[76] Dieses ahnende Fühlen des Wirkens Gottes in Natur und Geschichte ist eine der Wurzeln menschlicher Religiosität und der Verehrung Gottes in den Weltreligionen. Luther pflichtet also der mittelalterlichen Tradition bei, dass man in der Natur die Fußspuren Gottes erkennen kann. Wieweit erstreckt sich aber solche Erkenntnis Gottes?

Die spekulative Vernunft vermag zum Ergebnis zu kommen, dass Gott alles bewirken kann. Damit ist aber noch nichts über Zielrichtung und Absicht seines Wirkens ausgesagt. Man kann durch die Vernunft die Eigenschaften Gottes bestimmen, dass er allmächtig ist, dass er der Schöpfer der ganzen Welt ist und am Ende auch ihr Richter sein wird. Doch kann die menschliche Vernunft Gottes Willen nicht eindeutig erkennen. Ein Grundmoment aller Religion ist die Erkenntnis der Macht und Erhabenheit Gottes, denn allen Menschen ist ins Herz geschrieben, dass Gott allmächtig und allwissend ist. Ferner ist für sie die Gerechtigkeit Gottes erkennbar. Man verehrt Gott nicht als ein unpersönliches höchstes Wesen, sondern versucht, mit ihm in einen Dialog des Anrufens und Empfangens einzutreten. „So wissen alle, dass Gott unsere Zuflucht ist, und flehen seine Hilfe und Beistand an."[77] In die Herzen aller Menschen ist demnach die Erkenntnis eingepflanzt, dass Gott den Betrübten und in Not Geratenen hilft und sie aufrichtet. Doch wird diese gottgegebene Erkenntnis nach Luther völlig falsch aufgefasst, denn diese Eigenschaften werden nicht dem richtigen Gott, sondern einem falschen Objekt, einem Götzen, zugeschrieben. Die Menschen können sogar einen Monotheismus vertreten, also erkennen, dass es nur einen Gott gibt. Aber dies wird ebenfalls zum Götzendienst verkehrt. Die Erkenntnis, dass ein Gott ist, dass er gerecht ist, in der Not hilft und alles lenkt und leitet, wird nicht Gott zuerkannt, sondern auf einen Pseudo-Gott oder einen Götzen übertragen. Wir stoßen damit nach Luther an eine dreifache Begrenzung der allgemeinen Erkenntnis Gottes: 1. Außerhalb

---

76 Luther, *Eine kurze Form der zehn Gebote, des Glaubens und des Vaterunsers* (1520), *WA* 7:205.17.

77 Luther zu Gen 43,23, in: *Vorlesungen über 1. Mose* (1535-45), *WA* 44:549.25f.

der Selbstoffenbarung Gottes in Jesus Christus ist die Erkenntnis Gottes subjektiv, denn ihr fehlt das Korrektiv der Christusoffenbarung. 2. Die allgemeine Erkenntnis Gottes ist von der sündhaften Bestrebung des Menschen bedroht, die richtige Erkenntnis den eigenen Wünschen und Vorstellungen anzupassen. 3. Die allgemeine Erkenntnis ist wegen der Selbstoffenbarung Gottes in Jesus Christus nur eine Vorstufe auf unserem Weg zu Gott. Sie wird durch eine bessere Alternative ersetzt. Will man sie weiter verfolgen, so jagt man oft mehr einem Gott der eigenen Wünsche und Sehnsüchte hinterher und verlässt sich nicht auf den wirklichen Gott, der sich in unüberbietbarer Weise in Jesus Christus offenbarte. So sagt Luther in seiner Vorlesung zum Deuteronomium: „Wo Gottes Wort nicht ist, da gibt es auch keine wahre Gotteserkenntnis. Wo die Gotteserkenntnis fehlt, da herrschen gottlose Unwissenheit, Einbildungen und Wahnvorstellungen von dem wahren Gott."[78]

Subjektivität der allgemeinen Erkenntnis Gottes: Nach Luther ist der subjektive Charakter der natürlichen Gotteserkenntnis ihre stärkste Einschränkung. Da sich jeder nach seinem eigenen Gutdünken seinen Gott einbildet, ergeben sich die verschiedenen Gottesdienstformen der Menschen, „denn wie sich jemand seinen Gott vorstellt, so verehrt er ihn auch".[79]

Ebenso wird das natürliche Gesetz, das für unser ethisches Verhalten verbindlich sein sollte, von den Menschen völlig verschieden und oft konträr verstanden. Die einen halten für gut, was die anderen für schlecht erachten, und umgekehrt, denn die von Gott gesetzten Ordnungen werden von uns völlig subjektiv interpretiert. Bei der allgemeinen Gotteserkenntnis geht die Initiative von uns aus, so dass sich Gott dann so darstellt, wie wir uns ihn vorstellen. Meinen wir beispielsweise, Gott sei zornig, so ist er es auch. „Wie du an Gott glaubst, so hast du ihn. Glaubst du, dass er gütig und barmherzig ist, so wirst du ihn so haben," ist die Schlussfolgerung Luthers.[80] Die allgemeine Erkenntnis Gottes passt sich also unseren subjektiven Vorstellungen an, so dass er zu dem wird, worauf wir uns jeweils verlassen und woran wir uns erfreuen. Wir stehen damit vor einem subjektiven Gottesverständnis. Aber nicht Gott passt sich

78 Luther, *Vorlesungen über das Deuteronomium* (1523/24), *WA* 14:588,14-16.

79 Luther im Hinblick auf Jona 1,4, in: *Praelectiones in prophetas minores* (1524-26), *WA* 13:246.11f.

80 Luther in einer Predigt vom 10. September 1525 über Lk 17,11ff., *WA* 17/I:412.19f.

unseren Wünschen an, sondern wir projizieren unsere Vorstellungen in ihn hinein. Damit sind wir bei Ludwig Feuerbachs Projektionshypothese angelangt, der im 19. Jahrhundert behauptete, dass Gott eine Projektion unserer Wünsche sei. Statt Gott zu vertrauen, glauben wir an einen Gott unserer eigenen Wunschvorstellungen. Wegen dieser Versuchung ist es für Luther äußerst wichtig, „von Gott richtig und gut zu denken" und unsere eigenen Ideen hintan zu lassen.[81]

Entscheidend ist nicht, *dass* wir an Gott glauben, sondern *dass wir richtig* an Gott glauben oder, was für Luther gleichbedeutend ist, an den richtigen Gott glauben. Die Gefahr bei der allgemeinen Erkenntnis Gottes besteht darin, dass man die eigene Erkenntnis nicht von Gott leiten lässt, sondern sie den eigenen Wünschen anpasst. Beispielhaft dafür sind für Luther die Heiden, die „die nicht nackte Gottheit [d.h. die ihnen zugewandte Gottheit] zu verehren abließen und sie verändern und für ihre Wünsche und Gebete verwenden".[82] Da die allgemeine Erkenntnis Gottes kein Korrektiv außerhalb der Schöpfung hat, deklariert sie meist eine Projektion der eigenen Wünsche als Gott.

Grenze der allgemeinen Erkenntnis: Wie Luther immer wieder betont, hat jeder Mensch ein natürliches Wissen von Gott, das er jedoch meist so benutzt, dass es zu einem Zerrbild Gottes wird. Unsere Sinne und unser Verstand gestalten unser Wissen von Gott zu einem Phantasiegebilde um. Die daraus folgende Abgötterei ist eine Verzerrung der echten Religion, so dass Luther sarkastisch feststellt: „Die Religion ist jedoch das beste aller menschlichen Werke."[83] Da sich die menschliche Vernunft nicht durch Gott leiten lässt, ist ihre Erkenntnis von Gott falsch und unsachgemäß. Somit verkommt die Religion zu einer Pseudo-Religion, und aus der Verehrung Gottes wird die Verehrung anderer Götter. Luther würde also der These eines Urmonotheismus zustimmen, dass alle Menschen ursprünglich einer Religion anhingen. Doch wurde diese Religion fragmentiert und verkümmerte zu verschiedenen rivalisierenden Religionen. Von wirklicher Erkenntnis Gottes kann man bei den Religionen heute nur

81 Luther im Hinblick auf Jona 1,4, in: *Praelectiones in prophetas minores* (1524-26), *WA* 13:246.7.

82 Luther in einer Scholie zu Röm 1,19, in: *Römerbriefvorlesung* (1515/16), *WA* 56:177.8ff.

83 Luther in seiner Erklärung von Jes 65,1, in: *Vorlesung über Jesaia* (1527-29), *WA* 25:383.10f.

noch in allgemeinen Grundüberzeugungen, aber nicht in konkreten Details reden.

Wegen seiner Entfremdung von Gott kann der Mensch Gottes Wirken nicht sachgemäß verstehen. Er neigt dazu, Ursache und Wirkung zu vertauschen und nicht mehr Gott, sondern sich selbst als den Urheber dessen anzusehen, was eigentlich Gottes Werk ist. Der Mensch schreibt sich oftmals das zu, was allein Gottes Wirken ist, während er umgekehrt sein Wirken als Gottes Werk betrachtet. Dabei wäre es einfach, das Wirken Gottes sachgemäß zu erkennen, da es immer auf Erhaltung abzielt und dem Menschen zum Heil dient. Da jedoch Gott bei seinem erhaltenden Wirken die Geschöpfe als seine Instrumente zur Mitarbeit benutzt, durch die und mit denen er in der Welt wirkt, wird der Mensch oft zur falschen Annahme verleitet, er sei selbst Ursache dieses Wirkens. Auch bei der Betrachtung der Natur folgert der Mensch häufig, dass sich alles natürlich vollziehe und die Natur in sich selbst gegründet sei. Die sündhafte Entfremdung des Menschen von Gott ist schon so weit fortgeschritten, dass er die Wirksamkeit Gottes schlichtweg bestreitet und die Ursachen aller Vorgänge auf immanente Wirkkräfte zurückführt. Gott wird damit überflüssig. Da die natürliche Erkenntnis Gottes so vielen Missverständnissen ausgesetzt ist, kann sie für Luther nicht als Ausgangspunkt des Glaubens dienen.

b. Die spezielle Erkenntnis Gottes durch seine Selbstoffenbarung

Nach Luther gibt es für den Christen nur eine sachgemäße Erkenntnis Gottes, nämlich in Gottes Wort, das menschliche Gestalt annahm, also in Jesus Christus. So sagt Luther: Gott ist wie Christus überall gegenwärtig. „Er [Gott] will aber nicht, dass du überall nach ihm tappst, sondern wo das Wort ist, da tappe danach, so ergreifst du ihn recht. Sonst versuchst du Gott und richtest Abgötterei an. Darum hat er uns eine gewisse Weise gegeben, wie und wo man ihn suchen und finden soll, nämlich im Wort."[84]

Luther lehnt die natürliche Erkenntnis Gottes für Christen schlechthin ab, wenn er sagt: „Es ist äußerst dumm, danach zu trachten, ihn erkennen zu wollen. Deshalb soll man sich an das Wort halten" (*Stultissimum, ut*

84 Luther, *Sermon von dem Sakrament* (1526), *WA* 19:492.22-26.

darnach trachten eum agnoscere. Ideo haerendum in verbo).[85] Die natürliche Erkenntnis Gottes ist vom christlichen Glauben her gesehen inhaltlich wenig aussagekräftig und ist der Absicht Gottes geradezu zuwider. „Wenn nämlich Gott gewollt hätte, dass er von uns durch die Vernunft erkannt würde, wäre er nicht im Fleisch gekommen."[86] Durch die Christusoffenbarung hat die Erkenntnis Gottes eine neue Tiefendimension erhalten, denn, wie Luther in seiner Auslegung des Jona-Buches schreibt, es zeigt sich in dieser Offenbarungsweise ein großer Vorteil: „Darum ist ein großer Unterschied zu wissen, dass ein Gott ist, und zu wissen, was oder wer Gott ist. Das erste weiß die Natur und ist in alle Herzen geschrieben. Das andere lehrt allein der Heilige Geist."[87]

Die Erkenntnis Gottes durch die Christusoffenbarung wird allein von Gott bewirkt. Gott wird Mensch und damit von uns erkennbar. Er bleibt aber als Objekt des Erkennens immer noch Subjekt, denn er ist Gott, obwohl er sich in einer konkreten menschlichen Gestalt mitteilt. Offenbarung heißt nach Luther zunächst Selbstmitteilung und Fassbar-werden Gottes in einem wirklichen Menschen. Die logische Erkenntnisvoraussetzung, dass nur Gleiches von Gleichem erkannt werden kann, bewahrt hier ihre Gültigkeit. Gott wird Mensch und teilt sich so uns Menschen mit. Er selbst ergreift im Akt der Offenbarung und in deren Erkenntnisvollzug die Initiative. Offenbarung ist also keine Belehrung über Gott, dass uns bestimmte Fakten über ihn mitgeteilt würden, sondern Selbstmitteilung, er offenbart sich selbst. Gott offenbart sich dabei entweder im menschlichen Herzen oder in einem äußeren Wort, wobei nach Luther die Offenbarung im Herzen kein mystisches Innewerden Gottes bedeutet. Vielmehr erkennen wir dabei, dass Gott menschliche Gestalt angenommen hat. Gott offenbart sich jedoch nicht so, dass er völlig in dieser Offenbarung aufginge, denn trotz seiner Menschwerdung, „verlässt er nicht den Himmel".[88] Uns wird nicht nur offenbart, dass Gott ist und welche Attribute er hat, sondern er erschließt uns sein inwendiges,

---

85 Luther, *Predigten über das 5. Buch Mose* (1529), *WA* 28:608.8f.

86 Luther, in einer Scholie von 1534 zu Jesaja 4, in: *Vorlesungen über Jesaja* (1527-29), in *WA* 25:106.43f.

87 Luther in einer Auslegung zu Jona 1,5, in: *Der Prophet Jona ausgelegt* (1526), *WA* 19:207.11-13.

88 So Luther in einer Predigt zu Gen 11, in: *Predigten über das erste Buch Mose* (1523/24), *WA* 14:213.13.

sonst unergründliches Wesen, so dass im Gegensatz zum allgemeinen Wissen von Gott diese Erkenntnis keine Erkenntnis von außen bleibt.

Bei der Selbstoffenbarung Gottes konkretisiert sich der Unumgrenzte im Leiblichen. Gott ist nicht fassbar, er ließe sich denn fassen, sagt Luther. Ähnlich wie bei der Realpräsenz Christi im Abendmahl, bei der Christus in Brot und Wein anwesend ist, wird in seiner Selbstoffenbarung der immer schon allgegenwärtige Gott an einer bestimmten Stelle sichtbar, nämlich in seiner Selbstmanifestation in Jesus Christus. Das Endliche wird befähigt, das Unendliche in sich aufzunehmen. Der Mensch findet Gott in der geschichtlichen Offenbarung, im Sichtbaren. Wenn sich Gott offenbart, begibt er sich in die von ihm geschaffene Schöpfung hinein, in die Kategorien von Raum und Zeit, um uns unter dem „Schein" seines Wirkens zu begegnen.

Menschwerdung Gottes in der Geschichte: Der allmächtige, unbegrenzte Gott kam in seiner Menschwerdung in Jesus Christus in unsere begrenzte Welt. Deshalb nennt Luther die Menschwerdung das große Hauptwerk Gottes, das allen Regeln menschlicher Logik widerspricht. Das Leben Jesu ist der Zentralpunkt der Offenbarung Gottes, denn in einem einmaligen, historischen Ereignis, in dem Geschick eines konkreten, geschichtlichen Menschen, ist das Ewige in die Geschichte eingetreten. Der Ort, an dem wir Gott fassen können, ist nicht die Natur, wie der Pantheismus behauptet, der Gott überall, aber vorzugsweise in der Natur zu fassen meint, sondern die Lebensgeschichte eines ganz bestimmten Menschen. Die Menschheit Jesu wird für uns zum Bezugspunkt zur unerkennbaren Transzendenz Gottes. Gott wird für uns erkennbar, indem er sich in seine Schöpfung, in Raum und Zeit, hineinbegibt, also in die Kategorien, in denen er auch in der Natur wirkt und in denen wir ihn erkennen können. So sagt Luther in seinem Weihnachtslied „Gelobet seist du, Jesu Christ":

> Den aller Welt Kreis nie beschloss,
> der liegt in Marien Schoß;
> er ist ein Kindlein worden klein,
> der alle Ding erhält allein.[89]

Wenn Gott ein Glied der Menschheitsgeschichte wird, kommt er auch mit unserer ganz konkreten Lebenswelt in Berührung, in der wir uns von ihm

89 *Evangelisches Gesangbuch*, Nr. 23, Vers 3.

sündhaft abgewandt und entfremdet haben. Doch wird er nicht sündig, sondern befasst sich mit unserer Sünde. Jesus Christus steht als der ganz Andere völlig auf unserer Seite, um uns Gott mitteilen zu können. Er lebt in der durch die widergöttlichen Zerstörungsmächte entstellten Ordnung Gottes, damit in ihm Gott uns so nahekommen kann, dass wir ihn erkennen können. Da Gott in seiner Selbstoffenbarung Mensch wird, sind anthropomorphe Züge dieser Offenbarung unvermeidbar.

Menschgemäße Züge der Selbstoffenbarung Gottes: Gott verändert sich aber in seiner Selbstoffenbarung nicht. Nur als Zugeständnis an unsere Natur, die den unbegrenzten Gott nicht wahrnehmen kann, hat er sich in der Menschwerdung Jesu in uns Menschen angemessenen Weise gezeigt. Deswegen gebrauchen wir für Gottes Wirken anthropomorphe Begriffe, z.B. dass er freundlich mit uns redet, sich freut, betrübt ist oder leidet, wie nach Luther besonders das Alte Testament bezeugt, das er so interpretiert, dass es auf Christus hinweist. Von Gottes Wirken muss man also notgedrungen in menschlicher Begrifflichkeit reden oder man muss darüber schweigen. Gott wird jedoch in seiner Offenbarung nicht zu einem neuen Wesen, sondern erschließt sich uns so, wie er in seinem verborgenen Wesen schon immer war.

Die Offenbarung ist keine Abbildung Gottes, da er auch in ihr noch verborgen ist, denn er selbst bleibt Gott (*deus ipse*). Gott geht nicht in seiner Selbstoffenbarung auf, sondern kann uns immer noch in seiner allmächtigen Alleinwirksamkeit als rätselhafter Gott, als *deus absconditus*, begegnen. Von dieser Unergründlichkeit Gottes, die bei vielen Menschen Kopfschütteln und sogar Furcht und Verzweiflung hervorrufen kann, unterscheidet Luther den offenbarten Gott, der *deus revelatus*, der uns durch seine Selbstoffenbarung in Jesus Christus in seine Gemeinschaft bringen will. Die Unterscheidung zwischen dem Gott selbst (*deus ipse*), der uns nach Luther nichts angeht, und dem offenbarten Gott (*deus revelatus*), bewahrt Luther davor, den Gottesgedanken radikal zu personalisieren, so dass Gott, wie der Philosoph und Religionskritiker Ludwig Feuerbach (1804-1872) später behauptete, nichts anderes als ein höchst vollkommener Mensch wäre.

Gott geht in seiner Offenbarung nicht in den personalen Kategorien auf, die wir auf ihn anwenden. Gott ist keine Person, die Augen, Ohren und Stimmbänder hätte, sondern Gott nimmt personale Züge an, wenn er sich offenbart. Über das Sein Gottes selbst, dem *deus ipse*, können wir keine konkreten Aussagen machen, sondern nur über das Wort Gottes, das *verbum dei*. In seinem Wort und seinem Sohn offenbart sich Gott, indem er uns seinen Liebeswillen zeigt. Wie Gott an und für sich ist, ist für uns weder interessant noch heilsnotwendig. Allein seine Selbstoffenbarung, sein Wort und Evangelium sind für Christen entscheidend. Luther hat kein Interesse an einer spekulativen Theologie, sondern nur an einer, die auf die Lebenspraxis des Menschen bezogen ist. So sagt er in einer Vorlesung: „Die wahre Erkenntnis [Gottes] besteht nicht im Spekulieren, sondern schreitet fort zur Tat."[90] Hat man erkannt, wer Gott ist, nämlich ein gnädiger und fürsorgender Gott, dann ergeben sich für einen Christen als Konsequenz die Werke der Dankbarkeit. Alle Erkenntnis Gottes geht aus seiner Selbstoffenbarung in Jesus Christus hervor und hat unmittelbar praktische Konsequenzen für unser Leben.

Erkenntnis Gottes durch Christus: In einer Tischrede von 1531/32 erklärt Luther: „Wahre Theologie ist praktische Theologie. Ihre Grundlage ist Christus, dessen Tod im Glauben anerkannt wird" (*Vera theologia est practica, et fundamentum eius est Christus, cuius mors fide apprehenditur*).[91] Drei Punkte dieser Aussage sind wichtig: 1. Die Grundlage der Theologie ist Christus. 2. Das Lebenswerk Christi ist nur vom Glauben her einsichtig. 3. Die wahre Theologie hat eine praktische Ausrichtung, das heißt, sie zielt auf die Erlösung des Menschen ab. Luther zentriert in antispekulativer Weise die Theologie auf Christus und auf die durch ihn bewirkte Erlösung. Nur durch den Menschen Jesus kann man sich Gott richtig nähern, denn „diese Menschheit ist unsere heilige Leiter, auf der wir zu Gott aufsteigen, um ihn zu erkennen".[92] Die einzigartige Stellung Jesu besteht darin, dass wir unter dem Eindruck seines Lebens zur Erkenntnis gelangen, dass Gott uns liebt. Jesus ist die liebende Verbindung und der tröstende Durchblick zu Gott. Nur von ihm aus gelingen uns sachgemäße Aussagen über Gott und sein Wirken, denn Gott verhält sich durch die Einheit seines Willens mit seinem Sohn zu uns so, wie der Sohn sich zu uns verhält. Deswegen kann man in Christus das Herz Gottes erblicken. Wahre Erkenntnis Gottes ist keine Spekulation über Gott, sondern die Erkenntnis seines väterlichen Willens, der sich in der Sendung seines Sohnes kundtut.

---

90 Luther, *Vorlesung über den ersten Brief des Johannes* (1527), *WA* 20:641.26-27.

91 Luther, „Tischrede Nr. 153" (1531/32), *WA TR* 1:72.16f.

92 Luther in seinem Kommentar zu Heb 1,2, in: *Die Vorlesung über den Hebräerbrief* (1517), *WA* 57/ III:99.3f.

Luther kann sogar übersteigert behaupten, dass selbst „der sichtbare Gott der Menschheit vor Christi Ankunft völlig verborgen war".[93] Erst durch Christus kann man von einer Außensicht Gottes zur Innensicht, zur Erkenntnis von Gottes Herzens gelangen. Aus dem Handeln Gottes in Christus erfahren wir, dass er seine Schöpfung liebt und sich ihrer annimmt. Christus ist also nicht für sich bedeutsam als Prediger, Wundertäter oder Tugendlehrer, sondern als Vermittler des göttlichen Erlösungswillens. Christus verkörpert das Ziel des Wirkens Gottes, das sich unaufhaltsam auf die Vollendung zubewegt, auf die Durchsetzung seines Liebeswillens in einer neuen, reinen Schöpfung. Nach Luther genügt es jedoch nicht, nur auf Christus zu blicken, denn das tun andere auch, die ihn dann nach ihren eigenen Präferenzen interpretieren, sondern man muss ihn *richtig* betrachten.

Kreuzestheologie als theologisches Leitprinzip: Wie wir oben schon gesehen haben, behauptet Luther: „Allein das Kreuz ist unsere Theologie" (*CRUX sola est nostra Theologia*).[94] Er grenzt sich also gegen eine mystische oder spekulative Theologie ab und zentriert all sein Denken auf die Selbstoffenbarung Gottes in Christus. Das Kreuz Christi wird zur perspektivischen Mitte aller theologischen Aussagen. Luther folgt dabei nicht der im Mittelalter weit verbreiteten Theologie der Nachahmung Christi, also einer *imitatio Christi*, sondern betont vielmehr die fast unfassbare Ungeheuerlichkeit des Christusereignisses: Dieser Christus hat stellvertretend für uns gelitten. Die Kreuzestheologie, die sich an der geschichtlichen Gestalt Jesu bis hin zu seinem Kreuzestod für das Verständnis Gottes orientiert, steht im Gegensatz zu jeder spekulativen Theologie, die selbstbewusst, unter Absehen von der konkreten Geschichte, das Heilswirken Gottes verständlich machen will. Luther wird nicht müde zu betonen, dass Jesus und sein Tod am Kreuz all unseren menschlichen Vorstellungen widersprechen, wie Gott unser Heil wirken müsste. Man darf also nicht davon ausgehen, wie Gott (nach unseren Überlegungen) handeln müsste, sondern muss sich daran halten, wie er tatsächlich gehandelt hat.

---

93 Luther in seiner Erklärung von Ps 25, in: *Dictata super Psalterium* (1513-16), *WA* 3:143.9f.

94 Luther in seiner Erklärung von Ps 5,12, in: *Operationes in Psalmos* (1519-21), *WA* 5:176.32f.

c. Die Kreuzestheologie als wahre Theologie

Die Kreuzestheologie ist für Luther gleichbedeutend mit der theologischen Betrachtung der Menschwerdung Gottes. So behauptet Luther in der Heidelberger Disputation: „Deshalb ist im gekreuzigten Christus die wahre Theologie und Erkenntnis Gottes" (*Ergo in Christo crucifixo est vera Theologia et cognitio Dei*).[95] Wenn man Gott erkennen will, so Luther, darf man nicht versuchen, mit der Vernunft zur Majestät Gottes vorzudringen, sondern man muss sich an den menschgewordenen Gott halten. Das Vorzeichen, unter dem die Christus-Offenbarung gesehen werden muss, ist das Kreuz, denn dies ist das Werk Gottes, das unsere „vernünftigen" Überlegungen zerstört und verdammt. Gott will in der schwachen Gestalt des gekreuzigten Christus erkannt werden, damit er unsere Weisheit zunichte macht, die sich Gottes Offenbarung ganz anders denkt. Das Kreuz als Zeichen der Offenbarung Gottes schützt auch vor verführerischen Nachahmungen. Während die Majestät Gottes leicht zu einem Phantasiegebilde eigener Ideen verfälscht werden kann, wird das Kreuz in all den religiösen oder philosophischen Spekulationen nicht nachgeahmt oder durch unsere Phantasie verzerrt. „Das Kreuz wird nicht geliebt und kann nicht geliebt werden", schreibt der reformierte Theologe Jürgen Moltmann im Sinne Luthers, und was man nicht liebt, ahmt man auch nicht nach.[96] Deswegen kann es keine menschliche Erfindung sein, dass Gott seinen Sohn am Kreuz sterben lässt, um uns zu erlösen. Das Kreuz Christi bedeutet außerdem, dass Christus als Zeichen der Solidarität mit den Menschen absichtlich schwach sein will, um sich mit uns auf die gleiche Stufe zu stellen und mit uns auf Erden zu leiden.

Für Luther ist es ein ungeheuerliches Geschehen, dass Gott als Kind geboren wurde und an einem Kreuz starb. Solch ein Geschehen ist widervernünftig, und man kann es sich selbst nicht ausdenken. Deshalb muss Gott auch unseren Verstand dazu anleiten, dass wir die Bedeutung dieses Geschehens richtig verstehen, nicht als Niederlage Jesu, sondern als seinen Sieg über die widergöttlichen Mächte. Wer in seinem Versuch, Gott zu erkennen, Christus übergeht, erkennt auch den in ihm verborgenen

---

95 Luther in seiner Erklärung zu These 20 der *Heidelberger Disputation* (1518), *WA* 1:362.18f.

96 Jürgen Moltmann, *Der gekreuzigte Gott. Das Kreuz Christi als Grund und Kritik christlicher Theologie* (München: Chr. Kaiser, 1972), 7.

Gott nicht. Solche Menschen werden von Luther „Feinde des Kreuzes" genannt, denn sie verwerfen das Wertesystem Gottes und nennen das Gute des Kreuzes – d.h. die Menschwerdung Gottes – schlecht und das Schlechte ihrer eigenen Gedanken gut – d.h. ihre abstrakten, philosophischen Überlegungen.[97] Obwohl das Kreuz äußerlich schlecht und unscheinbar aussieht, ist es nichts Schlechtes, sondern es ist gut, denn es hat Christus und damit Gott zum Inhalt und zerstört die schlechten Werke, die auf Erhabenes gerichtet sind. Schlechte Werke sind nach Luther solche, mit denen man vor Gott bestehen möchte, einschließlich der spekulativen Theologie, mit der man Gott eigenmächtig ergründen will.

Die Kreuzestheologie weist jedoch nicht nur auf das Kreuz als Erniedrigung und Menschwerdung Gottes hin, sondern ist für Luther auch ein Hinweis, dass Gott immer unter dem Augenschein des Gegenteils wirkt. An Christus ist Luther deutlich geworden, dass Gott vollendet, wenn er zerstört, dass er lebendig macht, wenn er ans Kreuz bringt, dass er rettet, wenn er richtet, ja, dass er sich offenbart, wenn er sich verhüllt. So kann Luther das Heilige Kreuz die wahre „negative Theologie" nennen.[98] Gott arbeitet, so Luther, wie ein Zahnarzt, denn dieser macht gefährliche, schwierige und verunstaltende Einschnitte, aber ist dennoch ein guter Arbeiter.[99] Selbst wenn man zunächst Angst hat, dass alles nur schlimmer wird, steht doch am Ende der überraschende Heilungsprozess, wenn die Schmerzen durch das Wohlbefinden abgelöst werden.

Zwei Züge sind an diesem Wirken Gottes unter dem Anschein des Gegenteils besonders hervorzuheben. 1. Am Kreuz Christi scheitert jede eigenmächtige Erkenntnis Gottes. Luther sagt einmal, dass es keine Religion gibt, die der Vernunft so absurd und töricht vorkommt wie die christliche, aber dennoch glaube er an Jesus Christus. Durch die Verborgenheit Gottes in seinem Heilswirken am Kreuz wird alle Weltweisheit widerlegt. Gott will im Leiden erkannt werden und alle Weisheit verdammen, die die unsichtbaren Dinge mit Hilfe der sichtbaren Dinge

---

97 Luther in seiner Erklärung zu These 21 der *Heidelberger Disputation* (1518), *WA* 1:362.26.

98 Luther in seiner Auslegung von Ps 90,7, in: *Enarratio Psalmi XC* (1534/35), *WA* 40/III:543.1f.

99 Luther in seiner Erklärung zu These 6 der *Heidelberger Disputation* (1518), *WA* 1:357.36-39.

erfassen möchte. Deshalb muss uns Gott die Augen öffnen, damit wir sein Wunderwerk, das Kreuz Christi, in seiner Bedeutung richtig erkennen können. 2. Eine aufsteigende Gotteserkenntnis, die sich von uns zu Gott emporarbeiten will, oder eine, die umgekehrt bei den Geheimnissen Gottes einsetzt, ist zum Scheitern verurteilt. Gott kann erst erkannt werden, wenn man sich von ihm in sein verborgenes Handeln am Kreuz hineinnehmen lässt.

Weshalb betont nun Luther die Verborgenheit des Handelns Gottes unter dem Anschein des Gegenteils so stark? Er will damit nicht nur sagen, dass Gott dort nicht gesucht werden will, wo er sich nicht offenbart hat. Entscheidend ist für Luther, dass Gott auch im Offenbarungsgeschehen der allein Handelnde ist. Gott wählt den Weg des Kreuzes, damit er der souveräne Herr des ganzen Heilshandelns und des ganzen Offenbarungsgeschehens bleibt. Dieses Geschehen erwartete niemand so, wie es sich tatsächlich zugetragen hatte. Auch die so genannten „Könige aus dem Morgenland“ fragten zunächst in Jerusalem nach dem neugeborenen König der Juden und nicht in dem unbedeutenden Bethlehem (Mt 2,2). Gott und seine Offenbarung lassen sich durch kein rational logisches Prinzip erfassen. Nur aufgrund dessen, was geschehen ist, kann man es in Annäherung nachzeichnen. Aber auch dabei sind wir auf Gottes Hilfe bei der Interpretation angewiesen. Zentral für Luthers Verständnis des christlichen Glaubens ist die Gottheit Gottes. Da zwischen uns und Gott dieser unüberbrückbare dimensionale Unterschied besteht, gibt es in Heilsdingen keine wie auch immer geartete Kooperation zwischen uns und Gott. Der erste Schritt erfolgt immer von Gott her, auf den wir dann sachgemäß reagieren können. Aber dieser erste Schritt Gottes ist ein völlig unerwartetes Geschenk, denn es geschieht wie eine Schöpfung aus dem Nichts, dass also aus dem Tod Jesu für uns Leben kommt und gleichzeitig unter dem Aspekt des Gegenteils, dass der Tod Jesu sein Sieg und damit für uns das Heil bedeutet.

Luther verwirft einen wie immer gearteten Atheismus, indem er zu Recht behauptet, dass jeder Mensch irgendeinen Gott hat, an den er sein Herz hängt. So bejaht er auch die Möglichkeit einer Erkenntnis Gottes im Sinne einer allgemeinen durch Gott verursachten Offenbarung. Diese ist der Vernunft prinzipiell zugänglich. Wie wir allerdings an der Vielfalt religiöser Vorstellungen sehen, ist diese allgemeine Offenbarung vieldeutig. Eindeutigkeit, so Luther, ergibt sich nur durch die Selbstoffenbarung Gottes, in der Gott sich in Jesus von Nazareth in menschlicher Gestalt sichtbar macht. Durch Jesu Verhalten und Schicksal können wir Gott in unverwechselbarer Weise erkennen. Jesus ist damit der Maßstab für die rechte Gotteserkenntnis in der Vielfalt religiöser Vorstellungen und gleichzeitig die Leiter zu Gott selbst.

5. Das Evangelium ist kein Gesetz

Die strenge Unterscheidung in der biblischen Botschaft zwischen Gesetz und Evangelium scheint eine typisch lutherische Eigenart zu sein. So schreibt der reformierte Theologe Karl Barth: „Die Ethik als Lehre von Gottes Gebot erklärt das *Gesetz als die Gestalt des Evangeliums*."[100] Hier ist die Unterscheidung von Gesetz und Evangelium aufgehoben, und das Gesetz wird gleichsam in das Evangelium hineingenommen. Damit besteht allerdings die Gefahr einer neuen Gesetzlichkeit, wie man sie oft bei Calvinisten und in pietistischen Gemeinschaften antrifft. Obwohl die befreiende Macht des Evangeliums betont wird, hört man dann doch überwiegend von den verpflichtenden Forderungen der biblischen Botschaft, sodass das Gesetz geradezu zur anderen Seite des Evangeliums wird. Besonders in evangelikalen Kreisen, aber auch im zeitgenössischen Protestantismus, wird das Evangelium in gesetzlicher Weise benutzt, um von Christen ein christgemäßes Leben einzufordern. Ähnlich ist das heute bei vielen säkularen Menschen. Sie leben unter einem ständigen Leistungsdruck, den die Gemeinschaft ausübt oder dem sie sich selbst unterwerfen, damit sie den gerade herrschenden Normen und Erwartungen der Gesellschaft entsprechen. Sie leben und arbeiten also ständig unter dem „du musst" des Gesetzes. So scheint die befreiende Botschaft des Evangeliums vom Gesetz verdrängt worden zu sein. Luther bestand jedoch auf einer strikten Unterscheidung zwischen Gesetz und Evangelium, wobei beide weder vermischt noch getrennt werden dürfen. Er hatte selbst die Nachteile des spätmittelalterlichen Verpflichtungs- und Kompensationsethos zunächst in der Volksfrömmigkeit und dann im Mönchtum kennen gelernt. Deswegen betonte er, dass Gott uns im Evangelium von allen gesetzlichen Verpflichtungen befreit. Diese Freiheit darf nicht zu einer neuen Gesetzlichkeit umfunktioniert werden, sondern das eine Wort Gottes muss uns immer in der Doppelgestalt von Gesetz und Evangelium begegnen.

100 Karl Barth, *Die Kirchliche Dogmatik*, Bd. 2/2: *Die Lehre von Gott* (Zürich: EVZ, 1954), 564.

 | DOI:10.30965/9783657760541_006

a. Gegensatz und Einheit von Gesetz und Evangelium

Das Gesetz Gottes ist dem Menschen schon immer bekannt, denn es ist ihm mit der Schöpfung, also von Natur aus, von Gott ins Herz eingeschrieben. Dies lehrte Luther in Übereinstimmung mit Paulus. Selbst wenn es niemals das geschriebene Gesetz durch Mose gegeben hätte, wüsste der Mensch von Natur aus, dass man Gott verehren und den Nächsten lieben soll. Der Geist Gottes, so Luther, diktiert das Gesetz in die Herzen aller Menschen. Aber der Wille Gottes, der sich im Gesetz ausdrückt und die Vernunft aller Menschen belebt und erleuchtet, wird seit dem Fall durch das sündige Begehren der Menschen verkannt. Darum hat Gott durch Mose dem Volk Israel ein geschriebenes Gesetz gegeben, das die Menschen an das natürliche Gesetz im Herzen erinnern sollte. Mose ist also nach Luther nicht der Urheber des mosaischen Gesetzes, sondern er legt das natürliche Gesetz im mosaischen Gesetz nur am deutlichsten aus.

Vom Gesetz muss man nach Luther auf zweierlei Weise reden. Es ist der Inbegriff des ewigen Willens Gottes, und als solcher verdammt es den Sünder. Dabei muss man zwischen dem *Inhalt* des Gesetzes Gottes und der *Gestalt* unterscheiden, in der es dem Sünder begegnet. Seinem Inhalt nach ist es der ewige Wille Gottes, dessen Erfüllung zu unserem Heil dient. So sollen wir Gott in seiner Gottheit nicht antasten und beleidigen. Richten wir uns danach, so wird Gott uns gnädig sein. Das Gesetz, also Gottes ewiger Wille, war schon immer in Geltung. Er wird es auch in der zukünftigen Welt sein und wird dort ganz erfüllt werden. Somit hat das Gesetz ursprüngliche, gegenwärtige und endzeitliche Bedeutung; es gilt immer und ewig als unveränderlicher Wille Gottes. Mit dem Sündenfall verändert sich jedoch von Grund auf das Verhältnis zwischen dem Gesetz, also Gottes ewigem Willen, und dem Menschen. Sein ewiger Wille wurde für uns als Sünder, die wir in der Gottesferne und im Gegensatz zu Gott stehen, zu einem Gesetz, mit dem Gott uns konfrontiert. Der Inhalt blieb identisch, die Gestalt änderte sich. Diese wollen wir jetzt näher betrachten.

Der Begriff „Gesetz“ beinhaltet einen doppelten Aspekt, einen bürgerlichen oder weltlichen (*usus civilis*) und einen theologischen oder geistlichen (*usus theologicus*). Von der weltlichen Seite her besteht seine Aufgabe darin, in dieser von Sünde gekennzeichneten Welt die großen

Übertretungen und Verbrechen abzuwehren und den öffentlichen Frieden zu bewahren. Das Gesetz wirkt hier durch die von Gott eingesetzten Stände, d.h. Obrigkeit, Eltern und Lehrer, und durch die weltlichen Gesetze. In dieser Form kann der Mensch das Gesetz Gottes grundsätzlich erfüllen und eine bürgerliche Gerechtigkeit (*justitia civilis*) erreichen. Er kann im Rahmen der geltenden weltlichen Gesetze leben, ohne zum Gesetzesbrecher zu werden. Davon muss man jedoch den zweiten Aspekt oder Gebrauch des Gesetzes unterscheiden, den Luther auch als den „wahren" bezeichnet. Diesen begegnen wir zum Beispiel in der Bergpredigt Jesu, wo Jesus uns einschärft, immer in Einheit mit Gott und seinem Willen zu leben. Durch diese radikale Gesetzesauslegung wird der Wille Gottes aufs äußerste verschärft. Vom Menschen werden ein reines Herz und vollkommener Gehorsam gegenüber Gott erwartet. Das so verstandene Gesetz, das im Urstand erfüllbar war, als der Mensch „im Garten" in Einheit mit Gott lebte, ist für uns sündige Menschen schlechterdings unerfüllbar geworden. Es hilft uns nicht, um vor Gott gerecht zu werden, da wir es nicht erfüllen können, sondern es offenbart uns nur unsere Sündhaftigkeit und vermehrt diese. Aus der Erkenntnis, dass wir dieses Gesetz nicht erfüllen können, entstehen Hass gegen Gott und Verzweiflung, wie Luther selbst eingestehen musste, als er als Mönch im Kloster immer wieder daran scheiterte, ein gottgerechtes Leben zu führen. Gott erscheint als unfair, da er mehr verlangt, als wir liefern können. So klagt uns das Gesetz ständig an (*lex semper accusat*) und liefert uns dem Zorn, dem Gericht und dem ewigen Tod aus. Dies war Luthers niederschmetternde Erkenntnis.

Alle Menschen wissen zwar etwas von dem anklagenden Gesetz Gottes, aber sie haben keine rechte Erkenntnis von Gottes mächtigem Willen, da sie diesen noch nicht verspürt haben. Sie leben nach dem Motto: „Ich bin zwar nicht vollkommen, aber Gott wird mir schon vergeben, denn er ist ja ein lieber Gott." Damit sie aus ihrer Ahnungslosigkeit aufgeschreckt werden und zur wahren Erkenntnis Gottes und seines Willens kommen, muss ihnen das Gesetz Gottes verkündigt werden. Dann fühlen sie die Macht des Gesetzes und werden zur Buße gerufen. Der ursprüngliche Liebeserweis Gottes, durch den das Gesetz sie zu einem gottgefälligen Leben anleiten sollte, ist zu einem Werkzeug seines Zornes geworden. Dieser theologische Aspekt des Gesetzes zeigt den Menschen, wie weit sie wirklich von Gott entfernt sind.

Wer nur das Evangelium, aber nicht das Gesetz verkündigen will, da es den Menschen mit dem Zorn Gottes erschreckt, der weigert sich, die Wahrheit Gottes über sich anzuhören. Luther wendet sich deshalb gegen die Antinomer, d.h. die Widergesetzlichen, die den theologischen Charakter des Gesetzes bestreiten, es aus der Kirche verbannen und nur im Rathaus, d.h. im weltlichen Bereich, wirken lassen wollen.[101] Luther beruft sich hier auf Paulus (Röm 5,13) und schreibt: „Wer das Gesetz wegtut, der muss die Sünden auch mit wegtun. [...] Denn warum stirbt er [Christus], so kein Gesetz noch Sünde da ist, dafür er sterben müsse?" Erst aufgrund unseres sündhaften Lebens, das durch das Gesetz gleichsam als in einem Spiegel aufgedeckt wird, wird es verständlich, warum Christus für uns gestorben ist. Zudem ist für Luther das Gesetz heilsnotwendig, denn ohne Gesetz bleibt der Mensch in der Gottesferne, da er nicht erkennt, wie weit er sich von Gott entfernt hat. Durch die Konfrontation mit dem Zorn Gottes und die Erkenntnis des eigenen Scheiterns wird der Mensch zu Gott und seinem Evangelium hingetrieben. Neben dem Gesetz steht nämlich das Evangelium, die andere Seite des Wortes Gottes.

Gesetz und Evangelium haben ganz verschiedene, ja, gegensätzliche Funktionen. Das Gesetz fordert, was zu tun und zu lassen ist. Weil wir dabei versagen, klagt es uns an und verurteilt uns. Das Evangelium hingegen beinhaltet die Verheißung Gottes, dass Christus für uns gestorben ist und sich für uns geopfert hat. Es verkündigt, dass alle Forderungen des Gesetzes schon für uns von Christus erfüllt wurden. Damit sind uns dank Christus unsere Sünden vergeben, die uns von Gott trennen. Somit schreibt Luther in seinem Kommentar zum Galaterbrief: „Die Predigt von der Vergebung der Sünden durch den Namen Christi, das ist das Evangelium."[102] Mit Paulus, von dem Luther die Charakterisierung des Evangeliums als Verheißung übernimmt, stellt er Gesetz und Evangelium einander gegenüber. Das Evangelium als frohe Botschaft der Gnade Gottes verkündet, dass Gott uns um Christi willen unsere Verfehlungen nicht mehr anrechnen wird. Wir können als Christen ein neues Leben beginnen. Das Gesetz führt also in den Tod, das Evangelium schenkt

101 Vgl. Luther, *Die Thesen gegen die Antinomer* (1537-40), *WA* 39/I:344.30, wo die These der Antinomer zitiert wird, die er in den folgenden Thesenreihen angreift; vgl. bes. *WA* 39/I:349.39f.

102 Luther, *In epistolam Pauli ad Galatas commentarius* (1519), *WA* 2:466.12f.

neues Leben kraft der Befreiung durch Christus. Das Gesetz verkündet den Zorn Gottes, das Evangelium verkündet die Gnade. Gesetz und Evangelium stehen einander konträr gegenüber, denn die Rechtfertigung des Sünders geschieht gegen das vom Gesetz her Mögliche. Der Freispruch durch das Evangelium muss gegen das Gesetz geglaubt werden, das unsere Verurteilung fordert. Die Rechtfertigung geschieht, wie Paulus sagt, *ohne* das Gesetz. Luther geht hier noch einen Schritt weiter als Paulus und sagt: *gegen* das Gesetz.[103]

Gesetz und Evangelium sind in ihrer Gegensätzlichkeit aber aufeinander bezogen. Man muss sie zwar scharf unterscheiden, darf sie jedoch nicht voneinander trennen, wie sie auch nicht miteinander vermengt werden dürfen. Werden sie voneinander getrennt und wird nur das Gesetz verkündigt, dann ergibt sich eine neue Gesetzlichkeit nach dem Motto: „Ein Christ darf das und das nicht tun." Wird hingegen nur das Evangelium verkündet, so ergibt sich das, was Dietrich Bonhoeffer die „billige Gnade" nannte und wozu er schrieb: „Billige Gnade heißt Rechtfertigung der Sünde und nicht des Sünders."[104] Wir getrauen uns, das, was traditionell als Sünde bezeichnet wurde, nicht mehr als solche zu bezeichnen, denn wir wollen niemanden verunsichern. Aber gerade diese postmoderne Mentalität bringt neue Unsicherheiten hervor, denn es gibt keine verbindlichen Maßstäbe mehr. Werden jedoch Gesetz und Evangelium miteinander vermischt, dann ergibt sich, wie schon angesprochen, eine gesetzliche Moralität, die allerdings meist den jeweiligen Trends nachgeht, denn auch hier ist eine Verbindlichkeit zeitlich und geographisch begrenzt.

Luther hingegen betonte, dass Gesetz und Evangelium unauflöslich miteinander verbunden und verknüpft sind. Das Evangelium setzt das Gesetz und dessen Entfaltung voraus, denn erst wenn wir die Forderungen des Gesetzes oder des Willens Gottes kennen, dann können uns unsere Sünden vergeben werden. Andernfalls ist Sündenvergebung sinnlos, denn wir haben ja angeblich keine. Sünde kann nur erkannt werden, wenn man das Gesetz kennt. Deshalb kann Luther im Streit mit den Antinomern sagen: „Wird das Gesetz abgetan, so auch die Sünde. Ist die Sünde abgetan, so auch Christus, für den dann kein Bedarf

103 Vgl. Luther, *Die Promotionsdisputation von Palladius und Tilemann* (1537), These 36, *WA* 39/I:219.23f.

104 Dietrich Bonhoeffer, *Nachfolge*, 9. Aufl. (München: Chr. Kaiser, 1967 [1937]), 13.

wäre."[105] Das Evangelium von Christi Heilswerk und die Erlösung von der Sünde können wir weder verstehen noch begehren, wenn wir nicht vom Gesetz herkommen und das Ausmaß unserer Entfremdung von Gott erkannt haben. Das Evangelium ist auf das Gesetz bezogen, denn die Verkündigung des Gesetzes ist die unerlässliche und notwendige Voraussetzung für die Predigt des Evangeliums. Ohne Gesetz als Messlatte können wir uns nicht realistisch einschätzen, sondern bleiben selbstsicher und überheblich bei der Beurteilung unseres sittlichen Vermögens. Als gnädiger Gott wirkt Gott mit dem Gesetz sein fremdes Werk, um zum Evangelium zu kommen, seinem eigentlichen Werk.

Die Verkündigung des Gesetzes allein vermag uns aber nicht zur rechten Buße und zum Glauben an das Evangelium zu führen. Gottes Geist muss mit dem verkündigten Wort zusammenwirken, damit es erfahrbar gemacht werden kann. Wenn uns das Gesetz von unserer Sünde überzeugt und wir den Zorn Gottes erkennen, treibt uns das zur Verzweiflung. Hören wir nur das Gesetz, so bleiben wir in der Verzweiflung und erfahren kein Heil. Deshalb ist es wichtig, dass das Wort des Evangeliums hinzukommt, damit wir erkennen, dass das Gesetz nicht Gottes letztes Wort ist, sondern auf Gottes Vergebung und Heil hinweist. Das Gesetz geht dem Evangelium voran, damit der Mensch das Evangelium findet und sich gleichsam zu Christus flüchtet. Es gibt allerdings keine zwei Götter, wie etwa Marcion im 2. Jahrhundert meinte, der drohende und strafende alttestamentliche Gott, der gleichsam das Gesetz verkörpert, und der liebende Gott des Neuen Testaments, sondern Gesetz und Evangelium sind Wirkweisen desselben Gottes.

b. Gesetz und Evangelium als zwei Wirkweisen desselben Wortes Gottes

Das Gesetz ist nicht nur im Alten Testament zu finden und das Evangelium nicht ausschließlich im Neuen. Als Gesetz dient alles, was uns unsere Sünde erkennen lässt und unser Gewissen verklagt und uns erschreckt, ungeachtet, ob wir es bei Christus oder bei Mose finden. Luther vertritt damit ein perspektivisches Verständnis vom Gesetz,

105 Luther, „Die dritte Disputation gegen die Antinomer" (1538), in: *Die Thesen gegen die Antinomer* (1537-40), *WA* 39/I:546.14-16.

denn er versteht darunter nicht nur die ausdrücklichen Imperative oder Anklage- und Gerichtsworte. Auch das Vaterunser kann er als „voll von Lehre des Gesetzes“ bezeichnen, denn wer es ernsthaft betet, erkennt, dass er gegen das Gesetz sündigt und Buße nötig hat.[106] Wenn wir zum Beispiel beten „Dein Name werde geheiligt“, so bezeugen wir auch, dass wir diese Forderung noch nicht erfüllt haben. So übt das Vaterunser an uns das Werk des Gesetzes. Selbst die Zehn Gebote können uns entweder als Gesetz oder als Evangelium treffen. So kann im ersten Gebot das „ich bin der Herr dein Gott“ als tröstende Zusage verstanden werden, dass wir einen Gott haben, dem wir vertrauen können. Liegt aber die Betonung auf „ich bin der Herr“, dann kann dasselbe Wort Gottes als Drohung empfunden werden.

Auch die Verkündigung des Evangeliums hat diesen perspektivischen Charakter, denn sie kann als Evangelium oder als Gesetz verstanden werden. Zum Beispiel kann die Verkündigung Christi, der unser Vorbild sein soll, den Charakter der Gesetzespredigt annehmen, da sie den von uns zu erfüllenden Willen Gottes anzeigt, nämlich dass wir uns so verhalten sollten, wie es Christus tat. Die Verkündigung Christi als unser Vorbild kann aber auch zum Evangelium werden, in dem wir auf den blicken, der sich für uns geopfert hat. Selbst die Verkündigung Christi als Erlöser kann zur Gesetzespredigt werden, denn Erlösung setzt die Sünde voraus. Das Evangelium bezeugt natürlich auch die Güte Gottes. Der Mensch erkennt seine Undankbarkeit und Missachtung der Güte Gottes, also das, was er Gott schuldig geblieben ist.

Die Erkenntnis der Sünde kommt entweder aus dem Gesetz im engeren Sinn, d.h. aus biblischen Ermahnungen und Vorschriften, oder aus dem Evangelium, indem dieses zum Gesetz wird. Was mir mein Sollen anzeigt, das ich schuldig geblieben bin, das ist Gesetz. Das Wort Gottes lässt sich demnach nicht in Worte des Gesetzes und Worte des Evangeliums aufteilen, denn, wie wir oben schon gesehen haben, trifft ein und dasselbe Wort den sündigen Menschen als Gesetz oder als Evangelium. Die Mitte des Evangeliums, das Wort vom Kreuz, deckt beispielsweise die menschliche Sünde und Verlorenheit so tief und schmerzhaft auf wie kein anderes Gesetz. Trotzdem kann man keinem, der angesichts der Liebe Gottes seine Sünde erkennt, einen anderen Rat geben, als ihn auf das Wort vom

106 Luther, „Die dritte Disputation gegen die Antinomer“ (1538), These 17, in: *Die Thesen gegen die Antinomer* (1537-40), *WA* 39/I:351.1f.

Gekreuzigten hinzuweisen, auf den Christus, der der Welt Sünde trägt und den Armen das Evangelium verkündet. Der gleiche Christus, an dem wir immer wieder schuldig werden, wird dann als Heiland verkündet, als Mittler zwischen Gott und uns und als Tröster der Betrübten. So führt das Evangelium sowohl zur Buße als auch zum Glauben, es führt in die Verzweiflung und zum Frieden. Gesetz und Evangelium haben zwar ganz verschiedene und gegensätzliche Funktionen. Aber es sind Funktionen desselben Wortes Gottes, und sie geschehen gleichzeitig.

Der Glaube ist eine Bewegung vom Gesetz zum Evangelium, eine Bewegung, die unumkehrbar ist. Das Evangelium verrichtet an uns immer auch die Funktion des Gesetzes. Da es als Evangelium aber ein Wort des Trostes ist, kommt diese Bewegung hier zur Ruhe. Das Gesetz wird im Evangelium aufgehoben, aber niemals umgekehrt. Der Gott und Herr, an dessen Erbarmen ich schuldig bin und schuldig bleibe, hört niemals auf, der Erbarmer zu sein. Der Gegensatz von Gesetz und Evangelium im Leben des sündigen Menschen bezeichnet deshalb ein Durchgangsstadium zur ursprünglichen Einheit von beiden und kennzeichnet die paradoxe Lage, dass der Christ, der das Gesetz nicht erfüllt hat und somit unter der Anklage steht, trotzdem an das Evangelium glaubt und trotz seines Sünderseins Gottes Gebot erfüllt. – Wir haben bis jetzt nur vom Sünder gesprochen. Da der Christ aber als Gerechtfertigter immer noch zugleich Sünder ist, stellt sich die Frage, ob das Gesetz für den Christen noch eine bleibende Funktion hat.

c. Christus als Ende des Gesetzes?

Wir haben gesehen, dass nach Luther Christus das Ende des Gesetzes ist. Durch ihn wird der Wille Gottes, den wir von uns aus nicht erfüllen können, stellvertretend erfüllt. Er hat uns von der Gewalt des Gesetzes befreit, so dass wir nicht länger dem Zorn Gottes und dem Tod ausgeliefert sind. Das Gesetz als Forderung Gottes ist damit erfüllt, die uns für unsere Sünden mit ewiger Gottesferne und dem Tod bedroht. Als Gerechtfertigte gilt für uns das Gesetz nicht mehr, sofern es für vergangene Verfehlungen anklagt und verurteilt. Aber es bleibt immer noch als Gottes heiliger Wille bestehen. Wir begegnen ihm jedoch nicht wie einer Forderung, denn wir verhalten uns idealerweise von selbst so, wie es das Gesetz verlangt. Durch den Geist Gottes, der in uns wohnt, erfüllen wir willig das Gesetz.

Wir stehen nicht mehr unter einer gesetzlichen Forderung, sondern vollziehen unser Leben in Übereinstimmung mit Gottes Gesetz in einem durch den Heiligen Geist gewirkten Vollzug der Liebe. Das Gesetz hat für uns wieder seinen Platz wie „im Urstand, im Garten" zurückgewonnen; es verdammt nicht mehr, sondern ist Ausdruck des Willens Gottes. Das ist die eine Seite, die uns als Gerechtfertigte ansieht, wenn und solange wir uns in Übereinstimmung mit Gottes Willen verhalten.

Obwohl uns als Glaubende das Gesetz weder als Forderung noch als Anklage begegnet und somit für uns gewissermaßen außer Kraft gesetzt ist, hat es für uns dennoch Bedeutung. Wir verbringen unser Leben immer noch auf dieser Erde. Teils als Glaubende und teils als Sünder leben wir einerseits nach dem Geist und andererseits nach dem Fleisch, wie Paulus sagt. Soweit wir nach dem Fleisch leben und also noch der alte Mensch sind, kann das Gesetz für uns nicht aufgehoben werden. Es herrscht anklagend über uns. Als Christen leben wir deshalb sowohl ohne den Zwang des Gesetzes als auch unter ihm; das Gesetz ist für uns teils außer Kraft gesetzt, teils noch in Kraft.

Das Entscheidende ist bereits geschehen, denn wir sind gerechtfertigt. Soweit wir noch der alte Mensch sind, übt aber das Gesetz noch seine geistliche oder theologische Funktion weiter über uns aus und zeigt uns unsere Sünde auf. Es ruft uns zum Kampf auf, den alten Menschen in uns zu überwinden. Luther verdeutlicht dies in seiner Erklärung zur Taufe: „Es bedeutet, dass der alte Adam in uns durch tägliche Reue und Buße soll ersäuft werden und sterben mit allen Sünden und bösen Lüsten; und wiederum täglich herauskommen und auferstehen ein neuer Mensch, der in Gerechtigkeit und Reinigkeit vor Gott ewiglich lebe."[107] Das Gesetz dient dazu, uns anzuspornen, unsere Trägheit zu überwinden und ständig mit dem zu ringen, was uns von Gott wegführen will. Auf Erden kommt dieses Ringen um Reinigung von der Sünde nie völlig zum Ziel. Das Gesetz ist zwar auf dem Weg, erfüllt zu werden, aber es ist noch nicht erfüllt. Erst in der Auferstehung hat es seine Aufgabe vollendet und ist völlig abgetan. Man muss allerdings bei der theologischen Funktion des Gesetzes für den Christen berücksichtigen, dass dieser schon vom Geist

---

107 Luther in seiner Erklärung zur Taufe: *Der Kleine Katechismus*, in: *Die Bekenntnisschriften der Evangelisch-Lutherischen Kirche*, 884.

Gottes bewegt ist und die Buße für ihn keine widrige und schwere Sache mehr ist, sondern, wie Luther sagt, „etwas Leichtes und Fröhliches".[108]

Wie wissen wir nun, was wir tun sollen? Brauchen wir als Christen dazu nicht auch die Information durch das Gesetz, damit wir den Willen Gottes erkennen? Luther sagt dazu zweierlei: 1. Bewegt der Heilige Geist den Christen, so ist er nicht mehr auf den Dekalog angewiesen. Kraft des Heiligen Geistes kann er neue Dekaloge aufstellen, wie es auch Jesus und die Apostel getan haben.[109] Er bedarf also keiner Vorschrift, sondern der Geist lehrt ihn, was zu tun ist. 2. Luther schränkt jedoch diese Aussage dahingehend ein, dass nicht jeder Christ den Geist in solchem Maße hat, dass er selbst sein eigener Gesetzgeber sein kann. In ihm streitet noch das Fleisch gegen den Geist und behindert sein klares Urteil über den Inhalt des Willens Gottes. Deshalb ist es für uns Christen gut, dass wir uns an die apostolischen Imperative im Neuen Testament halten. Sie sind aber für uns nicht mehr Gesetze, sondern apostolische Gebote oder Mandate, also Aufträge.[110] Es gibt also keinen theologischen Aspekt des Gesetzes für uns Christen, denn als Gerechtfertigte kämpfen wir nicht mehr gegen die Sünde, sondern bemühen uns um die positive, christgemäße Ausgestaltung unseres Lebens. Hierfür haben die neutestamentlichen Weisungen Bedeutung, indem sie uns zur Erkenntnis der rechten guten Werke anleiten. Dazu hilft auch der Dekalog, der für uns zwar nicht in der Formulierung, aber inhaltlich bleibende Gültigkeit besitzt.

Wie wir an seinem Katechismus erkennen, hat Luther in freier, schöpferischer Ergänzung und Anwendung den Dekalog im Sinne der biblischen Ermahnungen ausgelegt. Die Gebote sind bei ihm nicht nur ein Spiegel zur Erkenntnis der Sündhaftigkeit, obwohl sie das für uns Christen auch bleiben, sondern eine nötige und heilsame Unterweisung dessen, was Gott an guten Werken von uns erwartet. Im Gegensatz zur Meinung der späteren lutherischen Orthodoxie und den Reformierten gibt es nach Luther keinen so genannten dritten Gebrauch des Gesetzes

108 Martin Luther, „Die erste Disputation gegen die Antinomer" (1537), in: *Die Thesen gegen die Antinomer* (1537-40), *WA* 39/I:398.15f.

109 Vgl. zum Folgenden Luther, Die Promotion von Hieronymus Weller und Nikolaus Medler, *Thesen de fide* (1535), *WA* 39/I:47.25-36.

110 Vgl. hierzu auch die Unterscheidung bei Paul Althaus (im Sinne Luthers) von Gesetz und Gebot, *Die Theologie Martin Luthers* (Gütersloh: Gerd Mohn, 1962), 236f.

für den Gerechtfertigten. Das Gebot Gottes, nicht das Gesetz, dient ihm als Leitlinie für die richtige Lebensgestaltung.

Luthers Betonung der Unterscheidung zwischen Gesetz und Evangelium bedeutet für uns als Christen, dass wir auf das Gesetz, d.h. den heiligen Willen Gottes, als Leitlinien für die Gestaltung unseres Lebens nicht verzichten können. Das Gesetz zeigt uns zunächst unsere Entfremdung von Gott auf und führt uns dann zum Evangelium als dem befreienden Wort Gottes, dass Gott ein gnädiger Gott ist, der uns durch Christus mit sich versöhnt hat. Aus dieser Versöhnungstat Gottes mit uns erfolgt dann unsere Reaktion gemäß den Leitlinien Gottes, wie er sie in seinem Willen kundgetan hat. Da wir aber als Menschen nicht vollkommen sind, fallen wir immer wieder in unser früheres Wesen zurück und brauchen deshalb das Erschrecken durch die Konfrontation mit dem Gesetz Gottes, das uns wieder zum Evangelium hintreibt. Luther redet also weder einer gesetzlichen Frömmigkeit das Wort, noch befürwortet er eine moralistische Vermischung von Gesetz und Evangelium. Vielmehr zeigt er realistisch auf, dass wir uns trotz unserer besten Bemühungen immer wieder in dieser Welt verfangen und deshalb ständig der Gnade und Vergebung Gottes für einen Neuanfang bedürfen.

6. Gott und die Welt (Die zwei Regierungsweisen Gottes)

Nach dem Zweiten Weltkrieg ist Luthers Lehre von den zwei Reichen oder den zwei Regimenten besonders von der reformierten Seite unter Führung von Karl Barth heftig kritisiert worden. Sie hätte die politischen, wirtschaftlichen und sozialen Probleme aus dem Einflussbereich der Kirche ausgegliedert und einer quietistischen Haltung Vorschub geleistet. Manche wollten sogar eine Linie von Augustin über Luther zu Adolf Hitler sehen. Dabei steht die Lehre von den zwei Regierungsweisen Gottes in einer langen Tradition, die man bis zu den Evangelien zurückverfolgen kann. So spricht Jesus im Johannesevangelium einerseits vom Reich Gottes (Joh 3,3) und andererseits vom Fürsten dieser Welt (Joh 12,31) und seinem Herrschaftsbereich. Hier könnte man an das Reich Gottes und das Reich der Finsternis denken, die miteinander im Kampf liegen. Andererseits sagt Jesus nach Markus 12,17: „Gebt dem Kaiser, was des Kaisers ist, und Gott, was Gott ist!" Mit dieser Aussage wird der weltliche Bereich vom geistlichen unterschieden. Somit sind wir wieder bei zwei völlig andersgearteten Bereichen auf dieser Erde angelangt. An diese scheint Luther in seiner Schrift *Von weltlicher Obrigkeit, wie weit man ihr Gehorsam schuldig sei* von 1523 anzuknüpfen. Er schreibt: „Darum hat Gott die zwei Regimente verordnet, das geistliche, welches Christen und fromme Leute macht durch den Heiligen Geist unter Christus, und das weltliche, welches den Unchristen und Bösen wehrt, dass sie äußerlich müssen Friede halten und stille sein ohne ihren Dank."[111]

a. Historische Wurzeln der Zwei-Regimenten-Lehre Luthers

Luther war ein biblischer Theologe mit einem guten Gespür für das, was zu seiner Zeit vorging, und er war ein Prediger, der das Evangelium verkünden wollte. Seine Treue gegenüber der Bibel und seine

---

111 Luther, *Von weltlicher Obrigkeit, wie weit man ihr Gehorsam schuldig sei* (1523), *WA* 11:251.15-18.

 | DOI:10.30965/9783657760541_007

Aufgeschlossenheit für anstehende Gegenwartsfragen führten ihn zur Lehre von den zwei Regimenten. Er war sich bewusst, dass nach den Aussagen des Neuen Testaments die Erlösung der Welt durch das Kommen Christi vollzogen war. Gottes gefallener Schöpfung war der Weg zu Gott geebnet, und ihre Vollendung war ermöglicht worden. Doch regieren in unserer Welt noch Sünde und Tod bis zur endgültigen Vollendung des Heils. Was sich im Leben und Geschick Jesu gezeigt hat, wartet noch auf seine universale Durchsetzung. Die Spannung zwischen dem Schon-jetzt und dem verbleibenden Noch-nicht, die am deutlichsten von Paulus ausgedrückt wurde, ist der Ausgangspunkt für Luthers Lehre von den zwei Regimenten.

Luther stand in der Tradition des Mittelalters, in dem ein christokratisches Verständnis des Staates vorherrschte. Durch die Herrschaft eines irdischen Regenten sollte die Herrschaft Christi verwirklicht werden. In der Reformationszeit folgten diesem Denken viele Theologen. Zum Beispiel versuchte Martin Bucer (1491-1551) in seinem Buch *Von der Herrschaft Christi* (*De regno Christi*) die Grundlage für eine christliche Gesellschaftsordnung in England unter der Führung von König Edward VI. zu legen. Doch Bucers Entwurf war utilitaristisch. Die vorgeschlagene Gesetzgebung, für deren Durchsetzung der König verantwortlich sein sollte, spiegelte weitgehend die sozialen und politischen Bedingungen Englands seiner Zeit wider. Luther jedoch war jedes christokratische Konzept, ob es vom Staat oder der Kirche verwirklicht werden sollte, verdächtig. Schon 1518 bezweifelte er in seinen Bemerkungen bei der *Disputation über die Verdienste des Ablasses*, dass der Papst ein geistliches und ein weltliches Schwert, also geistliche und weltliche Regierungsgewalt, haben könne. Die Bibel, so Luther, spricht nur von einem Schwert, dem „Schwert des Geistes“ (Eph 6,17).[112] Deshalb sagte er in seiner drastischen Weise, dass eine Lehre, die zwei Schwerter behaupte, in die Hölle geworfen werden sollte. Luther war nicht der erste, der die Idee zurückwies, dass dem Papst zwei Schwerter oder zwei Reiche verliehen waren. Diese im Mittelalter populäre Lehre besagte, dass Christus dem Papst als seinem Nachfolger das weltliche und das geistliche Reich anvertraut habe, der dann ersteres dem Kaiser zum Lehen gibt, während er selbst das geistliche Reich verwaltet. Schon Wilhelm von Ockham (ca. 1285-1349) und Marsilius von Padua (ca. 1290-1342/43) wiesen darauf

112 Luther, *Resolutiones disputationum et indulgentiarum virtute* (1518), *WA* 1:624.13.

hin, dass diese Lehre auf eine zweifelhafte allegorische Interpretation von Lk 22,38 beruht. Bis zu Luthers Zeiten war die Kritik an dieser Lehre nicht verstummt.

Luther ging 1520 über die traditionelle Polemik hinaus und untersuchte in seiner Schrift *Über das Papsttum zu Rom*, ob sich die Autorität des Papsttums von göttlichem oder menschlichem Recht herleitet. Sein Ergebnis war: Die Macht und Autorität des Papstes leiten sich von weltlichem und nicht von göttlichem Recht her. Aber Luther wusste, dass man auf eine äußere Ordnung und Struktur des Christentums nicht verzichten konnte, obwohl man diese nicht mit dem wahren geistlichen Christentum gleichsetzen durfte. Beide Gestaltungsmomente der Christenheit, äußere Struktur und innerer Gehalt, müssen klar unterschieden, dürfen aber nicht voneinander getrennt oder gar in der je eigenen Form für absolut gehalten werden. Sie gehören so zusammen, wie die Seele zum menschlichen Körper gehört. Hier wird deutlich, warum Luther schließlich auf eine Lehre von zwei ganz verschieden strukturierten Reichen oder Regierungsweisen Gottes zusteuerte. Er war um das innere, geistliche Leben der Christenheit besorgt und meinte, dass ohne wirkliche Unterscheidung zwischen dem Weltlichen und dem Geistlichen letzteres auf lange Sicht von der Weltlichkeit der mittelalterlichen Christokratie erdrückt würde. Somit diente die Unterscheidung zwischen beiden Reichen dazu, dass das Evangelium unbehindert von säkularen Interessen verkündet werden konnte. Auf der anderen Seite vereitelte diese Unterscheidung den Versuch der Enthusiasten, die Welt zu spiritualisieren und schon jetzt in dieser Welt ein „Reich Gottes" aufzurichten.

Da Luther nicht mehr in der Zeit Augustins lebte, konnte er auch dessen Zwei-Reiche-Lehre nicht einfach unbesehen übernehmen. Für Augustin war die Christenheit noch zahlenmäßig klein und war durch den allmächtigen heidnischen Staat ständiger Bedrohung ausgesetzt. Deshalb setzte Augustin das Reich der Welt, die *civitas terrena*, mit dem Reich des Abfalls von Gott gleich. Es beinhaltet widergöttliche Tendenzen und kann von Augustin manchmal sogar die Stadt des Teufels genannt werden. Wie wir an Luthers Untersuchung *Von weltlicher Obrigkeit* sehen, hatte Luther diese Sicht Augustins anfänglich weitgehend übernommen. Die Menschheit muss in zwei Gruppen geteilt werden. Die eine besteht aus den wahren Gläubigen in Christus und verwirklicht unter Christus das Reich Gottes. Die andere hat keine Christen in ihrer Mitte und ist das

Reich der Welt und des Gesetzes. Die Welt ist wesentlich eine sündhafte Welt, in der die Christen als kleine Minderheit leiden. Sie ist der Feind Gottes und wird von weltlichen Fürsten beherrscht. Bald gab jedoch Luther diese zu seiner Zeit veraltete augustinische Unterscheidung auf, bei der die beiden Reiche einander strikt entgegengesetzt sind. Das weltliche Reich umfasste in der neuen Version Luthers nicht nur den Staat, sondern alles, was wir heute als säkular bezeichnen, wie Ehe, Besitz, Beruf usw. Da es alles beinhaltet, was wir zum täglichen Lebensunterhalt benötigen, wird es als etwas Gutes verstanden und steht damit ebenfalls unter Gottes Regiment.

b. Zusammengehörigkeit der beiden Regierungsweisen Gottes

Es wäre also falsch, wollte man Luthers Lehre von den beiden Regimenten mit seiner Lehre vom Reich Gottes und dem Reich des Teufels gleichsetzen. Luther konnte zwar auch davon reden, dass Gott und der Teufel in dieser Welt um die Vorherrschaft kämpfen. Aber er dachte nicht in dualistischen Kategorien, wie sie etwa manchmal im Johannesevangelium anklingen. Wenn Luther zwischen dem Reich Christi und dem Reich der Welt unterscheidet, dann bezeugt das Reich der Welt für ihn den ordnenden und erhaltenden Willen Gottes. Dieser zeigt sich z.B. in den Ordnungen der Natur und in der politischen Rechtsordnung. Luther erkennt also die Welt als Gottes gute Schöpfung an, verklärt sie aber nicht naiv als heile Welt. Doch sieht er das zerstörerische Wirken des Teufels auch nicht mehr, wie Johannes oder Augustin das taten, auf das Reich der Welt oder das säkulare Reich beschränkt. Die Kampflinie zwischen Gott und den widergöttlichen Mächten geht durch beide Reiche, und Satan versucht, beide in ein widergöttliches Chaos zu verwandeln. Luther bekennt: „Gegen solche Regimente Gottes tobt nun der Satan, weil seine Absicht auf nichts anderes gerichtet ist, als das zu zerbrechen und zerstören, was Gott durch diese Regimente schafft und tut."[113] Gott will also durch seine beiden Reiche oder Regierungsweisen Bollwerke gegen die Angriffe des Teufels aufrichten. Darin zeigt sich, dass die beiden Regierungsweisen zusammengehören und Gott als ihren Urheber haben.

113 Luther zu Sach 1,11, in: *Der Prophet Sacharja ausgelegt* (1527), *WA* 23:514.32-34.

Luther sagt: „Denn er [Gott] hat zweierlei Regimente unter den Menschen errichtet: Ein geistliches durchs Wort und ohne Schwert, wodurch die Menschen sollen fromm und gerecht werden, so dass sie mit derselben Gerechtigkeit das ewige Leben erlangen. Und solche Gerechtigkeit handhabt er durchs Wort, welches er den Predigern anvertraut hat. Das andere ist ein weltliches Regiment durchs Schwert, auf dass diejenigen, die durchs Wort nicht fromm werden wollen und gerecht werden zum ewigen Leben, dennoch durch solch weltliches Regiment gezwungen werden, fromm und gerecht zu sein für die Welt. Und diese Gerechtigkeit handhabt er durchs Schwert. Und obwohl er diese Gerechtigkeit nicht mit dem ewigen Leben belohnen will, will er sie dennoch haben, auf dass Friede unter den Menschen erhalten werde und er belohnt sie mit zeitlichen Gaben.“[114] Dieses Zitat von 1526 zeigt, dass derselbe Gott hinter beiden Reichen steht und in verschiedener Weise in beiden tätig ist. Da Gott in beiden Reichen nach seiner Güte und Liebe am Werk ist, folgert Luther, dass Gott den Menschen einen zweifachen Segen zuteilwerden lässt, einen materiellen für dieses Leben und einen geistlichen für das ewige Leben. Die Einheit zwischen beiden Reichen ist also ein Ausdruck der Liebe Gottes.

Die Einheit der beiden Reiche ist von Gott her begründet und zeigt sich auch in den menschlichen Strukturen, durch die die Ordnung in dieser Welt aufrechterhalten wird. So schreibt Luther: Gott hat „dreierlei äußerliche Regimente [d.h. Regierungsweisen] und dreierlei äußerliche Weisen oder Mittel und darüber noch sein eigenes göttliches Regiment“.[115] An anderer Stelle schreibt er: „Deshalb hat Gott drei Hierarchien gegen den Teufel eingerichtet, nämlich die Familie, die politische Ordnung und die Kirche.“[116] Obwohl die Herrschaft Gottes die verbindende Klammer der beiden Reiche ist, wird die Einheit auch im menschlichen Handeln sichtbar, da der Mensch in beiden Reichen und zugleich in allen drei Hierarchien lebt. Als verantwortlicher Mitarbeiter Gottes begegnet er beiden göttlichen Regierungsweisen, nämlich Gottes *Gesetz*, wie es sich im politischen Bereich, der Familie und den Kirchenstrukturen ausdrückt, und Gottes *Evangelium*, wie es ihm durch die Predigt des Wortes

114 Luther, *Ob Kriegsleute auch in seligem Stande sein können* (1526), *WA* 19:629.17-28.

115 Luther zu Sach 1,11, in: *Der Prophet Sacharja ausgelegt* (1527), *WA* 23:513.36f. Luther nennt hier Schwert, Wort und Verstand als Regierungsweisen.

116 Luther, *Die Zirkulardisputation über Matth. 19,21* (1539), These 52, *WA* 39/II:42.3f.

Gottes verkündigt wird. Obwohl sich beide Regierungsweisen durchdringen, darf man sie nicht einfach miteinander vermischen, wie es im Laufe der Geschichte immer wieder vorkam. Beispielhaft dafür ist der sogenannte Investiturstreit im 11. und 12. Jahrhundert, ein politischer Konflikt zwischen der zwischen der weltlichen und der geistlichen Macht um die Amtseinsetzung von Geistlichen durch die weltliche Macht. Beide Mächte wurden dadurch letztlich in ihrem eigentlichen Bereich geschwächt. Die weltliche Obrigkeit verlor an politischer Macht, und die geistliche Obrigkeit gewann zwar an weltlicher Macht, verlor aber gleichzeitig an geistlicher Substanz.

c. Unterscheidung und gegenseitige Durchdringung der beiden Reiche

Obwohl Luther von der Einheit der beiden Reiche überzeugt ist, wird er nicht müde zu betonen, dass wir sie nicht vermischen dürfen, sondern dass wir sachgemäß zwischen ihnen unterscheiden müssen. Das weltliche und das geistliche Reich müssen so streng unterschieden werden wie der Himmel von der Erde. Das geistliche Reich dient dem Glauben und dem ewigen Heil, das weltliche dem äußeren Frieden und der Eindämmung des Bösen. Das weltliche Reich dient dem irdischen Leben und ist, wie unser Leben auf Erden, zeitlich begrenzt, während das geistliche Reich dem ewigen Leben als dem endgültigen Ziel des Wirkens Gottes dient und daher zeitlich unbegrenzt ist.

Das weltliche Reich ist scheinbar dem geistlichen untergeordnet. Gott herrscht in ihm mit seiner linken Hand, während er im geistlichen mit seiner Rechten regiert. Letzteres ist Gottes tatsächliches Wirken, und er kann nicht zulassen, dass ein anderer über die Seelen herrscht als er selbst. Tatsächlich sind die Christen Fremdlinge im weltlichen Reich, denn sie werden durch den Glauben geleitet. Wer jedoch kein Christ ist, kann nicht durch Glauben und Liebe regiert werden. Er gehört zum weltlichen Reich und wird durch weltliche Regeln und das Schwert zum rechten Verhalten angehalten. Da die Christen sich bereits so verhalten, wie das Schwert, also die weltliche Ordnung, es fordert, verursacht für sie das Einhalten der Gebote im weltlichen Reich keine Schwierigkeiten. Die Christen leben aber nicht in einem rechtsfreien Raum, sodass sie mit dem weltlichen Reich nichts zu schaffen hätten. Luther sagt im Gegenteil: Wir

„sind alle darin gefangen, ja darin geboren, ehe wir Christen wurden. Deshalb müssen wir auch darin bleiben, solange wir auf Erden gehen, aber nach dem äußerlichen leiblichen Leben und Wesen."[117] Nach unseren weltlichen Bedürfnissen sind wir Bürger des weltlichen Reichs, aber nach unserer geistlichen Existenz sind wir Bürger des geistlichen Reichs. Trotz aller Unterschiede besteht also eine organische wechselseitige Durchdringung der beiden Reiche.

Nach Luther sind die Christen auf das weltliche Reich angewiesen, denn das geistliche Reich benötigt Frieden und Ordnung, also die Resultate des weltlichen Reichs, damit das Wort sachgemäß verkündet und die Sakramente ordnungsgemäß verwaltet werden können. Die Christen können sich nicht auf eine Insel der Seligen flüchten und der Welt entkommen. Ein weiterer Punkt, an dem sich zeigt, dass wir auf das weltliche Reich angewiesen sind, ist sein umfassender Charakter. Wie wir gesehen haben, umfasst es nicht nur menschliche Herrschaftsstrukturen und die Ordnungen (Gesetze) in der Natur, sondern alle Mittel, die unserer Lebenserhaltung dienen, wie Ehe, Familie, Besitz und Wirtschaft, und auch alle Berufe. Diese verschiedenen menschlichen Strukturen und Unternehmungen werden nach dem Gesetz geordnet, oder, was für Luther gleichbedeutend ist, nach dem Schwert.

Wie kann aber ein Mensch das Gesetz oder die göttlichen Ordnungen erkennen, wenn er nicht einmal ein Christ ist? Luther selbst gesteht realistisch zu, dass schon „vom Beginn der Welt an ein kluger Prinz ein seltener Vogel ist und ein frommer Fürst noch vielmehr".[118] Luther schreibt sogar, dass die Fürsten meist die größten Narren und schlimmsten Schurken gewesen sind. Wie können sie dann das Gesetz Gottes erkennen, nach dem sie ihre Leitungsfunktionen ausüben sollen? Luther setzt hier großes Vertrauen in die natürliche Vernunft, die als Gabe Gottes allen Menschen zugänglich ist. Das weltliche Reich wird nämlich durch die Vernunft regiert, und politische und wirtschaftliche Entscheidungen werden nicht nach der Bibel gefällt, sondern nach der Vernunft. Nach Luther hat Christus über wirtschaftliche Problemstellungen überhaupt nichts gepredigt, sondern er überließ diesen Bereich der Vernunft, damit wir durch sie lernen, wie wir Güter verteilen

117 Luther in einer Predigt über Mt 5,38-42, in: *Wochenpredigten über Matth. 5-7* (1530-32; Druck 1532), *WA* 32:390.15-18.

118 Luther, *Von weltlicher Obrigkeit* (1523), *WA* 11:267.30f.

und den Handel abwickeln sollen.[119] Luthers Vernunftverständnis entspricht noch nicht dem der Aufklärung, die von einer Vernunft ausgeht, die der Mensch eigenverantwortlich besitzt. Für ihn ist auch die natürliche Vernunft eine Gabe Gottes, für deren rechten Gebrauch der Mensch Gott gegenüber verantwortlich ist.

Der eigenverantwortliche Gebrauch der Vernunft zeigt sich bei Luthers Lehre von den zwei Reichen besonders deutlich in seiner Unterscheidung zwischen der allgemeinen und der speziellen Offenbarung. Danach hat Gott allen Menschen bestimmte Sachverhalte durch die allgemeine Offenbarung eröffnet, während andere Dinge nur durch eine besondere Offenbarung in Jesus Christus zugänglich sind. Die Regeln und Gesetze für diese Welt sind nicht durch Christus gegeben, sondern sind bereits durch das natürliche Gesetz erkennbar, also durch eine Quelle der allgemeinen Offenbarung. Luther gibt zwar zu bedenken, dass die Erkenntnis des Willens Gottes, soweit sie uns durch die allgemeine Offenbarung möglich ist, oft von der menschlichen Sündhaftigkeit verdorben und verborgen wurde. Trotzdem ist er überzeugt, dass nicht Christus, sondern das Gesetz eines jeweiligen Landes die soziokulturellen Fragen beantworten kann, was ein Vater, eine Mutter, ein Fürst oder ein Richter in einem konkreten Fall zu tun habe.[120] Natürlich sind diese Gesetze historisch bedingt und unterliegen manchen Veränderungen. Luther fordert uns deswegen auf, unsere Vernunft zu benutzen, um zu erforschen, ob diese historisch entwickelten Gesetze noch sachgemäßer Ausdruck des natürlichen Gesetzes sind, das sie repräsentieren sollen. Luther setzt also das natürliche Gesetz nicht mit dem Gesetz eines Landes gleich. Das natürliche Gesetz ist vielmehr die Quelle, aus der alle anderen Gesetze fließen und von der her die Gesetze kritisiert und neu interpretiert werden können. Wir begegnen aber dem natürlichen Gesetz gewöhnlich in der Form eines positiven Gesetzes, wie es in den Gesetzen und Gebräuchen eines Landes vorkommt. Obwohl Luther zwischen dem positiven Gesetz eines Landes und dem natürlichen Gesetz unterscheidet, setzt er beide auch manchmal gleich, was wegen der menschlichen Sündhaftigkeit

119 Vgl. die Beispiele bei Luther in einer Predigt über Mt 5,1ff., in: *Wochenpredigten über Matth. 5-7* (1530-32; Druck 1532), *WA* 32:304.21-32.

120 Vgl. die Unterscheidung Luthers von weltlichem und geistlichem Regiment samt den angeführten Beispielen in seiner Erklärung von Sach 1,11, in: *Der Prophet Sacharja ausgelegt* (1527), *WA* 23:514.

nicht unproblematisch ist, denn wir bemerken selbst oft, wie die jeweilige Gesetzgebung eines Landes dem Wohl des einzelnen oder der Gemeinschaft nicht gerecht wird.

d. Christliche Existenz im weltlichen Reich

Nach Luther soll ein Christ ein verantwortlicher Staatsbürger sein. Obwohl Christen für sich selbst keine weltliche Macht ausüben sollten, müssen sie diese benutzen, um Frieden für ihre Mitmenschen zu erreichen und zu erhalten. Für sich allein haben sie aber denen zu gehorchen, die weltliche Macht ausüben, und sind so den weltlichen Gesetzen untertan. Nach Luther soll also ein Christ dem Bösen nicht widerstehen, wenn dies nur zu seinem eigenen Vorteil geschieht. Bekleidet er jedoch ein weltliches Amt, zum Beispiel als Vater, Mutter, Lehrer, Fürst, Richter usw., muss er dem Bösen widerstehen, soweit dies seine Amtsausübung betrifft. Andernfalls würde er sein Amt vernachlässigen und andere gefährden. Als Inhaber eines Amtes haben wir den Auftrag, die damit verbundenen Gesetze mit notwendiger Entschiedenheit, aber in Liebe durchzusetzen. Wenn beispielsweise mein Nachbar in Not ist, muss ich ihm helfen, und wenn ich zugleich Richter bin, muss ich jene, die ihm geschadet haben, mit der vollen Strenge des Gesetzes bestrafen. Aber sogar als Übertreter des Gesetzes ist derjenige, der meinem Nachbarn geschadet hat, immer noch mein Bruder. Die Strafe muss mit Mitleid und nicht im Triumph vollzogen werden, und der Übeltäter soll bestraft und seine Schuld verdammt werden. Dies bedeutet, dass ich nur als Richter zornig sein und bestrafen muss, aber nicht als Privatperson. Ich habe das Gesetz aus Verantwortung gegenüber der Ordnung Gottes durchzusetzen, aber nicht, weil ich meinen Bruder hasse. Jeglicher Rache- oder Triumpfgedanke ist uns verboten.

Der Geltungsbereich des Gesetzes beschränkt sich nicht nur auf das weltliche Reich, sondern hat auch im geistlichen Reich seinen angemessenen Platz, jedoch immer als Funktion eines Amtes, in dem es Gott und seine Ordnung repräsentiert. Das Gesetz darf niemals als ein Mittel zur privaten Rache missbraucht werden, sondern es muss letztendlich immer dem Schutz des Nächsten dienen. Deshalb ermutigt Luther die Christen, ein weltliches Amt anzustreben. Wenn Richter, Herren und Prinzen benötigt werden und man sich dafür qualifiziert hält, soll man sich um ein solches Amt bemühen, denn sonst würde dessen notwendige Autorität verachtet und geschwächt. Luther ermahnt, die mit einem Amt verbundene Macht weder zu freizügig noch zu sparsam anzuwenden, und gibt zu bedenken: „Wiewohl es erträglicher ist, auf dieser Seite zu sündigen und zu wenig zu strafen, denn es ist immer besser, einen schlechten Menschen laufen zu lassen, als eine fromme Person zu töten."[121] Wie weit Luther von der Idee einer machtzentrierten weltlichen Ordnung entfernt ist, kann daraus ersehen werden, dass er Christen, die ein weltliches Amt innehaben, ermahnt, Christus nachzuahmen. Wie Christus als oberster Herrscher kam und uns diente, ohne aber eigene Macht und Ehre anzustreben, so soll ein Christ in seinem Amt nicht nach seinem Vorteil trachten, sondern den Untergebenen so dienen, dass er sie beschützt und verteidigt.

Als gutes Beispiel für Luthers Verständnis, wie ein Christ in seinem Amt seinen Mitmenschen dienen soll, kann man seine Haltung gegenüber dem Besitz anführen. Gott erwartet von uns, dass wir anderen gegenüber freizügig sind. Besitz wird zum Diebstahl, wenn wir nicht alles, was jenseits unserer eigenen Bedürfnisse liegt, dazu gebrauchen, die Notlagen anderer Menschen zu lindern. Deshalb kritisiert Luther auch die Kaufleute, die an hart arbeitenden Menschen Geld verleihen. Ohne den geringsten Eigeneinsatz und ohne sich um andere zu kümmern, ernten sie vom Fleiß schwer arbeitender Menschen, die in ihrer Arbeit mancherlei Gefahren ausgesetzt sind. Um dieser Ungerechtigkeit zu wehren, schlägt Luther vor, dass diejenigen, die Geld vorstrecken, keinen festen jährlichen Betrag an Zinsen bekämen, sondern stattdessen einen Teil von dem Gewinn, den der erzielte, der das Darlehen erhalten hat. Wenn der Gewinn hoch ist, ginge es beiden gut. Ist aber der Gewinn niedrig, würden beide leiden. So kann derjenige, der Geld verleiht, wirkliches Interesse an dem Menschen zeigen, dem er das Geld geliehen hat, und an dessen Arbeit. Hier zeigt sich wieder Luthers Betonung des Dienstcharakters öffentlicher Strukturen. Sie sollen dem Menschen dienen, aber nicht der frei waltenden Macht des Kapitals.

Dass wir in unserem Leben anderen dienen sollten, wird besonders deutlich, wenn Luther die Prinzipien beschreibt, nach denen ein (christlicher) Fürst sein Amt ausführen soll[122]: Zuerst muss er sich an Gott mit

---

121 Luther, *Von weltlicher Obrigkeit*, *WA* 11:261.34ff.-262.1.

122 Vgl. zum Folgenden ebd., *WA* 11:278.19-23.

gutem Glauben und tiefem Gebet wenden. Dann hat er mit denen, die unter seiner Herrschaft sind, in Liebe und christlicher Dienstbarkeit umzugehen. Drittens muss er seinen Ratgebern und den Amtspersonen mit einem offenen Geist und einem unparteiischen Urteil begegnen. Und viertens soll er den Übeltätern mit verantwortlichem Ernst und Strenge entgegentreten. Diese Leitsätze zeigen, dass man nicht Gott und dem Mammon, aber doch Gott und dem Kaiser dienen kann. Es scheint fast so, als ob man dem Kaiser im weltlichen Bereich besser dienen könne, wenn man auch Gott im geistlichen Bereich dient. Man kann natürlich bei diesen Aussagen Luthers fragen, wieweit hier nicht einfach die mittelalterliche Gesellschaftsordnung weitergeführt wird, ohne dass eine Veränderung zu einer gerechteren Gesellschaft anvisiert wird. Mit anderen Worten, ist die reformatorische Gesellschaftsordnung, so wie sie Luther propagiert, nicht weitgehend konservativ, also um den Bestand des Herkömmlichen bemüht?

Kritik der Zwei-Reiche-Lehre: Wie eingangs erwähnt, hat man Luther angelastet, dass die Zwei-Reiche-Lehre den Status quo befürworte und schöpferische Neuheit kaum zur Wirkung bringe. Natürlich können wir Luthers Zwei-Reiche-Lehre nicht unbesehen auf heute übertragen. Luther konnte ja auch Augustins Zuordnung vom Reich Gottes und dem Reich der Welt nicht ohne entscheidende Veränderungen auf seine spätmittelalterlichen Verhältnisse übertragen. Luther war die heutige Form der Gesellschaftsordnung, bei der die Regierungsgewalt vom Volk ausgeht, völlig unbekannt. Seine Betonung des Schwertes und der Bestrafung durch die Obrigkeit muss deshalb heute als überholt gelten. Öffentliche Ordnung kann in der westlichen Welt nur durch einen gesellschaftlichen Grundkonsens aufrechterhalten werden, der sich allerdings an bestimmten Werten und Zielvorstellungen orientieren muss. Hierbei ist Luthers Betonung von Ordnung, Gerechtigkeit und gegenseitiger Rücksichtnahme sicher heute genauso wichtig wie damals.

Die Ordnungsfunktion der Obrigkeit muss aber nach den Erfahrungen des Unrechtsstaates des Nationalsozialismus und in der ehemaligen DDR – dem Herzland der Reformation – sehr kritisch betrachtet werden. War denn Luthers Zwei-Reiche-Lehre, nach der die Obrigkeit von Gott eingesetzt ist, nicht mit dafür verantwortlich, dass das Dritte Reich entstand? Hier ist eine klare Antwort nicht so einfach, denn Hitler bezeichnete (das katholische) München als „Hauptstadt der Bewegung", denn dort wurde die NSDAP gegründet, während das protestantische

Berlin Hitlers Regierungssitz wurde. Bei der Entstehung des Dritten Reiches wirkten so viele Kräfte mit, dass man sie nicht schlechthin den Lutheranern anlasten kann. Zudem muss man Luthers Position im historischen Kontext verstehen. Gegenüber dem mittelalterlichen Fehdewesen mit seinen üblen Auswüchsen betonte Luther den Landfrieden und dessen Bewahrung mit allen zur Verfügung stehenden Mitteln. Von einem reinen Pazifismus oder einem quietistischen Stillhalten kann bei ihm nicht die Rede sein. Dazu muss man auch sehen, dass Luther, ohne Rücksicht auf seine eigene Person, den Herrschenden oft ins Gewissen redete.

Beispielhaft sind dafür Luthers Veröffentlichungen zum Bauernkrieg. Mit seiner Schrift von 1525, *Ermahnung zum Frieden auf die zwölf Artikeln der Bauernschaft in Schwaben*, redete Luther den Adligen ins Gewissen, die sozialen und kirchlichen Anliegen der Bauern ernst zu nehmen. Als sich jedoch die Bauern gegen die Obrigkeit erhoben, veröffentlichte Luther im gleichen Jahr seine Schrift, *Wider die mörderischen und räuberischen Rotten der Bauern*, in der er die weltliche Obrigkeit zu einem harten Eingreifen gegen die aufständischen Bauern aufforderte. Als dieses Eingreifen jedoch in ein unbarmherziges Abschlachten von zehntausenden Bauern ausartete, schrieb Luther dann im gleichen Jahr noch einen *Sendbrief von dem harten Büchlein wider die Bauern*. Darin rechtfertigte er zwar das harte Vorgehen gegen die Bauern, aber es sollte nur zur Strafe und zur Wiederherstellung der Ordnung dienen, aber nicht zur Rache. Danach sollten „sie denn Gnade erzeigen, nicht allein den Unschuldigen, wie sie es halten, sondern auch den Schuldigen".[123] Luther verfolgte keine Parteilinie, sondern redete sowohl der Obrigkeit als auch den Bauern ins Gewissen. Dabei waren ihm drei Punkte wichtig: 1. Die Untertanen sollen nicht ausgenutzt, sondern menschenwürdig behandelt werden. 2. Jeglicher Aufruhr soll angemessen bestraft werden. 3. Die Obrigkeit darf sich nicht an den Untertanen rächen.

An Luthers Zwei-Reiche-Lehre wird oft kritisiert, sie widerspräche dem neutestamentlichen Verständnis vom Reich Gottes. Besonders in reformierten Kreisen neigt man dazu, sie durch eine Königsherrschaft Christi zu ersetzen. Obwohl die Rede von einer solchen Königsherrschaft

---

123 Luther, *Ein Sendbrief von dem harten Büchlein wider die Bauern* (1525), *WA* 18:400.22f.

sich am Neuen Testament orientiert, darf nicht vergessen werden, dass in dieser Welt wahre Gläubige, weniger Gläubige und Ungläubige miteinander zusammenleben. Die Christen leben noch nicht in einer endzeitlichen Gemeinschaft der Gläubigen, auch wenn Jesus im Neuen Testament das Reich Gottes in vorausschauender Erwartung so darstellt. Will man die Kirche nicht zu einem Duplikat der Welt machen oder umgekehrt die Gesellschaft christokratisch unter die explizite Herrschaft Christi stellen, muss man zwischen dem geistlich/christlichen Gesellschaftsbereich unterscheiden, der sich ausdrücklich von Gottes Wort leiten lässt, und dem weltlich/säkularen, der bewusst oder unbewusst Gott ausklammert und deshalb in indirekter Weise von Gott geleitet werden muss. Die Unterscheidung zwischen den zwei Regierungsweisen oder Regimenten Gottes ist also heute immer noch wichtig. Zudem beinhaltet sie einige wichtige Einsichten, die wir nicht vergessen dürfen.

Positive Ansätze: 1. Die Welt ist nicht nur ein Ort der Sünde und des Bösen, sondern sie steht unter Gottes Regiment. Es widerspricht nicht nur unserem Lebensgefühl, die Welt einfach als schlecht abzuqualifizieren, sondern auch der Überzeugung der Bibel. Die Erde als ein Tal von Mühe, Arbeit und Tränen zu beschreiben und sie als die Domäne des Teufels anzusehen, aus der die Christen bald entfliehen können, sobald sie den Himmel erreichten, ist nur ein Teil der biblischen Wahrheit. Wenn man diese Teilwahrheit absolut setzt, bekommt man den Eindruck, dass das Evangelium nichts Positives über die Welt aussagen kann. Aber sowohl nach den Aussagen des Alten wie des Neuen Testaments kümmert sich Gott um seine gefallene Welt und behütet und bewahrt sie. Luthers Betonung der Herrschaft Gottes im weltlichen Bereich – im Reich zur Linken – soll uns daran erinnern, dass die Welt selbst in ihrem von Gott entfremdeten Zustand nicht ohne Gott ist. Gottes Gegenwart in der Christusoffenbarung ist nur der besondere, zum ewigen Heil dienliche Weg, auf dem Gott bei seiner Schöpfung ist. Wenn wir die Vorstellung von einer allgemeinen Offenbarung des natürlichen Gesetzes zurückweisen, wie verborgen und nur andeutungsweise sich dieses auch immer in einer bestimmten Situation ausdrückt, würden wir Gottes Gottheit verneinen. Das Ergebnis wäre eine unbiblische, dualistische Weltanschauung, in der die Welt gleichsam ohne Gott existiert. Die Menschen haben aber immer eine Ahnung von Gott und eine Vorstellung von gut und böse. Die persistierende Religiosität der Menschen, in der sie sich trotz aller

Säkularisation der Alltagswelt mit religiösen Themen beschäftigen, würde sich auch schwerlich ohne eine allgemeine Offenbarung erklären lassen.

2. Wollen wir nicht mit der Welt zugrunde gehen, muss sie ein Ort des gegenseitigen Ausgleichs und der Rücksichtnahme sein. Das natürliche Gesetz, welches Luther zu Recht in der Goldenen Regel ausgedrückt sah, ist grundlegend für das Überleben einer Gesellschaft. Wenn diese Regel als Grundprinzip des Zusammenlebens einer Gemeinschaft von Menschen nicht mehr gilt, etwa in der Familie, im Volk oder in der Menschheit insgesamt, werden menschliche Beziehungen Schaden erleiden. Wir können dies am ehemaligen Staatskapitalismus sozialistischer Länder erkennen oder am individuellen Kapitalismus westlicher Ausprägung. Beide Formen des Zusammenlebens führen zu Mangel an gegenseitiger Rücksichtnahme und zu wenig Achtung vor dem Mitmenschen. Dies wird auch an dem immer stärker spürbar werdenden Nord-Süd-Konflikt auf unserer Erde deutlich. Die zunehmenden Umweltprobleme, etwa mit der Vermüllung der Weltmeere oder der zunehmenden Klimaveränderung, zeigen sogar, dass die Menschheit sich selbst schadet, wenn sie nicht genügend Interesse an der Verwaltung der Schöpfung als Gabe Gottes hat, sondern diese nur eigensüchtig ausbeutet. Das natürliche Gesetz kann als Regulativ dienen, um die eigenen ausbeuterischen Tendenzen gegenüber anderen Menschen und gegenüber der Natur zu erkennen und entsprechend zu korrigieren. Da der Mensch ein vernunftbegabtes Wesen ist, besteht Grund zum Optimismus, dass wir uns den von Gott angewiesenen Lebensraum nicht endgültig zerstören, sondern friedlich miteinander auf der Erde leben. Bei unserem Bestreben auf Gegenseitigkeit sollten wir jedoch realistisch bedenken, dass diese Welt nur Gottes weltliches Reich ist. Träume von einem Himmel auf Erden, ob von Politikern oder von religiösen Führern propagiert, sind utopisch und unberechtigt.

3. Macht beinhaltet immer eine dämonische Versuchung zu deren Missbrauch. Im Gegensatz zu vielen anderen religiösen Gestalten war sich Luther dieser Versuchung bewusst. Wenn er schlechten Herrschern ihre Missbräuche vorhält, weiß er, dass der Mensch von Natur aus auf sich selbst zentriert ist; er ist ein von Gott entfremdetes Wesen. Deshalb hat sich Luther oft an die christlichen Herrschern gewandt und Christen insgesamt ermutigt, öffentliche Ämter zu übernehmen. Obwohl Christen das natürliche Gesetz kennen und seinen Prinzipien

gehorchen, orientieren sie sich meist nicht an dem oft nur undeutlich erkennbaren natürlichen Gesetz. Sind sie wirklich Christen, leben sie nach dem Beispiel Christi und von seiner Gnade. Deshalb können sie in einer dämonischen Welt durch ihr Leben und Wirken Zeichen und Hinweise auf Gottes Willen aufrichten. Als Gemeinschaft des Leibes Christi wollen sie die verheißene Zukunft Christi im Vorgriff verwirklichen. Sie brauchen aber nicht zu verzweifeln, wenn sie nur eine Minderheit sind oder ihre Bemühungen anscheinend niemand beachtet. Sie können und müssen die Zukunft Christi ankündigen, denn sie kennen Jesus Christus, der als erster so lebte, wie Gott den Menschen haben wollte. Deshalb müssen sie in ihrer Gemeinschaftsstruktur Gegenseitigkeit symbolisch und zugleich höchst real repräsentieren. Christus hat die Zerrissenheit und Widersprüchlichkeit des Menschen überwunden, indem er den Tod dieser Welt starb und zu neuem Leben erweckt wurde. Doch können Christen dieses neue Leben jetzt nur fragmentarisch verwirklichen, da sie in dieser alten Welt leben und sich auch oft von ihr umgarnen lassen. Deshalb stehen sie zusammen mit der ganzen Schöpfung in aktiver und vorwegnehmender Erwartung auf das universale Kommen der neuen Schöpfung als dem letzten Erlösungsakt Gottes. An diesem Zukunftspunkt werden die zwei Reiche oder Regierungsweisen Gottes in die eine Welt Gottes einmünden. In der jetzigen Welt leben wir aber immer noch unter zwei verschiedenen Regierungsweisen.

4. Luther hatte immer ein gesundes Misstrauen gegenüber der Obrigkeit. Aber im Unterschied zu den Täufern sonderte er sich nicht von der Welt ab, sondern rief zum christlichen Engagement in ihr auf. Dabei war seine Kritik an den politischen und sozialen Verhältnissen seiner Zeit nicht destruktiv, so dass er den herrschenden Mächten schlechthin misstraut hätte, sondern er war sich immer seiner Verantwortung für das ganze Gemeinwesen bewusst. Er verfolgte keine „Parteilinie". Wie wir gesehen haben, griff er in den Bauernkriegen zunächst die Beschwerden der Bauernschaft auf, die von den Rittern und Fürsten in vielfacher Weise ausgebeutet wurde, und ermahnte die herrschende Schicht, „denn die Obrigkeit ist nicht eingesetzt, dass sie ihren Nutzen und Mutwillen an den Untertanen suche, sondern Nutzen und das Beste verschaffe bei den Untertanen".[124] Ebenso ermahnte er die Bauern: „Dass die Obrigkeit

124 Luther, *Ermahnung zum Frieden auf die zwölf Artikel der Bauerschaft in Schwaben* (1525), *WA* 18, 299.4-6.

böse und unrecht ist, entschuldigt keine Zusammenrottung noch Aufruhr, denn die Bosheit zu strafen, das gebührt nicht einem jeglichen, sondern der weltlichen Obrigkeit."[125] Sodann ermahnte er beide Seiten: „So lasst euch um Gottes Willen sagen und raten und greift die Sachen an, wie solche Sachen anzugreifen sind. Das ist mit Recht und nicht mit Gewalt noch mit Streit."[126] Als es jedoch zu den Ausschreitungen der Bauern kam, erinnerte Luther die Fürsten an ihre Pflicht, „denn ein Fürst und Herr muss hier denken, wie er Gottes Amtmann und seines Zornes Diener ist (Röm 13), dem das Schwert über solche Buben befohlen ist".[127] Ein Christ, ob in obrigkeitlicher Stellung oder als einfacher Bürger, muss deshalb immer nach dem Recht sehen, sich auf die Seite des Rechts stellen, und versuchen, dem Recht ohne Gewalt, aber mit allen zur Verfügung stehenden Mitteln zum Sieg zu verhelfen, damit dadurch das Gemeinwohl gefördert wird.

In vielen seiner Briefe nahm Luther zu politischen Tagesfragen Stellung. Dabei wollte er nicht besserwisserisch durch sein Ansehen in das politische Geschehen eingreifen, sondern er betrachtete es als seine Christenpflicht, dieses Geschehen nicht kommentarlos an sich vorbeiziehen zu lassen. Luther lehnte es fast immer ab, gegen die Obrigkeit zum Widerstand zu raten, obwohl er mit sehr deutlicher Kritik an ihr nicht hinter dem Berg hielt. „Kehret sie sich dran, ist es gut; wo nicht, so bist du entschuldigt und leidest Unrecht um Gottes willen."[128] Wir schulden den Regierenden das Wort der Wahrheit, ob als Kritik oder als Zustimmung, obwohl wir nicht darauf pochen können, dass es angenommen wird. Luther war überzeugt, dass eine zügellose Obrigkeit nicht ungestraft davonkäme, denn Gott stößt die Gewaltigen vom Stuhl und kann „ihre Wurzel mit Namen und Gedächtnis ausrotten".[129] Gott selbst sitzt im Regiment und wird zu seiner Zeit eine ihm unbotmäßige Regierung ablösen.

Bei Luthers ablehnender Haltung zum Widerstand gegen die Obrigkeit spielte auch die Furcht mit, dass er von den Altgläubigen, also

125 Ebd., *WA* 18:303.13-15.

126 Ebd., *WA* 18:329.6-8.

127 Luther, *Wider die räuberischen und mörderischen Rotten der Bauern* (1525), *WA* 18:360.1-3.

128 Luther, *Von weltlicher Obrigkeit*, *WA* 11:277.4f.

129 Luther, *Den 82. Psalm ausgelegt* (1530), *WA* 31/I:193.24f.

den Katholiken, die seinen Reformen ablehnend gegenüberstanden, als Aufrührer gebrandmarkt würde. Er befürchtete, dass sie unter dem Vorwand, sie wollten Luthers Aufruhr unterdrücken, mit Hilfe obrigkeitlicher Gewalt die von ihm in Gang gesetzten Reformen rückgängig machen könnten. Um ihnen keinen Vorwand zum Eingreifen zu geben, war Luther auf Ordnung bedacht. – Dies wirkte sich noch Jahrhunderte später aus. So fiel es den von Luther geprägten Männern des 20. Juli 1944, also des Widerstandes gegen Hitler, wie Hans von Donanyi, Carl Friedrich von Goerdeler und Generaloberst Ludwig Beck, sehr schwer, sich zu einem aktiven Widerstand durchzuringen. Im Gefolge von Luther wurde Röm 13 („Wer sich der staatlichen Gewalt widersetzt, stellt sich gegen die Ordnung Gottes, und wer sich ihm entgegenstellt, wird dem Gericht verfallen"), als Ermahnung gegen jede selbstmächtige Empörung gegen die Obrigkeit verstanden. Erst als sie erkannten, dass Hitler nicht als echte Obrigkeit gelten konnte und ein Widerstand gegen ihn nicht im Chaos enden würde, waren sie zu einem Attentat auf Hitler bereit.

Nach dem Krieg erschien dann die gewichtige politische Ethik des lutherischen Theologen Walther Künneth (*Politik zwischen Dämon und Gott*, Berlin 1954), in der er die Politik im Spannungsbogen zwischen Röm 13 (Obrigkeit als Ordnungsmacht Gottes) und Off. 13 (der dämonisierte Staat) darstellte und unter sorgfältiger Beachtung bestimmter Bedingungen ein Widerstandsrecht gegen den Staat einräumte. Man soll nicht gegen alles und jedes seine Stimme und seine Arme erheben, in der Meinung, man wisse als Christ besser, was dem Allgemeinwohl diene. Gerade Luther hatte ein gesundes Misstrauen gegen den Versuch einer Verchristlichung der Welt. „Wenn nun jemand die Welt nach dem Evangelium regieren und alles weltliche Recht und Schwert aufheben und vorgeben wollte, sie wären alle getauft und Christen, unter welchen das Evangelium kein Recht noch Schwert haben will und auch nicht nötig ist, Lieber, rate, was würde derselbe machen? Er würde den wilden Tieren die Bande und Ketten auflösen, dass sie jeden zerrissen und zerbissen, und daneben vorgeben, es wären feine zahme kirre Tierchen. Ich würde es aber an meinen Wunden wohl fühlen. So würden die Bösen unter dem christlichen Namen die evangelische Freiheit missbrauchen, ihre Büberei treiben und sagen, sie seien Christen und keinem Gesetz noch Schwert unterworfen."[130] Da in der Welt auch sündhafte Menschen leben, selbst

130 Luther, *Von weltlicher Obrigkeit, WA* 11:251.22-31.

unter Christen, kann man auf eine staatliche Ordnung nicht verzichten, die nach den Grundsätzen des Rechts zu urteilen hat. Allerdings braucht sie die Mithilfe und das Engagement von Christen, damit diese Grundsätze gewahrt bleiben und sich keine Unrechtsordnung breit macht.

7. Bildung für alle

Martin Luther war ein vielseitiger Mensch. Er stand im Mittelpunkt der Reformation, er spielte Laute im Kreis seiner Familie und schrieb und vertonte Lieder, war geschickt im Tischlerhandwerk, spielte Schach und hatte eine Vorliebe für lateinische Dichter, so dass er die Werke von Plautus und Vergil mit ins Kloster nahm. Für ihn waren Sprachen, „die Scheiden, darin das Messer des Geistes steckt".[131] Obwohl er die Bibel in die deutsche Sprache übersetzte und damit die Entwicklung des Hochdeutschen weitgehend beeinflusste, betonte er: Ich weiß fürwahr, dass „wer die Schrift predigen und auslegen soll und nicht Hilfe aus der lateinischen, griechischen und hebräischen Sprache hat, sondern es allein aus seiner Muttersprache tun soll, der wird gar manchen schönen Fehlgriff tun".[132] Deswegen betonte er zunächst die Notwendigkeit einer soliden Ausbildung der Pfarrer. Dazu war für ihn eine Reform der Universität notwendig.

a. Eine dem Evangelium gemäße Bildungsreform

1520 führte er in seiner Schrift *An den christlichen Adel deutscher Nation, von des christlichen Standes Besserung* aus, dass viele Schriften des Aristoteles, etwa dessen Physik, Metaphysik oder Ethik im Universitätsstudium wenig Nutzen für das Evangelium bringen und deswegen nicht mehr gelehrt werden sollen. Doch seine Logik, Rhetorik und Poetik seien nützlich zu lesen, ebenso Ciceros Rhetorik, jedoch ohne die üblichen Kommentare. Großes Gewicht soll auf die klassischen Sprachen gelegt werden, einschließlich des Hebräischen. Auch das Kirchenrecht einschließlich der Dekretalen, d.h. der Entscheidungen im Rahmen der päpstlichen Jurisdiktionsgewalt, soll entfallen. Die Sentenzen, etwa die des Petrus Lombardus (1096-1160), sollen nicht am Anfang des

131 Luther, *An die Bürgermeister und Ratsherrn aller Stände deutschen Lands* (1524), *WA* 15:38.8f.

132 Luther, *Vom Anbeten des Sakraments des heiligen Leichnams Christi* (1523), *WA* 11:455.30-34.

 | DOI:10.30965/9783657760541_008

Theologiestudiums stehen, sondern am Ende und da auch nur für die zukünftigen Doktoren. Hauptgewicht liegt auf dem Verständnis der Bibel. Wichtig war für Luther schon damals die schulische Ausbildung. So schrieb er: „Vor allen Dingen sollte in den hohen und niederen Schulen die vornehmste und allgemeinste Lektion die Heilige Schrift sein und den jungen Knaben das Evangelium. Und wollte Gott, eine jegliche Stadt hätte eine Mädchenschule, darin des Tages die Mädchen eine Stunde das Evangelium hörten, es wäre auf Deutsch oder Lateinisch!“[133] Luthers Forderungen: „Allein die Schrift“ und „das Priestertum aller Gläubigen“ setzt eine Bildung voraus, damit jeder und jede die Bibel selbst lesen und verstehen konnte. Doch war Analphabetismus noch weit verbreitet. Nur eine Minderheit von etwa fünf bis zehn Prozent der Bevölkerung konnte lesen, und das auch nur in den Städten. Auf dem Land war die Lage noch schlimmer. Deshalb war die Forderung nach einer Schulbildung für alle unabdingbar für die Verbreitung der Reformation.

Angesichts der Bildungsmisere war es nicht verwunderlich, dass die Jugend und die Laien wenig Ahnung vom Evangelium hatten, wie sich 1527/28 bei den Visitationen im kurfürstlichen Sachsen herausstellte. So verfasste Luther 1529 das *Wittenberger Gemeindegesangbuch*. Im gleichen Jahr erschienen das *Betbüchlein* und der *Kleine* und *Große Katechismus*. Genauso wie das Gebetbuch nicht nur eine Sammlung von Gebeten war, sondern in den christlichen Glauben einführen wollte, war das Gesangbuch kein Buch, mit dem man sich nur die nötigen Gesänge für die Liturgie aneignen konnte, sondern ein umfassendes Buch der singenden Christenheit. Auch die beiden Katechismen waren keine Abfragebücher für den Unterricht, sondern führten in die Praxis des christlichen Lebens ein. Alle diese Veröffentlichungen waren bebildert. Ebenso war die Luther-Bibel illustriert. Wort und Bild gehören für Luther zusammen, ebenso wie die Musik dazugehört, und alle drei unterweisen im christlichen, genauer: im reformatorischen Glauben.

Luther war ein Mann der Praxis, und er wusste, dass man sich Bilder wesentlich leichter aneignen kann als Texte und dass man durch Gesang einen Text leichter behält. Er war jedoch nicht nur um die Reform der Kirche bemüht. Da der Ruf nach Reformen weitgehend von den Städten und damit vom gebildeten Bürgertum ausging, war es für Luther wichtig,

133 Luther, *An den christlichen Adel deutscher Nation. Von des christlichen Standes Besserung* (1520), *WA* 6:461.11-15. Zur Universitätsreform 457ff.

dass es eine Kooperation von Kirche und Schule gab, nicht allein für die Gebildeten, sondern auch für die weniger Gebildeten, so dass sie ihren Glauben verstehen und verteidigen konnten. Luther hat das herkömmliche Ständewesen anerkannt, denn wichtig für ihn war immer der Ordnungsgedanke. Indem er aber Bildung für alle forderte, durchbrach er entscheidend die Gliederung der Gesellschaft nach Ständen, in die man hineingeboren war, wie Adel, Bürgertum oder Bauern. Der Aufstieg zu einem anderen Stand stand allen offen, die über die notwendige Vorbildung verfügten. Deswegen schärfte Luther den Territorialherren die große Bedeutung der Universitäten ein. Ähnlich ermahnte er *An die Bürgermeister und Ratsherren aller Städte deutschen Lands, dass sie christliche Schulen aufrichten und halten sollen*, wie seine Schrift von 1524 heißt. Er verlangte eine grundsätzliche Bildungsmöglichkeit für alle. Deshalb sollten durch staatliche und kirchliche Stipendien die Kinder armer Eltern unterstützt werden. Allerdings erwähnte er auch, dass alle Förderungen ins Leere laufen, wenn die Eltern ihre Kinder nicht rechtzeitig für die Bildungsmöglichkeiten freistellen. – Die Kinder arbeiteten meist als kostenlose Arbeitskräfte in Haus und Hof mit. – Aber die Eltern müssen ihre Kinder auch prüfen, ob sie die nötigen Fähigkeiten für eine höhere Bildung haben und auch daran interessiert sind. Die Kinder mit allen Mitteln auf eine weiterführende Schule zu schicken, wie das heute oft geschieht, wäre von Luther nicht gebilligt worden, denn es überfordert die Schüler und die Lehrer.

Hat man eine bessere Ausbildung genossen, so darf man nicht automatisch einen höher qualifizierten Beruf für sich reklamieren als den, welchen man vor dieser Ausbildung ausgeübt hatte. Es schadet nach Luther beispielsweise keinem Handwerker, wenn er Latein gelernt hat, weil es eine „schöne Lust ist, dass ein Mann gelehrt ist", auch wenn er den Beruf, den er mit dieser Ausbildung ausüben könnte, niemals ausüben wird.[134] Nach Luther ist jeder Beruf gleich wichtig und wertvoll, und eine volle Lebenserfüllung ist in jedem Beruf möglich. Wenn jemandem der sogenannte Aufstieg in einen höheren Beruf nicht gelingt, soll er sich deswegen nicht für benachteiligt halten. Nach Luther sollen alle Menschen die ihnen von Gott geschenkten geistigen und körperlichen Gaben ausbilden und mit diesen den Nächsten dienen, soweit die Mitmenschen

134 Luther, *Eine Predigt, dass man Kinder zur Schule halten soll* (1530), *WA* 30/II:565.22.

dieses Dienstes bedürfen. Ein Christ lebt und arbeitet also nicht für sich selbst, sondern immer auch für den Nächsten.

Wie Luther eingesteht, ist ihm die *Predigt, dass man die Kinder zur Schule halten soll* vom Juli 1530 „unter den Händen gewachsen und schier ein Buch geworden".[135] Im Vorwort des Buchs, das er an Lazarus Spengler, den Syndikus der Stadt Nürnberg gerichtet hatte, betont er, dass auch in einer Stadt wie Nürnberg die Gefahr besteht, dass das Wort Gottes und die Schulen verachtet werden, denn oft ist den Eltern das Geldverdienen wichtiger als die Schule. Sie nehmen ihren Sohn von der Schule und geben vor, dass er rechnen und deutsche Bücher lesen kann. Damit, so meinen sie, sei es genug mit der Ausbildung. Aber in einer Stadt wie Nürnberg muss es andere Leute neben den Kaufleuten geben, „die mehr können denn rechnen und deutsche Bücher lesen. Deutsche Bücher sind vornehmlich für den gemeinen Mann gemacht, zu Hause zu lesen. Aber um zu predigen, regieren und richten, beides im geistlichen und weltlichen Stande, sind wohl alle Kenntnisse und Sprachen in der Welt zu wenig, geschweige denn die deutsche allein, sonderlich jetzt zu unserer Zeit, da man mit mehr und andern Leuten zu reden hat, denn mit dem Nachbarn Hans."[136] Für die verschiedenen Aufgaben im Land, der Stadt und Kirche braucht man gut ausgebildete Menschen, die wegen der Internationalität auch das Englisch des Mittelalters, also Latein, beherrschen. Gerade in Nürnberg unterhält die Stadt Schulen „mit großer Treue und Kosten", und deshalb sollen die Schulen von den Eltern nicht verachtet werden.

b. Ausbildung zum geistlichen und zum weltlichen Amt

Durch die Visitationen in Kursachsen wusste Luther, dass es nur wenige Pfarrer gab – meist ehemalige katholische Priester –, die wirklich für ihr Amt qualifiziert waren, sowohl in der Lehre als im Wissen. Für viele der ehemaligen Priester bestand ihre theologische Ausbildung lediglich darin, dass sie den Ablauf der Messe von einem anderen Priester gelernt hatten und kaum mehr als das Vaterunser auf Lateinisch beten konnten. Auch gab es insgesamt zu wenige Pfarrer, da viele in den Anfängen der Reformation ihr Amt verlassen hatten. Besonders in den Unruhen der

135 Ebd., *WA* 30/II:517.9.
136 Ebd., *WA* 30/II:519.17-23.

Bauernkriege kam das Bildungswesen fast ganz zum Erliegen. In den evangelischen Territorien fielen durch die Reformation die Klosterschulen als Bildungsanstalten weg, und neue Bildungseinrichtungen mussten erst errichtet werden. Luther befürchtete, dass in naher Zukunft drei oder vier Städte nur einen Pfarrer und zehn Dörfer nur einen Kaplan haben würden, wenn die Fürsten nicht Knabenschulen und höhere Schulen einrichten und versorgen würden und die Eltern ihre Kinder nicht in diese Schulen schickten. Dazu kam noch die mangelhafte Versorgung der Geistlichen, da die Menschen diesen Stand nicht mehr unterstützten, wie sie das vorher bei den Klöstern getan hatten. Trotz all dieser Probleme sieht Luther den Grund, weshalb der geistliche Stand und das Predigtamt so danieder liegen, auch darin, dass die Eltern ihre Kinder nicht zum Lernen anhalten. Wenn Kinder begabt sind und Lust am Lernen haben, aber die Eltern sie von der Schule fernhalten, weil sie die Kinder als Arbeitskräfte benutzen, dann sind sie mit daran schuld, wenn der geistliche Stand verfällt.

Aber das Predigtamt hat auch Bedeutung für die staatliche Gemeinschaft. Luther erklärt: „Denn ein Prediger bestätigt, stärkt und hilft erhalten alle Obrigkeit, allen zeitlichen Frieden, steuert den Aufrührerischen, lehrt Gehorsam, Sitten, Zucht und Ehre."[137] Der Pfarrer ist nach Luther kein Moralapostel, denn „dies sind wohl die geringsten guten Werke eines Pfarrherrn". Aber Luther weiß auch, dass die Predigt des Gesetzes und die Erinnerung an die Zehn Gebote die Aufgaben eines Predigers sind. Wenn ein Prediger das vernachlässigt, verfällt die sittliche Ordnung. Luther erinnert sogar daran, dass der weltliche Friede, „der das größte Gut auf Erden ist, […] eigentlich eine Frucht des rechten Predigtamtes" ist. Das Predigtamt ist also nach Luther ein Amt, das Frieden stiftet. Damit dient ein rechter Pfarrer den Menschen an Leib und Seele. Selbst der Sohn eines Königs ist für den Dienst eines Pfarrers nicht zu schade. Wir müssen uns einst vor Gott dafür verantworten, was wir mit unseren Kindern getan haben. Erzogen wir sie allein auf den eigenen Nutzen hin, oder haben wir es ihnen ermöglicht, denen zu helfen, die Hilfe nötig haben?

Allerdings sind nach Luther die Schulen nicht nur dazu da, um Pfarrer und Lehrer auszubilden. Er schreibt: „Hiermit will ich nicht darauf gedrungen haben, dass ein jeglicher sein Kind müsse zu solchem

137 Ebd., *WA* 30/II:537.26-28, 30f. und 538.18f.

Amt erziehen; denn es müssen nicht alle Knaben Pfarrherrn, Prediger, Schulmeister werden."[138] Luther geht es nicht primär um Kinder aus dem Bürgertum oder dem Adel, sondern um Kinder aus den unteren Schichten. „Solche tüchtige Knaben sollte man zur Lehre halten, sonderlich der armen Leute Kindern [...] wiewohl daneben auch die andern Knaben, ob sie nicht wohl so geschickt wären, auch sollten sie lernen, wenigstens Latein zu verstehen, schreiben und lesen. Denn man bedarf nicht allein hochgelehrter Doktoren und Magister in der Schrift."[139] Nach Luther soll Bildung allen offen stehen, wobei er allerdings zunächst an die Ausbildung für das Predigtamt dachte. Aber sie muss nicht unbedingt dort enden. So kann jemand auch Latein lernen und danach ein Handwerk ausüben. Höhere Ausbildung erweitert nach Luther den eigenen Horizont, und man kann dann immer noch in einen anderen Beruf wechseln, falls man dort benötigt wird und die entsprechende Vorbildung hat.

Neben der Ausbildung zum geistlichen Amt geht es Luther in diesem Sermon aber auch in einem zweiten und längeren Teil um die Ausbildung zum weltlichen Regiment, das den Frieden auf Erden bewahrt, das Recht durchsetzt und das Leben schützt. Für Luther ist es „eine herrliche, göttliche Ordnung und eine treffliche Gabe Gottes", die er gestiftet und eingesetzt hat, dass sie für die Menschen Recht und Ordnung im Frieden erhält.[140] Fürsten und selbst der Kaiser haben normalerweise nicht die Fähigkeit, Recht und Ordnung zu erhalten, denn sie gebrauchen nur „Faust und Harnisch", also Gewalt. Aber „es müssen [dies] die Köpfe und Bücher tun. Es muss gelernt und gewusst sein, was unseres weltlichen Reichs Recht und Weisheit ist", so Luther.[141] Es sind also die Juristen und Gelehrten, die im weltlichen Reich das Recht durchsetzen. Luther fasst den Begriff Juristen sehr weit und meint damit auch die Räte am Hof, die Notare, Richter und Kanzler. Sie fördern, wenn sie ihr Amt richtig versehen, die ganze göttliche Ordnung des weltlichen Regiments, ob in den Städten, auf dem Land oder zu Hof bei den Fürsten und dem Kaiser. Halten die Eltern ihre Söhne zum Lernen an, dann können sie auch „solch eine nützliche Person werden", und das Geld ist dafür gut

138 Ebd., *WA* 30/II:545.16-18.
139 Ebd., *WA* 30/II:545.25-30.
140 Ebd., *WA* 30/II:554.35.
141 Ebd., *WA* 30/II:557.36; 558.17f.

angelegt.[142] Allerdings ist das keine rein private Entscheidung, denn Gott hat den Menschen diese Kinder und Güter dazu geschenkt, dass sie ihm mit diesen Kindern dienen und die Menschen ihre Kinder zum Dienst für Gott anhalten. Die Erhaltung der Ordnung Gottes und das weltliche Regiment sind Gottesdienst, Dienst für Gott. Damit ist für Luther der weltliche Beruf zu einer Berufung durch Gott geworden, genauso wie die Ausübung des geistlichen Amtes.

Luther beklagt den merkbaren Niedergang der Bildung, denn gelehrte Menschen braucht man in den Städten wie an den Fürstenhöfen, und wenn es diese nicht in ausreichender Zahl gibt, dann müssen Könige Juristen werden, „Fürsten müssen Kanzler, Grafen und Herrn müssen Schreiber, Bürgermeister müssen Küster werden".[143] Da die Ausbildung zu diesen guten und nützlichen Berufen Gott gefällt und dieser Dienst für Gott geschieht, sind sie viel mehr wert, als wenn man nur an seinen eigenen Nutzen und an das Geld denkt, das man ohne diese Ausbildung verdienen könnte. Deshalb sollen die Prediger und die Lehrer den Knaben und ihren Eltern dies von früh an einprägen, damit sie wissen, welche Stände und Ämter von Gott eingesetzt sind und nicht in Verruf kommen, sondern in Ehren gehalten werden. Sie dienen letztlich zum Frieden in der menschlichen Gemeinschaft. Viele Menschen erkennen jedoch nicht, wie notwendig und nützlich diese Ämter in der Welt sind. Auch darf man nicht vergessen, so Luther, dass man viel leichter lernt, wie man einen Harnisch, also eine Ritterrüstung gebraucht, aber es erfordert viel mehr Mühe zu lernen, wie man ein gelehrtes Amt rechtschaffen ausübt.

Luther bekennt abschließend mit Verweis auf Aristoteles: „Einem fleißigen, frommen Schulmeister oder Magister oder wer es ist, der Knaben treu erzieht und lehrt, dem kann man nimmermehr genug belohnen oder mit Geld bezahlen. […] Und ich, wenn ich vom Predigtamt und anderen Sachen ablassen könnte oder müsste, so wollte ich kein Amt lieber haben als Schulmeister oder Knabenlehrer zu sein. Denn ich weiß, dass dieses Werk neben dem Predigtamt das Allernützlichste, Größte und Beste ist, und [ich] weiß noch dazu nicht, welches unter beiden das Beste ist."[144]

142 Ebd., *WA* 30/II:560.27f.
143 Ebd., *WA* 30/II:565.37f.
144 Ebd., *WA* 30/II:579.29-34; 580.19-21.

Für Luther ist die Ausbildung in den Schulen äußerst wichtig. Allerdings gesteht er ein, dass man früher, also vor der Reformation, überall die Kirchen und Schulen großzügig unterstützte, so dass man die Kinder in Klosterschulen und andere Schulen schicken konnte. Seit der Reformation ist jedoch nach Luther sowohl die Spendenbereitschaft als auch das Interesse an den Schulen völlig erlahmt. Deshalb muss die Obrigkeit die Menschen wieder dazu bringen, ihre Kinder in die Schulen zu schicken, damit weltliche Ämter mit gut ausgebildeten Leuten besetzt werden können. Ist jedoch ein Vater so arm, dass er sich die Schule für seinen Sohn nicht leisten kann, dann muss man ihn mit kirchlichen oder weltlichen Mitteln unterstützen.

Schon 1524 wandte sich Luther mit einem Appell *An die Bürgermeister und Ratsherrn aller Städte Deutschlands, dass sie christliche Schulen aufrichten und halten sollen.* Vor der Reformation, so Luther, haben viele Eltern ihre Söhne und Töchter in Klöster und Stifte gesteckt, damit sie diese nicht mehr versorgen mussten. In diesen Einrichtungen wurden sie in verschiedenen Fertigkeiten geschult. Mit der Reformation kam dies immer mehr zum Erliegen, und damit entfiel für die meisten Jugendlichen die Möglichkeit, sich geistige und handwerkliche Fertigkeiten anzueignen. Mit dem Verfall der Klöster und Stifte ging also ein Verfall der Bildung einher. Dies war nicht im Sinne Luthers, der auf Bildung solch großen Wert legte. Deshalb wandte er sich an die Städte, damit sie die Träger von Bildungseinrichtungen würden. Er verwies sie darauf, dass sie jährlich viel Geld für die Errichtung und Erhaltung der Infrastruktur verwendeten, wie Wege, Dämme usw. Sollte man dann nicht gleichviel für die bedürftige arme Jugend verwenden, fragte er. Man hat ja jetzt als Folge der Reformation viel Geld gespart, da Ablass, bezahlte Messen, Bettelmönche und Wallfahrten weggefallen sind. Sollte man, so Luther, „Gott zu Dank und Ehren hinfort ein Teil desselben den Schulen geben, um die armen Kinder zu erziehen?“[145] Nach Luther würde sich solch eine Investition lohnen, und zudem würde sie den Dank Gott gegenüber ausdrücken, dass man jetzt von all dem Aberglauben befreit wurde. Deshalb bittet Luther die Ratsherrn inständig, sich um Gottes Willen der armen Jugend anzunehmen. Aber auch die Eltern werden in die Pflicht genommen.

---

145 Luther, *An die Bürgermeister und Ratsherrn aller Stände deutschen Lands* (1524), *WA* 15:30.26f.

c. Die Pflicht der Eltern

Mit Verweis auf Ps. 78,4f. (Gott „gebot unsern Vätern, es [Gottes Macht und seine Wunder] ihre Kinder zu lehren") betont Luther, dass es die Pflicht der Eltern ist, ihre Kinder zu lehren.[146] Wenn die Eltern diese Pflicht nicht ausüben können, müssen der Rat und die Obrigkeit eingreifen, denn die klassischen Sprachen und die freien Künste dienen dazu, sowohl die Bibel zu verstehen als auch ein weltliches Regiment zu führen. Vernachlässigt man die Sprachen, „so werden wir nicht allein das Evangelium verlieren, sondern werden auch endlich dahin geraten, dass wir weder Lateinisch noch Deutsch recht reden oder schreiben können".[147] Die Ausbreitung der Reformation geschah weitgehend durch Bild und Schrift. Deswegen war die Ausbildung im Lesen und Schreiben für den Fortbestand der Reformation wichtig. Außerdem ist es wegen der Mündigkeit jedes Christen notwendig, dass er oder sie die Bibel lesen und verstehen kann. Eine gute schulische Ausbildung ist nach Luther nicht nur für den geistlichen Stand nötig, sondern auch für den weltlichen. Da der weltliche Stand „eine göttliche Ordnung und Stand ist", muss man zusehen, „wie man feine, geschickte Leute darein kriege".[148] Obwohl die Römer und Griechen davon nichts wussten, so Luther, haben sie mit „Ernst und Fleiß die jungen Knaben und Mädchen lassen lernen und aufziehen, dass sie dazu geschickt wurden".[149] Luther sagt sogar, man könne von der Notwendigkeit einer geistlichen Ausbildung absehen, denn allein um das weltliche Regiment gut zu führen, habe man Grund genug, „die allerbesten Schulen, beide für Knaben und Mädchen, an allen Orten aufzurichten, da die Welt, auch um ihren weltlichen Stand äußerlich zu erhalten, doch seiner geschickten Männer und Frauen bedarf: dass die Männer wohl regieren könnten Land und Leute, die Frauen wohl erziehen und erhalten könnten Haus, Kinder und Gesinde. Nun solche Männer müssen aus Knaben werden, und solche Frauen müssen aus Mädchen werden; darum ist's zu tun, dass man Knaben und Mädchen dazu recht lehre und aufziehe."[150] Da die Menschen gewöhnlich dieser

---

146 Ebd., *WA* 15:32.15-18.
147 Ebd., *WA* 15:38.13-15.
148 Ebd., *WA* 15:44.11-14.
149 Ebd., *WA* 15:44.16-18.
150 Ebd., *WA* 15:44.26-33.

Aufgabe nicht nachkommen und die Fürsten und Herren sich lieber mit anderen Dingen beschäftigen, fällt diese Aufgabe den Ratsherrn zu. Wenn man diese jungen Menschen in Schulen oder anderen Bildungseinrichtungen lehrte und erzöge, wo tüchtige Meister und Meisterinnen wären, die sie die Sprachen und andere „Künste und Historien" lehrten, bekämen sie eine umfassende Ausbildung und könnten dann auch entsprechend „raten und regieren."

Wenn man Bedenken hat, dass die Kinder damit den Eltern als Arbeitskräfte in Haus und Hof entzogen würden, entkräftet Luther dies mit pragmatischen Argumenten: „Meine Meinung ist, dass man die Knaben des Tages eine Stunde oder zwei lasse zu solcher Schule gehen, und nichtsdestoweniger die andere Zeit zu Hause schaffen, Handwerk lernen und wozu man sie haben will, dass beides miteinander gehe. [...] Also kann ein Mädchen ja so viel Zeit haben, dass sie des Tages eine Stunde zur Schule gehe und dennoch ihr Geschäft im Hause wohl warte. [...] Welche aber der Ausbund [d.h. ein Inbegriff von Tüchtigkeit] darunter wäre, von denen man sich erhoffte, dass sie geschickte Leute sollen werden zu Lehrern und Lehrerinnen, zu Predigern und anderen geistlichen Ämtern, die soll man desto mehr und länger dabei lassen, oder ganz daselbst verordnen."[151]

Luther schlägt also eine duale Ausbildung für die unterste Bildungsstufe vor, die handwerkliche und geistige Fähigkeiten gleichermaßen berücksichtigt, während für eine höhere Bildungsstufe entweder eine intensivere oder eine ausschließlich geistige Ausbildung vorgeschlagen wird. Revolutionär für die damalige Zeit war, dass die Bildung sowohl für Mädchen als auch für Jungen gelten solle. Damit man sich auch selbst weiterbilden kann, schlägt Luther vor, „dass man weder Fleiß noch Kosten spare, gute Bibliotheken und Bücherhäuser, besonders in den großen Städten, die solches wohl vermögen, zu verschaffen".[152] Luther weist dabei auf die Bibliotheken in den Klöstern und Stiften hin, wobei dort allerdings auch viele weniger gute Bücher vorhanden waren, wie Schriften über Heilige, das Mönchstum usw. Stattdessen sollen dort die Bibel in den verschiedenen Sprachen zugänglich sein, sowie die

151 Ebd., *WA* 15:47.1-4 und 7-8 und 13-16.

152 Ebd., *WA* 15:49.12-14.

besten Interpreten der Bibel in den klassischen Sprachen, einschließlich der Kirchenväter, danach solche Bücher, die zu dem Erlernen von Sprachen dienen, dann christliche und heidnische klassische Schriftsteller, von denen man die Grammatik lernen kann. Auch Bücher über die freien Künste und zu anderen Fertigkeiten müssen vorhanden sein, sowie juristische und medizinische Bücher und vor allem Chroniken und Geschichtsbücher in verschiedenen Sprachen. Nach Luther sollen die Bibliotheken den Menschen Hilfe in allen Lebenslagen anbieten.

Philipp Melanchthon, der Mitarbeiter Luthers in Wittenberg, wurde wegen seiner zahlreichen und weit verbreiteten Schulbücher, Textausgaben, Übersetzungen und Kommentare, die selbst in katholischen Schulen verwendet wurden – jedoch ohne seinen Namen zu nennen – als der *Praeceptor Germaniae*, als Lehrer Deutschlands bezeichnet. Martin Luther schuf durch seine Schriften für diese Bildungsarbeit die theologische Grundlage. Nach Luther muss ein Christ vor Gott und den Menschen seinen Glauben selbst bekennen können. Dafür benötigt er eine entsprechende schulische Ausbildung. Da er im weltlichen Bereich nach Gottes Willen verantwortlich leben soll, braucht er eine Ausbildung, durch die er sowohl seine geistigen als auch seine handwerklichen Fähigkeiten entwickeln kann. Auch ist es unabdingbar, dass ein Christ den Willen Gottes kennt, damit er sich als Christ ethisch richtig verhalten kann. Die Ausbildung in geistlichen, geistigen und handwerklichen Dingen muss also Jungen und Mädchen gleichermaßen zugänglich sein. Für anspruchsvollere Berufe ist eine intensivere Ausbildung erforderlich als für weniger anspruchsvolle. Die Ausbildung hängt von der jeweiligen Begabung und die tatsächliche Ausübung eines Berufs von den Erfordernissen in der Gesellschaft ab. Eine bestimmte Ausbildung garantiert also nicht immer, dass man auch den dazu gehörenden Beruf ausüben kann. Dies ist nach Luther unproblematisch, denn jeder Beruf ist gleichwertig und wird immer als Dienst für Gott und damit als Dank für Gottes vorauslaufende Gnade verstanden. Der Akzent liegt bei ihm immer auf dem Dienstcharakter eines Berufs und nicht auf dem Verdienst.

Die von Luther theologisch begründete Bildungsoffensive hatte für den Protestantismus ungeahnte Konsequenzen. So behauptete der Soziologe Max Weber (1864-1920), dass zwischen Katholiken und Protestanten ein Wohlstandsgefälle bestünde. Wie Sascha Becker und Ludger Wößmann in einer Studie von 2008 herausfanden, existierte dieses Wohlstandsgefälle im Preußen des 19. Jahrhundert tatsächlich.[153] Es war aber nicht die Arbeitsethik, die die Protestanten reicher machte, wie Weber meinte, sondern ihre besseren Lese- und Schreibfähigkeiten. Denn genau darauf hatte Luther großen Wert gelegt. Er wollte, dass möglichst jeder die Bibel lesen kann. Aber nicht nur das Einkommen der Protestanten war auf Grund ihrer besseren Ausbildung höher, sondern generell war ihre Ausbildung höher. So herrschte noch lange Zeit im Katholizismus die Vorstellung vor, dass eine höhere Schulbildung nur für eine Ausbildung zum Priester nötig sei, wozu die vielen Diözesan- und Klosterschulen dienten. Für geistig begabte evangelische Kinder war aber eine höhere Schulbildung meist selbstverständlich. Diese Bildungsdiskrepanz zwischen evangelisch und katholisch zeigte sich zum Beispiel lange Zeit auch an der Universität Regensburg, an der die Mehrzahl der Professoren evangelisch war und mehrheitlich aus dem vorwiegend evangelischen Norden Deutschlands kam.

Luthers Betonung der Ausbildung für alle schloss Jungen und Mädchen gleichermaßen ein, wogegen bei den Katholiken eine höhere Schulbildung meist nur den Jungen zukam. Die Reformation führte also dazu, dass deutlich mehr protestantische Mädchen eine höhere Schulbindung genossen. Aber auch in den ersten Klassen ergab sich schon fast eine Geschlechterparität zwischen Jungen und Mädchen im Schulbesuch in der zweiten Hälfte des 19. Jahrhunderts. Mit detaillierten Daten von der ersten Preußischen Volkszählung von 1816 und von 1871 untersuchten Becker und Wößmann auch den Bildungsstand Erwachsener. Protestantische Frauen konnten damals besser lesen und schreiben als katholische Männer.[154] Dies verbesserte die Aufstiegsmöglichkeiten evangelischer Frauen erheblich. So gab es 1908, als Frauen erstmals an Universitäten studieren durften, achtmal mehr protestantische als katholische Studentinnen.[155] Selbst bis in die 1970er-Jahre hinein war die Bildungslücke zwischen den Geschlechtern in protestantischen Bundesländern deutlich kleiner als in katholisch geprägten. So trug also Luthers

153 Sascha O. Becker & Ludger Wößmann, „Luther and the Girls: Religious Denomination and the Female Education Gap in Nineteenth-century Prussia", *Scandinavian Journal of Economics* (2008), 110:777-805.

154 Ebd., 797.

155 Ebd., 800.

Betonung der Ausbildung für Jungen und Mädchen auch zur Angleichung von evangelischen Frauen und Männern in ihrer Ausbildung bei und das ohne Gleichstellungsbeauftragten. Inzwischen haben allerdings die Katholiken bei der höheren Bildung gegenüber den Evangelischen aufgeholt. Dies mindert jedoch nicht den enormen Einfluss, den die Reformation Martin Luthers auf die Bildung in Deutschland hatte.

8. Nicht nur Priester sind berufen

Ähnlich wie Luthers Aufruf zu Bildung für alle erzielte auch seine Lehre vom Beruf eine ungeheure Breitenwirkung, die weit über den kirchlichen und religiösen Rahmen hinausging. Der Begriff „Beruf“, wie er in „Berufsschulen“ oder „mein Beruf als Lehrer“ benutzt wird, leitet sich vom Lateinischen *vocatio* ab, was Berufung bedeutet. Im Spätmittelalter, in dem Luther lebte, war dies ein streng religiöser, kirchlicher und theologischer Begriff, der für kirchliche Ämter und hier besonders für Mönche Geltung besaß. Ein Mönch war berufen und hatte deshalb einen Beruf. – Wer heute z.B. an einer Schule in Bayern das Fach Evangelische Religionslehre unterrichten will, bedarf einer kirchlichen Bevollmächtigung, die *Vocatio* genannt wird. Im katholischen Kirchenrecht ist *Vocatio* die Berufung jedes gläubigen Katholiken durch die Taufe zur Ausübung der Sendung, „die Gott der Kirche zur Erfüllung in der Welt anvertraut hat“ (CIC 204). – Im Neuen Testament erstreckte sich die göttliche Berufung, von der Paulus spricht, ebenfalls auf alle Christen (Röm 11,29: „Denn Gottes Gaben und Berufung können ihn nicht gereuen“; 1 Kor 1,26: „Seht doch, Brüder und Schwestern, auf eure Berufung“). Schon in der frühen Kirche wurde jedoch die Berufung auf die des Mönchtums eingeengt. Luther erweiterte den Begriff „Beruf“ wieder, indem er ihn auch auf die weltlichen Tätigkeiten bezog, an denen jeder Teil hat. Luther hat damit die sogenannte geistliche Tätigkeit nicht höher angesehen als die weltliche und wies die Überzeugung zurück, dass man als Mönch in irgendeiner Weise privilegiert war.

Für Luther gab es keinen Unterschied zwischen einer religiösen Berufung und einer nicht religiösen Arbeit, denn alle menschlichen Tätigkeiten waren unmittelbar auf Gott bezogen. Jeder Mensch hatte eine Berufung, die er im direkten Dienst an Gott verrichtete. Im Zusammenwirken von protestantischer Kirche und bürgerlicher Welt wurde im Deutschland des 17. und 18. Jahrhunderts die Berufserfüllung als unmittelbarer Gottesdienst verstanden. Der Beruf wurde zum Mittelpunkt der verantwortlichen Tätigkeit des schöpferischen Menschen. Berufstreue wurde nicht nur als Treue gegenüber dem Arbeitgeber verstanden, sondern primär gegenüber Gott. In der Aufklärung und im deutschen Idealismus des späten 18. und frühen 19. Jahrhunderts wurde schließlich

 | DOI:10.30965/9783657760541_009

der Beruf zu einem Grundbegriff der Pflichtenlehre. So sollte sich nach Immanuel Kant (1724-1804) im Beruf das allgemeine Sittengesetz verwirklichen. Deshalb bekannte Friedrich der Große (1712-86): „Der Fürst ist der erste Diener seines Staates." Im Gefolge Kants betonte der evangelische Theologe Albrecht Ritschl (1822-89) wieder die Bedeutung des Begriffs Berufung, wenn er von der Berufung eines Christen redete. Für ihn zeigte der Begriff Berufung auch, dass der Christ, indem er seinen Beruf treu erfüllt, an der Verwirklichung des Reiches Gottes mitwirkt. Diese Pflichtauffassung des Berufs färbte stark auf das preußische Beamtentum ab, das durch Unbestechlichkeit und gewissenhafte Pflichterfüllung charakterisiert ist und durch die Vorherrschaft Preußens in Deutschland einen effizienten und unbestechlichen Verwaltungsapparat ausbildete, der in der Völkergemeinschaft heute noch in mancher Hinsicht beispielhaft ist.

a. Jeder Beruf ist gleichwertig

Für Luther waren diese Fernwirkungen natürlich nicht absehbar. Er wandte sich in seiner Lehre vom Beruf vornehmlich gegen die damals herrschende Anschauung, dass Priester und Mönche durch ihre Zugehörigkeit zum geistlichen Beruf eine höhere Heiligkeit hätten als Laien, die einen weltlichen Beruf ausüben. „Darum, wenn eine Magd die Kuh melkt, der Knecht den Acker pflügt, sofern er gläubig ist, das ist, dass er gewisslich dafür erhält, dass derselbe Stand Gott wohl gefalle und von Gott eingesetzt sei: so dient er Gott mehr, denn alle Mönche und Nonnen tun können, welche von ihrem Stand, darin sie leben, nicht können gewiss sein, dass er Gott wohl gefalle."[156] In seiner Schrift *De votis monasticis* (Von den Mönchsgelübden) von 1521 lehnte er das Berufsprivileg des Mönchsstandes ab, dass also Mönche und Priester einem allen anderen Christen überlegenen Berufsstand angehörten. Aus 1 Kor 7,20: „Ein jeglicher bleibe in dem, darin er berufen ist" folgerte Luther, dass auch ein gewöhnlicher Arbeiter, ohne dem Mönchsstand anzugehören, eine Beschäftigung auf Erden ausüben kann, die in sich selbst gut und von Gott

156 Luther, *Vorlesungen über 1. Mose* (1535-45) in seinem Kommentar zu Gen 20, *WA* 43:106.2-6.

befohlen ist. Wenn jemand seiner Berufung nicht sicher ist, dann hat Luther eine einfache Antwort: „So möchtest du sprechen: wie aber, wenn ich nicht berufen bin, was soll ich denn tun? Antwort: Wie ist's möglich, dass du nicht berufen seist? Du wirst je in einem Stand sein: du bist je ein ehelich Mann oder Weib, oder Kind, oder Tochter, oder Knecht, oder Magd. Nimm den geringsten Stand für dich: Bist du ein ehelicher Mann, meinst du, du hast nicht genug zu schaffen in dem selbigen Stand, zu regieren dein Weib, Kind, Gesinde und Güter, dass es alles gehe in Gottes Gehorsam, und tust niemand Unrecht? Ja, wenn du vier Köpfe und zehn Hände hättest, du wärest dem dennoch zu wenig, dass du weder Wallfahrten noch irgend ein heiliges Werk dürftest für dich nehmen."[157] Beruf bedeutet für Luther nicht mehr, dass man aus dieser Welt in einen besseren und höheren Berufsstand herausgerufen wird, sondern Berufung geschieht an dem Ort, an dem man seine Arbeit verrichtet. Verrichtet man diese Arbeit ordentlich, dann hat man keine Zeit mehr für Wallfahrten oder andere „heilig genannten Werke".

Die Ablehnung eines religiös höherwertigen Berufsstandes ergab sich nach Luther auch aus der Überzeugung, dass wir allein durch den Glauben, d.h. durch Vertrauen auf Gott und nicht durch das Verrichten von bestimmten guten Werken von Gott gerechtfertigt, d.h. akzeptiert werden. Da wir von Gott unserem Schöpfer schon alles empfangen haben, wäre es ein Widerspruch in sich selbst, von ihm für irgendwelche Werke belohnt werden zu wollen. Die Werke haben also mit unserer Rechtfertigung nichts zu tun. „Die werden nicht gute Werke genannt, die wir Gott tun; sondern die wir unseren Nächsten tun sollen, das sind gute Werke."[158] Dass wir hier auf Erden gute Werke tun, ist einerseits dadurch motiviert, dass der Mitmensch unseren Arbeitseinsatz, d.h. unsere Werke braucht. Andererseits drücken wir durch unsere Werke Gott gegenüber Dank für das aus, was er an uns getan hat, d.h. dass er uns in Gnaden angenommen hat. Der Mensch, der eine irdische Arbeit verrichtet, tut sie also zur Ehre Gottes und als Dienst am Nächsten. Genauso sollte man das Predigtamt betrachten, denn auch darin drückt sich der Dienst am Nächsten und die Verherrlichung Gottes aus. Es gibt keinen direkten Dienst Gott gegenüber, sondern immer einen indirekten, der über den Nächsten zu Gott geht. Wir denken hier wieder an das Wort Jesu: „Was ihr

157 Luther in einer Predigt über Joh 21,19-24 (*Kirchenpostille* 1522), *WA* 10/I/1:308.6-12.

158 Luther in einer Predigt über Joh 20,21ff. (27. April 1522), *WA* 10/III:98.15-17.

getan habt einem von diesen meinen geringsten Brüdern, das habt ihr mir getan" (Mt 25,40).

In unserer industriellen und weitgehend anonymen Massengesellschaft ist der Berufsgedanke weitgehend verlorengegangen. Das neuzeitliche „Job-Verständnis" ist durch Maximierung von Investition und Gewinn sowie durch Kontrollierbarkeit gekennzeichnet. Aber Arbeitgeber und Arbeitnehmer bemerken heute zunehmend, dass ohne persönliches Engagement ein reiner ‚Job' auf längere Sicht gesehen nur die Sinnlosigkeit des Lebens vergrößert. Gesundheitsprobleme, mangelnde Motivation und ein Nachlassen der Produktionsqualität sind einige der Folgen. Deswegen ist für immer mehr Menschen nicht die Höhe der Bezahlung und die Kürze der Arbeitszeit entscheidend, sondern dass die Arbeit interessant ist, d.h. im wortwörtlichen Sinn, dass sie die eigene Anteilnahme herausfordert und uns befriedigt. Somit kommt Luthers Betonung des Berufs als Dienst am Nächsten heute erneut große Bedeutung zu. Wenn wir aber sein Verständnis des Berufs etwas näher betrachten, so müssen wir es zunächst von seinem Standesverständnis her beleuchten, mit dem es zum Teil parallel geht. Dabei umfasst Luthers Verständnis vom Beruf mehr als die Arbeit, für die wir gewöhnlich bezahlt werden. Es beinhaltet viele Lebensstationen, ob in der Familie, am Arbeitsplatz, privat oder in der Öffentlichkeit.

b. Stand ist der Ort, an dem ich jeweils stehe

Unter dem damaligen Begriff „Stand" darf man keine Klasse im heutigen sozialen Sinn verstehen, sondern eher einen Zustand. Für Luther ist Stand zunächst ein allgemeiner Ordnungsbegriff, der es gestattet, eine Anzahl von Menschen zusammenzufassen, die in irgendeiner Hinsicht eine nur sie auszeichnende Gemeinsamkeit haben. Im Jahre 1630 dichtete der Pfarrer und Kirchenliederdichter Johann Heermann (1585-1647) im Sinne Luthers: „Gib, das ich tue mit Fleiß, was mir zu tun gebühret, wozu mich dein Befehl in meinem Stande führet."[159] Solch ein Stand kann eine Gruppe bezeichnen wie Jugendliche, soziale Schichten, wie die Bauern, oder kirchliche Strukturen, wie den Mönchsstand. Stände versteht Luther als Orte oder Standpunkte für unser Handeln. Sie sind

159 *Evangelisches Gesangbuch*, Nr.383, Vers 2.

unserer Willkür entzogen, denn der Schöpfer hat sie gestiftet und uns in einen bestimmten Stand hineingestellt. Stände sind Orte, an die uns Gott beruft, so dass wir einen unverwechselbaren Beruf als Mutter oder Kind ausüben können. Stände haben eine stabilisierende Funktion, die man nicht mit Kasten vergleichen darf, die in sich geschlossen sind und keine standesverändernde Mobilität erlauben.

Nach Luther sind die Stände nicht statisch, sondern es gibt eine gewisse Mobilität vom einem Stand zum andern. Luther geht dabei weitgehend mit der Tradition von drei Ständen aus, dem Nähr-, Wehr- und Lehrstand. Aber man gehört nicht ausschließlich einem von diesen drei Ständen an. Luther sagt dazu in seiner Genesis-Vorlesung: „Und wird dieses Leben sehr fein geteilt in diese drei Stände, nämlich in der häusliche, der weltliche und der kirchliche Stand. Du seist nun in welchem Stand du willst, ein Ehemann, eine Obrigkeit oder Kirchenlehrer, so sieh dich um, ob du deinem Beruf genug getan hast."[160] Diese Stände, denen wir gleichzeitig zugehören, beschreiben die Vieldimensionalität des Lebens und die verschiedenen zwischenmenschlichen Beziehungen, die die Struktur unserer Existenz ausmachen. Für Luther sind das keine weltlichen Beziehungen, sondern sie haben tiefe religiöse Bedeutung, denn wir üben unseren göttlichen Beruf in der Weise aus, wie wir mit anderen verkehren und unsere Aufgaben im täglichen Leben bewältigen.

Der Nährstand bezeichnet zunächst den „ehelichen Stand", dann die Familie im engeren Sinn, d.h. die Gemeinschaft von Eltern und Kindern, aber auch die Familie im weiteren Sinn einschließlich der Dienstboten. Schließlich kann Luther auch die wirtschaftlich-sozialen und bürgerlich-gesellschaftlichen Beziehungen der Menschen untereinander dem Nährstand zuordnen. Von Bedeutung sind für Luther in diesem Stand die wirtschaftlichen Beziehungen der Menschen untereinander, die alle derselben Ordnung angehören. So ist die Verbindung von Mann und Frau, um Kinder aufzuziehen, ebenso eine biologische Notwendigkeit wie die Beschaffung von Nahrung und Kleidung. Wichtig bei den Tätigkeiten in diesem Stand ist, dass die Gesetze des Lebens nicht missachtet werden und dass das Leben des Nächsten gefördert wird.

Auch der politische Stand, der Wehrstand, ist von Gott gestiftet, denn Gott will eine staatliche Ordnung. Der Staatsdienst beinhaltet nicht nur das Regieren, sondern auch das Gehorchen, also nach dem damaligen

160 Luther zu Gen 18,15, in: *Vorlesungen über 1. Mose* (1535-45), *WA* 43:30.13-15.

Verständnis sowohl die Obrigkeit als auch die Untertanen, d.h. alle, die zu einem bestimmten Gebiet gehören. Während die Gesetze der Biologie (im Nährstand) unveränderlich sind, ist das positive Recht, das dem Wehrstand zugrunde liegt, wandelbar. Hier gibt es für die jeweilige Zeit eine ihr angemessene Ordnung, die die Menschen miteinander verbindet. Bei dem Lehrstand oder dem kirchlichen Stand treffen weder die Gesetze der Biologie noch die des Staates zu. Hier geht es um ihm eigene Funktionen, so dass der Lehrstand wiederum eine bestimmte Eigengesetzlichkeit hat. Zum Lehrstand gehören aber nicht nur die, die predigen und die Sakramente verwalten, sondern auch die Küster, die die Aufsicht über die gemeindlichen Finanzen haben, und die, die den Hauptamtlichen zur Seite stehen, aber ebenso die einfachen Christen. Somit gehören nach Luther alle Christen dem Lehrstand an, sei es zu Hause oder in der Kirche. Wir finden uns also in ganz verschiedenen Strukturen und Beziehungen vor, je nach dem, auf welchen Aspekt unseres Lebens und unseres Wirkens wir blicken.

„Gott hat mancherlei Stände verordnet, in denen man sich üben und zu leiden lernen soll: Etlichen den ehelichen, den anderen den geistlichen, den anderen den Stand des Regierens."[161] Doch keiner dieser Stände ist höher als der andere und alle zielen darauf ab, den anderen zu dienen. Man ist zwar in einen bestimmten Stand hineingestellt, aber man kann auch von einem Stand in einen anderen überwechseln, etwa vom geistlichen Stand zum politischen oder zum ehelichen. Jedoch hat jeder Stand seine eigenen Probleme, so dass keiner besser und leichter ist als der andere. Es gibt auch keinen Stand, der ganz ohne Sünde wäre, denn in keinem wird Gottes Gebot völlig ausgeführt.

Warum hat Gott diese Stände überhaupt geschaffen und verordnet? Nach Luthers Erklärung verkörpern die Stände Gottes Willen, dass unter diesen äußerlichen Gestalten Ordnung geschaffen und den menschlichen Notwendigkeiten gedient wird. „Ohne diese äußerlichen Larven [d.h. Gestaltungen] könnten weder Friede noch Zucht erhalten werden."[162] Wichtig ist dabei, um dies noch einmal zu betonen, dass keiner dieser Stände höher oder niedriger als der andere eingestuft wird. Luther hat die Höherbewertung des geistlichen Standes strikt abgelehnt, denn es darf keine Standeshierarchie geben. Alle Stände sind für das menschliche

---

161 Luther, *Ein Sermon vom Sakrament der Taufe* (1519), *WA* 2:734.24-27.

162 Luther zu Gen 41,40, in *Vorlesungen über 1. Mose* (1535-45), *WA* 44:435.40f.

Leben gleich notwendig. Stand ist der objektive Pflichtenkreis, der mit einer bestimmten Stellung in der Gesellschaft verbunden ist. Doch ist die Bezeichnung „Stand" keine Dublette für den Begriff „Beruf", sondern beschreibt die Situation oder den Ort, wo ich meine Berufung erfülle und meinen Beruf ausübe.

c. Jeder ist von Gott berufen

Der Begriff „Beruf" ist nicht synonym mit dem Begriff „Stand". Er meint zwar dasselbe, aber unter einem anderen Blickwinkel. Die Stände sind transsubjektive Ordnungen, während die Berufe dies nur insofern sind, als der einzelne einem von ihnen dauerhaft zugeordnet und persönlich verpflichtet ist. So gehört jeder Christ zu einem kirchlichen Stand, zum Beispiel als Hausvater, der seine Kinder im christlichen Glauben unterrichtet, oder als Pfarrer, der Gottes Wort predigt und die Sakramente verwaltet. Ein Pfarrer wird durch Menschen zum Pfarramt berufen, die an Gottes Statt das kirchliche Berufungsrecht ausüben. Zur Ehe ist man berufen, da man von Gott als Mann oder Frau zur Kindererziehung und Haushaltung erschaffen wurde. So gehen hier der biologische Gesichtspunkt des Standes und die Entscheidung des einzelnen ineinander über. Ebenso wird der Stand des Fürsten oder des Untertanen dadurch zum Beruf, dass an jemanden eine bestimmte Weisung ergeht, die Durchführung der damit verbundenen Aufgaben zu übernehmen. Eine bestimmte Berufung ergibt sich dadurch, dass Gott einen für eine bestimmte Aufgabe auswählt und damit beruft.

Beruf als Gottesdienst: Die Zugehörigkeit zu einem Stand verbürgt nicht automatisch, dass die Ausübung der Standesfunktionen zum „Gottesdienst" wird, also dem göttlichen Willen entspricht. Luther wird niemals müde daran zu erinnern, dass alle Berufungen den Charakter eines Dienstes haben. Die Regierung ist zum Beispiel für die Regierten da und nicht für die, die Regieren, und der Pfarrer arbeitet in der Gemeinde für die Gläubigen. Das heißt, dass wir uns nicht einen Beruf aussuchen, um zu sehen, wie viel wir bekommen können und wie wenig wir dafür tun müssen. Wir üben einen Beruf nicht für uns aus, sondern für andere. Wenn Menschen sachgemäß ihre Berufung ausüben, dann sind sie Mitarbeiter Gottes ungeachtet, ob sie Christen sind oder nicht.

Sie sind Mitarbeiter in der beständigen schöpferischen Tätigkeit Gottes, durch die er die Welt und alles, was in ihr ist, erhält, einschließlich der Menschen, die in ihr leben.

Ein Stand wird zu einem Beruf, wenn er sachgemäß ausgeführt wird und damit anderen Menschen dient. Dabei kann man gleichzeitig verschiedene Berufungen ausüben, nicht nur die Berufung, die heute gewöhnlich als Beruf verstanden wird, weil man sie gegen Bezahlung ausübt, sondern auch eine Berufung innerhalb der biologischen Ordnung, als Vater, Mutter, Sohn oder Tochter. Nach Luther kann man nicht zwischen einer Berufung oder einem Beruf, der nach gewissen Regeln ausgeübt wird, und der engeren Sphäre der zwischenmenschlichen Beziehungen unterscheiden, in denen wir uns in christlicher Liebe bewegen. Wo immer uns Aufgaben und Leute begegnen, ruft uns Gott auf, unsere Berufung sachgemäß in christlicher Liebe und nach unseren besten Fähigkeiten auszuüben. Luther sagt dazu in seiner Genesis-Vorlesung: „Also hat ein jeder seinen Beruf, in welchem er Gott dient, wenn er desselben fleißig wartet. Ein König, der seinen Untertanen wohl vorsteht und regiert, dient Gott; eine Hausmutter, die ihrer Kinder wartet, ein Hausvater, der sich seiner Arbeit nährt, ein Schüler, der fleißig studiert, dient Gott. […] Darum ist es gar eine große Weisheit, wenn ein Mensch tut, was ihm Gott gebietet, und sich an andere nicht kehrt, noch fragt, was sie tun; sondern gibt allein auf sich und seinen Beruf Achtung. Aber wahrlich, es sind derer wenige, die solches tun."[163] Luther ist nicht blauäugig. Er kennt die Menschen und ihre Neigung, sich mit anderen zu vergleichen. Deshalb gesteht er ein: „Denn sehr wenige findet man derer, die sich an ihrem Stand genügen lassen. Wer ein Laie ist, der wollte gern ein Priester sein; der Schüler ein Magister, der Bürger ein Bürgermeister, und ist schier keiner, der seines Berufs nicht überdrüssig wird; so es doch keinen anderen Weg gibt, Gott zu dienen, denn in einfältigen Glauben einhergehen, in seinem Beruf fleißig sein und ein gutes Gewissen haben." Deshalb warnt er: Gott „will nicht, dass jemand seinen Beruf ändern oder verlassen soll; wie es im Papsttum für große Heiligkeit gehalten wurde,

163 Luther, *Vorlesungen über 1. Mose* von 1535-45, in seiner Erklärung zu Gen 17,9, für dieses und das nachfolgende Zitat, *WA* 42:639. 16-19; 24-26; 28-32.

wenn jemand seinen Stand oder Beruf verließ und sich in einem Kloster versteckte."[164]

Da Gott kaum jemals direkt in diese Welt eingreift, will er seine Gaben durch unsere Arbeit bereiten, und wir werden „unseres Herrn Gottes Larven [d.h. Masken], darunter er will verborgen sein und alles verrichten".[165] Dies bedeutet, dass alle nützlichen Beschäftigungen von Gott sanktioniert sind, ohne die eine Stadt oder ein Land nicht existieren kann. Wenn wir sie vernachlässigen, würden wir tatsächlich Gottes Berufung vernachlässigen und das vermeiden, wozu wir berufen sind. Nach Luther ist deshalb eine Berufung Gottes Ruf an einen Menschen, in einer gegebenen Situation zu erkennen, was Gott von ihm erwartet. Ein Beruf, ob wir dafür bezahlt werden oder nicht, ist mehr als ein Mittel, um Geld zu verdienen. Es ist ein Weg, in dem Gott durch uns andere Menschen bewahrt und fördert und darüber hinaus auch das allgemeine Wohlergehen. Ungeachtet, wie die verschiedenen Berufe nach außen aussehen mögen, nach innen sind sie alle gleich, denn sie sind von Gott eingesetzt, um die Schöpfung zu bewahren und zu fördern.

Die Hilfe am Nächsten, das Hausvatersein und das Kinderaufziehen, zeigen die Gemeinsamkeit im Berufensein. Dadurch sind die sozialen Unterschiede zwischen Arm und Reich und zwischen Obrigkeit und Untertan aufgehoben. „Ein jeder soll ein solches Leben führen, von dem er weiß, dass es Gott wohlgefällt, wenn es auch gleich verachtet und gering sein sollte. Ein Knecht, eine Magd, ein Vater, eine Mutter sein, das sind solche Lebensformen, die durchs göttliche Wort eingesetzt und geheiligt sind und Gott wohl gefallen."[166] Es ist ein wesentliches Moment der Berufsauffassung Luthers, dass jeder echte Beruf, weil er aus göttlicher Berufung abgeleitet wird, den Einsatz der ganzen Person erfordert. Er ermahnt dabei immer wieder, dass die Vorrangstellung eines Standes gegenüber einem anderen verwerflich ist, weil dies eine Verachtung des Schöpfers bedeutet. Wir sollen „mit fröhlichem Gewissen drinnen [d.h. in unserem Beruf] bleiben und wissen, dass durch solche Werke mehr ausgerichtet ist, als wenn jemand alle Klöster gestiftet und alle Orden

164 Luther, *Vorlesungen über 1. Mose* von 1535-45 in seiner Erklärung zu Gen 16,7ff., *WA* 42:593.4-6.

165 Luther, *Der 147. Psalm, Laude Jerusalem, ausgelegt* (1532), in seiner Erklärung von Ps 147,3, *WA* 31/I:436.10f.

166 Luther, Scholie zu Jes 65,12, in: *Vorlesungen über Jesaja* (1532-34), *WA* 25:385.26-29.

erhalten hätte; und ob es gleich die allergeringste Hausarbeit ist".[167] Damit werden wir an Luthers Wort erinnert: „Wenn ein jeder seinem Nächsten diente, dann wäre die ganze Welt voll Gottesdienst."[168]

Da ein Beruf immer als Gottes Berufung und Befehl verstanden werden sollte, sind wir sicher, dass unsere Tätigkeit in diesem Beruf Gott angenehm ist. Wenn wir an einen bestimmten Ort gestellt werden, bedeutet das für uns eine gewisse Herausforderung, und wir müssen uns niemals fürchten, dass es nichts für uns zu tun gibt. Da jeder Beruf letztlich den Nächsten dient, verliert die richtige Berufswahl an Bedeutung. Luther setzt dabei voraus, dass irgendwie schon eine Berufung auf uns wartet und wir nicht durch Irrungen und Wirrungen nach ihr suchen müssen.

Hat man erkannt, dass man (von Gott) zu einem bestimmten Dienst berufen ist, wird dem Einzelnen die notwendige Berufssicherheit vermittelt, denn als Christ tut man nichts ohne göttlichen Auftrag, also ohne Berufung. Es ist ein Geschenk Gottes, dass wir einen Nächsten haben, der uns als Nachbar zugesellt ist, dass wir unter der Obrigkeit leben dürfen und in eine Familie eingebunden sind, denn an diesen Kontaktpunkten zu anderen Menschen sind wir zum Dienst und zur Liebe herausgefordert. Wir können hier dem Willen Gottes entsprechend wirken und unsere Arbeit somit als Gottesdienst betrachten, ungeachtet ihrer äußerlich säkularen Dimension.

Durchlässigkeit der Berufsgrenzen: Die Frage erhebt sich allerdings, ob die Zuordnung zu einem bestimmten Beruf oder Stand unentrinnbar festgelegt ist. Für Luther ist die Zuordnung schon deswegen relativiert, da vor Gott alle Menschen gleichwertig sind.[169] Zudem sind die verschiedenen Stände und Berufsausübungen aufeinander angewiesen. Luther hält aber an unveränderlichen Gegebenheiten fest, die uns bestimmten Berufen zuordnen, wenn er zum Beispiel argumentiert, dass die Frau nicht zum Mann werden kann, der Sauhirt auch nicht zum Juristen und der Bauer nicht zum Bürgermeister taugt. Biologische und ausbildungsmäßige Unterschiede weisen uns bestimmten Berufen zu. Wir sind nicht nur in einen bestimmten Stand hineingeboren, sondern auch bestimmten

---

167 Luther, Predigt über Mt 9,1ff., in: *Predigten des Jahres 1529, WA* 29:566.39-567.20f.

168 Luther, Predigt über Mt 22,34ff., in: *Predigten des Jahres 1532, WA* 36:340.12f.

169 Vgl. Luther in einer Predigt zu Lk 14,1ff., in: *Predigten des Jahres 1544, WA* 49:606-614, wo er mit vielen Beispielen betont, dass man sich nicht über den Stand hinaus hochmütig erheben soll, dem man zugeordnet ist.

Berufen zugeordnet. Luthers Anschauung über Stände und Berufe hält sich damit im Rahmen der damals geltenden Gesellschaftsordnung. So fand er es für richtig, dass man durch Geburt in einen bestimmten Stand hineinberufen wird.

Aber Luther hat andererseits die Gliederung der Gesellschaft nach Geburtsständen mehrfach entscheidend durchbrochen. Beispielsweise kämpfte er gegen den Ausschluss von unehelich Geborenen vom ehrlichen Handwerk. Sie konnten nur Berufe ausüben, die kein ständisches Ansehen hatten, wie Barbiere, Scharfrichter oder Hausierer. Sodann verlangte er Aufstiegsmöglichkeiten für die Kinder des gemeinen Mannes, wobei er allerdings dafür nicht das Motiv der größeren Verdienstmöglichkeit gelten ließ. Da jeder Beruf Gottesdienst ist, kann man nicht vom finanziellen Gewinn her eine Berufsveränderung anstreben. Die Eltern machte Luther jedoch eindringlich darauf aufmerksam, dass ihren Kindern durch entsprechende Schulbildung der Aufstieg zu allen Staats-, Schul- und Kirchenämtern offenstehe. „Gott will's nicht haben, dass geborene Könige, Fürsten, Herren und Adel sollen allein regieren und Herren sein. Er will auch seine Bettler dabei haben, sie würden sonst denken, die edle Geburt mache allein Herren und Regenten und nicht Gott allein."[170] „Es wird doch dabei bleiben, dass dein und mein Sohn, das heißt gemeiner Leute Kind, werden die Welt regieren müssen, beide im geistlichen und weltlichen Stand."[171]

Der Aufstieg steht allen offen, die über die notwendige Vorbildung verfügen. Deswegen schärfte Luther dem Territorialherren die große Bedeutung der Universitäten ein. Ähnlich ermahnte er *An die Ratsherren aller Städte deutschen Landes, dass sie christliche Schulen aufrichten und halten sollen,* wie seine Schrift von 1524 heißt. Er verlangte eine grundsätzliche Bildungsmöglichkeit für alle. Deshalb sollen durch staatliche und kirchliche Stipendien die Kinder armer Eltern unterstützt werden. Doch alle Förderungsmöglichkeiten sind umsonst, wenn die Eltern ihre Kinder nicht rechtzeitig für die Bildungsmöglichkeiten freistellen. Allerdings haben die Eltern ihre Kinder auch daraufhin zu prüfen, ob sie wirklich die nötigen Fähigkeiten und Interessen aufweisen für eine höhere Bildung.

---

170 Luther, *Eine Predigt, dass man Kinder zur Schule halten soll* (1530), *WA* 30/II:576.21-24.

171 Ebd., *WA* 30/II:577.23-25.

Hat man eine bessere Ausbildung genossen, so darf man nicht wie selbstverständlich einen höherqualifizierten Beruf fordern als den, welchen man ohne diese Ausbildung ausführen würde. Wie wir schon gesehen haben, schadet es nach Luther beispielsweise keinem Handwerker, wenn er Latein gelernt hat, weil es eine schöne Lust ist, dass ein Mann gelehrt ist, ob er gleich das Amt, das sich damit verbinden könnte, niemals ausüben wird.[172] Für Luther gibt es keinen ethischen Wertunterschied zwischen den einzelnen Berufen, und eine volle Lebenserfüllung ist in jedem Beruf möglich. Wenn jemandem der sogenannte Aufstieg nicht gelingt, soll er sich nicht für benachteiligt halten.

Einen Beruf kann man sich nur innerhalb eines begrenzten Rahmens selbst wählen, da die Berufung dazu immer durch andere erfolgt. Zuerst wird man dazu berufen, und dann erst kann man den entsprechenden Beruf ausüben. Deshalb ist weder die Wahl des Berufs noch seine Ausführung eine reine Privatangelegenheit. Luther ermahnte immer wieder die Eltern und Erzieher, bei der Beeinflussung der Kinder, einen bestimmten Beruf anzustreben, das Wohl des ganzen Volkes im Auge zu behalten. Wichtig sind beim Beruf die Bereitschaft zur Liebe und zum Dienst. „Sieh zunächst, dass du an Christus glaubst und getauft seist. Danach siehe auf deinen Beruf. Ich bin zum Predigen berufen. Wenn ich nun predige, so tue ich ein heiliges Werk, daran Gott Wohlgefallen hat. Bist du Vater, Mutter: glaube an Jesus Christus, so bist du ein heiliger Vater und eine heilige Mutter. Verhöre des Morgens deine Kinder, lass sie beten, strafe, stäupe sie. Siehe, wie es im Haus zugeht und wie man kocht. Das sind lauter heilige Werke, denn du bist dazu berufen. Das heißt dein heiliges Leben, welches in Gottes Wort und in der Berufung einhergeht."[173] Dieser gegenseitige Dienst, der in Ehe und Familie wie auch in der Öffentlichkeit geschehen kann, ist im Dienst Christi an uns bereits vorweg abgezeichnet. Der Mensch ist so zum Dienst am Nächsten berufen, wie auch Christus uns gedient hat.

Luther kennt keinen individuellen Beruf, den man ohne Rücksicht auf die Bedürfnisse der Gemeinschaft ausüben könnte. Berufen ist man erst, wenn einen die Gemeinschaft zu einem gewissen Dienst braucht und man in der Ausübung den Anforderungen dieses Berufs entspricht. Deshalb lässt sich weder ein Berufsstolz ableiten noch ein individuelles

---

172 Ebd., *WA* 30/II:565.22-25.

173 Martin Luther, Predigt über Lk 5,1ff., in: *Predigten des Jahres 1534*, *WA* 37:480.2-8.

Recht, einen bestimmten Beruf ausüben zu dürfen. Beruf ist Dienst, der nur ausgeübt werden kann, wenn beides gegeben ist, die Voraussetzungen im ausübenden Menschen und die Notwendigkeit für diesen Beruf im Gemeinwesen. Unter dieser Voraussetzung ist es unsere Pflicht, diesen Beruf selbst dann nicht zu verlassen, wenn er uns zu mühselig wird. Wir dürfen dann nicht einfach alles hinwerfen. Wenn wir ordentlich berufen sind, dürfen wir vor unserer Aufgabe nicht fliehen, sondern sollen uns ihr mutig stellen und sie bewältigen.

Luthers Lehre vom Beruf kann auch heute noch einem individualistischen und ich-zentrierten Nützlichkeitsstreben entgegenwirken und uns den Gemeinsinn von Arbeit wieder neu entdecken lassen. In Luthers Aussagen über den Beruf bemerken wir auch, dass der christliche Glaube nicht einfach intellektuelle Zustimmung zu bestimmten Glaubensaussagen fordert, sondern eine aktive Antwort auf Gottes Aufruf ist, uns die Nöte unserer Nächsten angelegen sein zu lassen. Gleichzeitig zeigt auch dieses Kapitel an, dass wir vom 16. Jahrhundert durch fünf Jahrhunderte getrennt sind, in denen sich unsere Welt entscheidend verändert hat. Doch sind viele Grundprobleme nahezu dieselben geblieben.

Martin Luther war der Hauptvertreter einer konservativen Reformation im Gegensatz etwa zum radikalen Flügel, zu dem etwa Wiedertäufer und Sozialrevolutionäre wie Thomas Müntzer (1489-1525) gehörten oder die Spiritualisten. Diese wollten die Welt zum Teil sogar mit Gewalt verändern. Bei Luther jedoch hören wir nichts von einer Restrukturierung der Gesellschaft und von einer Veränderung der sozialen Struktur. Luther würde sogar zustimmen, dass eine christliche Regierung aus eigener Kraft nicht alle sozialen Fragen lösen könnte. Aus seiner Überzeugung der Rechtfertigung allein aus Glauben hatte er ein tiefes Misstrauen gegenüber allem menschlichen Bemühen, ein Reich Gottes auf Erden zu errichten. Im Gegensatz zu den Schweizer Reformatoren Zwingli und Calvin arbeitete er keine neue Gesellschaftsordnung aus. Aber er befürwortete auch keinen Status quo, so dass er etwa seine Mitchristen einfach ermahnt hätte, die damals existierenden Bedingungen demütig und geduldig zu ertragen, selbst wenn diese schlecht und ungerecht waren. Aus seiner Korrespondenz erkennen wir im Gegenteil, dass er sich auch in weltlichen Dingen kräftig engagierte. Er duldete zum Beispiel keinen finanziellen oder gesellschaftlichen Egoismus, weder bei sich noch bei anderen. Ohne an die Konsequenzen für sich zu denken, hat er Übeltäter und ihre Untaten angeprangert und Änderung angemahnt. Luther überließ es den weltlichen Institutionen, wie sie das Zusammenleben der Menschen strukturierten. Gleichzeitig billigte er nicht ihre Sünden, sondern erinnerte sie an ihre Verpflichtung gegenüber einer höheren Autorität. Die Überzeugung, dass die Arbeitswelt weder unter kirchlicher Oberaufsicht steht, noch allein gelassen werden darf, sondern letztlich unter Gott steht, kann uns auch heute dazu verhelfen, wieder zu entdecken, dass Arbeit weder ein Ärgernis ist, noch dass sie nur uns selbst dient, sondern letztlich für unsere Mitmenschen verrichtet wird. Gerade dieser Gemeinschaftsaspekt der Arbeit wurde in der Corona-Krise wieder entdeckt, als man plötzlich merkte, wie wichtig etwa die Menschen sind, die im Supermarkt die Kassen bedienen, oder die Pflegekräfte in den Krankenhäusern und Altenheimen oder die Leute von der Müllabfuhr. Sie stehen zwar oft am Ende der Gehaltslisten, aber ganz oben für das Funktionieren unserer Gesellschaft. Dass ihnen dann immer wieder öffentlich gedankt wurde, ist ganz im Sinne Luthers ein Beitrag zur Gleichstellung aller Dienste oder Berufe.

9. Den Leuten aufs Maul schauen

Wie nun offensichtlich geworden ist, war Luther ein vielseitiger Mensch. Während seines Aufenthalts auf der Wartburg übersetzte Luther in nur elf Wochen das Neue Testament aus dem Griechischen ins Deutsche. Es erschien 1522 als die sogenannte „Septemberbibel“ im Druck. Philipp Melanchthon hatte die ganze Ausgabe noch einmal mit Luther durchgesehen, da er das Griechische besser beherrschte als Luther. Auch einige andere Wittenberger Theologen halfen Luther bei dieser Ausgabe, die in 3000 Exemplaren erschien und innerhalb von drei Monaten verkauft war, sodass im Dezember 1522 schon eine 2. Auflage erschien. Dabei war das Neue Testament nicht billig, denn es kostete ungebunden einen halben Gulden, was dem Wochenlohn eines reisenden Zimmermanns entsprach. 1534 lag dann die ganze Bibel in deutscher Sprache gedruckt vor, und Luther arbeitete zeitlebens an ihrer sprachlichen Verbesserung. Bis zu seinem Tod wurde die ganze Bibelübersetzung oder Teile davon mehr als 400 Mal neu aufgelegt. Wie bei all seinen Veröffentlichungen, so bekam Luther auch für die Bibelübersetzung kein Honorar. Der Gewinn blieb bei den Druckern. Natürlich gab es schon vorher einige Übersetzungen der Bibel ins Deutsche. Aber diese Übersetzungen waren zum Teil sehr holprig und schwer verständlich, da man in Deutschland zu Luthers Zeit etwa zwanzig verschiedene Sprachen oder Dialekte benutzte, die sich teilweise beträchtlich voneinander unterschieden. Die Sprachgebiete konnte man in das Niederdeutsche im Norden und das Oberdeutsche im Süden einteilen. Da Luther in Eisleben aufgewachsen war, kannte er das Niederdeutsche, und in Wittenberg, wo er an der Universität wirkte, sprach die einfache Bevölkerung Niederdeutsch, während sich die kurfürstliche Verwaltung und die Universität mehr des Hochdeutschen bedienten, das süddeutsche Einflüsse aufnahm. So hat Luther bei seiner Bibelübersetzung sowohl niederdeutsche als auch oberdeutschen Elemente benutzt. Im Grunde war es die sächsische Kanzleisprache, die sowohl im niederdeutschen als auch im oberdeutschen Raum verstanden werden konnte und die Luther ohne den geschraubten Stil einer kurfürstlichen Kanzlei zu einer lebendigen und ausdrucksvollen Sprache verhalf. Dank der starken Verbreitung seiner Bibel hat sich dann letztendlich diese Sprache durchgesetzt und

 | DOI:10.30965/9783657760541_010

hatte damit einen entscheidenden Anteil an der Entwicklung einer einheitlichen, dialektfreien deutschen Sprache. Soweit man weiß, war die Bibelübersetzung Martin Luthers oder zumindest ein Teil davon bald in jeden fünften Haushalt in den deutschsprachigen Gebieten vorhanden. Zwar konnten damals nur wenige lesen, aber wahrscheinlich hat sich abends die ganze Hausgemeinschaft versammelt, und wer des Lesens kundig war, hat aus der Lutherbibel vorgelesen. Die Bibel oder Teile der Bibel waren also für viele die einzigen gedruckten Texte, die man damals las. Da Luthers Bibelübersetzung einen solch großen Einfluss hatte, war es nicht verwunderlich, dass das Konzil von Trient (1545-63) sie auf den Index der verbotenen Bücher setzte.

a. Luther als Sprachschöpfer

Der Journalist Christian Feldmann sagte von Martin Luther in der *Frankfurter Allgemeinen Zeitung* in einem Beitrag vom 12. Juni 2017 vielleicht etwas übertrieben, aber nicht ganz zu Unrecht, er sei „der genialste Sprachschöpfer aller Zeiten".[174] Luther hat bei seiner Übersetzungsarbeit viele Wörter verwendet, die über die Dialektgrenzen hinaus verständlich waren, und auch viele neue Wörter und Begriffe geprägt wie etwa „friedfertig", „Machtwort", „Feuereifer" oder „Lückenbüßer". Ausdrucksvolle Wendungen, wie „mir standen die Haare zu Berge" (Hiob 4,15) oder „sein Haus auf Sand bauen" (Mt 7,26), schuf er für seine Bibelübersetzung. Er übernahm auch Sprichwörter aus dem Volksmund, um sie für seine Übersetzung zu verwenden, wie etwa „Hochmut kommt vor dem Fall" (Spr 16,18) und „Recht muss doch Recht bleiben" (Ps 94,15). Luther hörte ganz genau hin, wie die Leute in seiner Umgebung sprachen, und rang um jeden Ausdruck und jedes Wort oft mehrere Wochen lang. So schrieb er: „Ich hab mich des beflissen im Dolmetschen, dass ich rein und klar Deutsch geben möchte. Und ist uns sehr oft begegnet, dass wir vierzehn Tage, drei, vier Wochen haben ein einziges Wort gesucht und gefragt, haben's dennoch zuweilen nicht gefunden. Beim Hiob arbeiteten wir

174 https://www.faz.net/aktuell/politik/inland/viele-redewendungen-gehen-auf-martin-luther-zurueck-15045825.html?printPagedArticle=true#pageIndex_2&service=printPreview Zugriff 4.5.2020.

also, Magister Philips, Aurogallus und ich, dass wir in vier Tagen zuweilen kaum drei Zeilen anfertigen konnten."[175] Obwohl Martin Luther sich oft einer sehr deftigen Ausdrucksweise bediente, was in der damaligen Zeit des Grobianismus nicht ungewöhnlich war, hat er bei seiner Bibelübersetzung auf solche Ausdrücke fast völlig verzichtet. Er bediente sich also einer gehobenen, aber keineswegs gekünstelten Sprache. – Auch das Schreiben selbst hat Luther beeinflusst. So hat er bei seiner Bibelübersetzung von 1534 als erster fast durchgängig die Substantive großgeschrieben. Im 17. Jahrhundert verschwand diese Regelung in allen europäischen Sprachen außer im Deutschen. Auch hier folgen wir immer noch dem Vorbild Luthers.

Acht Jahre nach der Septemberbibel verfasste Luther 1530 einen *Sendbrief vom Dolmetschen*, in dem er darlegte, was ihm bei seiner Übersetzungsarbeit wichtig war. Für Luther war das Lateinische, die damalige Umgangssprache der Gelehrten, selbstverständlich. Aber das traf nicht für den Durchschnittsmenschen zu. Deshalb schrieb er in diesem *Sendbrief*: „Man muss nicht die Buchstaben in der lateinischen Sprache fragen, wie man soll Deutsch reden [...], sondern man muss die Mutter im Hause, die Kinder auf den Gassen, den gemeinen Mann auf dem Markt drum fragen und denselbigen aufs Maul sehen, wie sie reden, und darnach dolmetschen; da verstehen sie es denn und merken, dass man deutsch mit ihnen redet."[176] Für Luther war es also wichtig, nicht einfach von einer Sprache in die andere zu übersetzen, sondern auch zu fragen, ob der Leser dann das Übersetzte versteht. Als Beispiel zitiert er im Lateinischen den Ausspruch Christi: „Ex abundantia cordis os loquitur", das man übersetzen könnte: „Aus dem Überfluss des Herzens redet der Mund."[177] Aber Luther wendet dagegen ein: „Welcher Deutscher würde so etwas verstehen." Deshalb übersetzt er: „Wes das Herz voll ist, des gehet der Mund über", denn so redet die Mutter im Haus und der gemeine Mann. Noch krasser ist das folgende Beispiel, das Luther aus Markus 14,4 anführt: „Ut quid perditio ista unguenti facta est?"[178] Wörtlich könnte

175 Luther, *Sendbrief vom Dolmetschen* (1530), *WA* 30/II:636.15-20. Aurogallus, eigentlich Matthäus Goldhahn, war seit 1519 in Wittenberg Professor für Griechisch, Latein und Hebräisch.

176 Ebd., *WA* 30/II:637.17-22.

177 Ebd., *WA* 30/II:637.23.26.32,

178 Ebd., *WA* 30/II:637.36-7.38-9; 638.8f.

man das übersetzen: „Warum ist diese Verlierung der Salben geschehen?" Aber Luther fragt zu Recht, was das für ein Deutsch ist. Er hingegen übersetzt: „Was soll doch solcher Schade? Nein, es ist schade um die Salbe." „Das ist gutes Deutsch daraus man verstehet, dass Magdalena mit der verschütteten Salbe sei unzweckmäßig umgegangen und habe verschwendet." Luther will einerseits so genau wie möglich übersetzen, aber nicht im literarischen Sinn so buchstäblich, dass den Text dann niemand versteht. Andererseits soll die Übersetzung so frei wie nötig sein, wobei der Durchschnittsmensch, ob Mann oder Frau, sein maßgebender Garant ist. Nur wenn sie den Text verstehen, ist die Übersetzung gelungen. So übersetzt er zum Beispiel die Anrede des Engels an Maria: „du holdselige Maria" und nicht „du voll von Gnaden Maria", denn Maria ist ja kein Fass von Bier oder ein Beutel voll Geld.[179] Unter holdselig, so Luther, kann sich jeder Deutsche das vorstellen, was der Engel meint. Natürlich hat sich die Sprache inzwischen geändert, und holdselig ist schon lange nicht mehr für alle verständlich. Für Luther war es entscheidend, dass jeder Laie Gottes Wort lesen und verstehen konnte, ohne amtliche Vermittler und mühsam zu findende Übersetzungshilfen. Damit war das Deutungsmonopol des Klerus gebrochen, und jeder konnte selbst Gottes Wort verstehen.

Bei wichtigen Bibelstellen, so Luther, ist er nicht sehr frei vom Text abgewichen, sondern „wo es etwa darauf ankam, da hab ich's nach den Buchstaben behalten und bin nicht so frei davon abgewichen".[180] Als Beispiel verweist er auf Johannes 6,27, wo Christus spricht: „Diesen hat Gott der Vater versiegelt." Obwohl es besseres Deutsch gewesen wäre zu schreiben: „Diesen hat Gott der Vater gezeichnet", oder, „Diesen meinet der Vater", ist Luther doch bei einer wörtlicheren und genaueren Übersetzung geblieben, damit der Sinn möglichst genau erhalten bleibt, auch wenn die Alternativen verständlicher gewesen wären. Es ist nicht verwunderlich, dass Luther betont, dass sich nicht jeder auf das Dolmetschen versteht. Man muss nicht nur fromm und treu sein, sondern muss auch einen großen Wortschatz zur Verfügung haben, damit man jeweils die rechten Wörter benutzen kann.

---

179 Ebd., *WA* 30/II:638.13-27.

180 Ebd., *WA* 30/II:640.20-22.

b. Den Sinn des Bibeltextes erfassen

Nachdem Luther die Psalmen in deutscher Übersetzung mit seinen Mitarbeitern noch einmal durchgearbeitet hatte, verfasste er noch eine kurze Schrift über das Dolmetschen, denn die Psalmen boten ihn genügend Beispiele für seine Vorgehensweise.[181] Er erklärte darin seine Prinzipien, nach denen er übersetzte: „Ob wir nun hierin, und dergleichen Örtern, zuweilen von den Grammaticis und Rabbinis weichen, soll sich niemand wundern; denn wir haben die Regel gehalten: Wo es die Worte haben mögen leiden, und geben einen besseren Verstand, da haben wir uns nicht lassen zwingen durch der Rabbinen gemachte Grammatica zum geringern oder andern Verstand; wie denn alle Schulmeister lehren, dass nicht der Sinn den Worten, sondern die Worte dem Sinn dienen und folgen sollen."[182] Gerade bei den Psalmen, die oft in Versform geschrieben wurden, ist es nach Luther wichtig, zuerst den rechten Sinn zu erfassen. Dann muss man diesen Sinn in Worten ausdrücken, die im Deutschen verständlich sind, statt wortwörtlich an Worten zu kleben, die dem Sinn nur ungefähr ausdrücken und oft unverständlich sind. Deshalb betont Luther: „Wer deutsch reden will, muss nicht der hebräischen Worte Weise führen, sondern muss darauf sehen, wenn er den hebräischen Mann versteht, dass er den Sinn erfasse und denke so: Lieber, wie redet der deutsche Mann in solchem Fall? Wenn er nun die deutschen Worte hat, die hierzu dienen, so lasse er die hebräischen Worte fahren, und spreche frei den Sinn aufs beste Deutsch heraus, so er kann."[183] Luther illustriert das an Psalm 68,14, wo es wörtlich nach dem Hebräischen heißt: „So ihr zwischen den Marken liegen werdet, so sind die Flügel der Tauben mit Silber überzogen und ihre Fittiche mit gleißendem Gold." Luther wendet zu Recht ein, dass kaum jemand solches Deutsch verstehen würde, und übersetzt dann: „Die Flügel der Tauben sind überzogen mit Silber, und ihre Schwingen schimmern von Gold" (Ps 68,14). Die Intention des Textes ist damit getroffen, auch wenn es sich um keine wörtliche Übersetzung handelt. Manchmal kommt die Übersetzung Luthers einer Interpretation gleich. So heißt es wörtlich im Psalm 118,27: „Bindet das Opfer mit Seilen,

---

181 Luther, *Summarien über die Psalmen und die Ursachen des Dolmetschen* (1531-33), *WA* 38:9-18.

182 Ebd., *WA* 38:11.11-17.

183 Ebd., *WA* 38:11.27-32.

bis an die Hörner des Altars." Der Psalmist meint mit dem Opfer das Passah- oder Osterlamm, das mit Stricken zum Altar geführt werden soll und nach seinem Opfertod zu Hause gegessen wird. Luther aber deutet das Ganze auf Christus, weswegen wir Gott loben und preisen sollen, und übersetzt ziemlich frei: „Schmückt das Fest mit Maien bis an die Hörner des Altars." Der Ausdruck „Maien", bezeichnete ursprünglich einen im Saft stehenden Zweig, ein Ausdruck, der heute so ohne weiteres nicht mehr verständlich ist. Die Lutherübersetzung der Bibel hat diesen Ausdruck beibehalten, während die Einheitsübersetzung der katholischen und evangelischen Kirche eine jetzt verständlichere Übersetzung darbietet: „Tanzt den Festreigen mit Zweigen bis zu den Hörnern des Altars!" Dies ist ganz im Sinne Luthers, denn er schreibt: „Wir haben fürwahr keinen Fleiß noch Mühe gespart. Wer es besser machen kann, dem ist es wohl gegönnt."[184] Luther und seine Mitarbeiter hatten viel Mühe darauf verwendet, für die Christen eine Bibelübersetzung zu erarbeiten, die allgemeinverständlich war. Da sich die Sprache aber ständig verändert, musste diese Übersetzung bis heute immer revidiert werden. Ohne dass es seine Absicht war, hat Luther durch seine Bibelübersetzung einen wesentlichen Anteil an der Herausbildung der neuhochdeutschen Sprache, die er auch durch viele Begriffe und Sprichwörter bereichert hat, die bis heute benutzt werden. So resümiert Christian Feldmann: „Unter denen, die das Chaos der zahllosen Mundarten allmählich durch eine überregionale, allgemeinverständliche Sprache ersetzt haben, ist er [Luther] zweifellos der einflussreichste und wirkungsvollste, der talentierteste und originellste. In anderen Ländern bildete sich eine einheitliche Sprache in den Metropolen und an den Fürstenhöfen, oder sie wurde von der politischen Macht verordnet. In Deutschland bahnte sie sich mit einem literarischen Text den Weg, den alle kannten und viele liebten: mit der nationalen Aneignung der Bibel in der Übersetzung Martin Luthers."[185]

184 Ebd., *WA* 38:16.17-19.

185 Christian Feldmann in dem oben zitierten Artikel in der FAZ.

10. Wider den Raubkapitalismus

Wie wir bemerkt haben, war Martin Luther mehr als nur ein Reformator der Kirche. Er wurde zu solch einer öffentlichen Gestalt, dass es kaum eine Angelegenheit gab, ob in der Kirche oder im öffentlichen Leben, wozu man nicht seine Meinung oder seinen Rat einholte. Dies traf selbst für wirtschaftliche Fragen zu, für die Luther gewiss kein Experte war. Im Gegensatz zu seiner Frau Katharina, die einen großen Haushalt verwalten musste mit Knechten und Mägden, sowie Studenten, die sie beherbergte, war Luther persönlich an Geld oder Reichtum völlig uninteressiert. Für ihn war es nur wichtig, dass Katharina finanziell über die Runden kam und etwas für die Notleidenden zur Verfügung hatte. Aber er hatte offene Augen und Ohren und kannte sich gut in der Bibel aus, sodass er auch in wirtschaftlichen Sachen zwischen Recht und Unrecht unterscheiden konnte.

Zur Zeit Luthers lebte die Bevölkerung in Deutschland noch zu 90 Prozent auf dem Land, und somit war die Mehrheit der Menschen in der Landwirtschaft beschäftigt. Beinahe die Hälfte der Bevölkerung war besitzlos und vom Wohlwollen der Grundbesitzer abhängig, zu denen der Adel, die Klöster oder reiche Bürger gehörten. Sogar in kleineren Städten wie Wittenberg mit seinen ungefähr 2000 Einwohnern waren viele in der Landwirtschaft beschäftigt, wie wir auch an Katharina Luther sehen können. Zugleich blühte aber der Handel in den wohlhabenden Handelsstädten wie Augsburg oder Nürnberg. Die Entdeckung Amerikas eröffnete neue Möglichkeiten für den Handel von Südamerika bis nach Indien und von der Ostsee bis Spanien. Das Vermögen einzelner Handelsherren vermehrte sich in noch nie dagewesener Weise. Zum Beispiel war Jakob Fugger „der Reiche" (1459-1525) so wohlhabend, dass er nicht nur dem Erzbischof Albrecht von Mainz, sondern auch dem Kaiser Geld vorstrecken konnte.[186] – Luther wunderte sich zurecht: „Wie sollte das immer göttlich und recht zugehen, dass ein Mann in so kurzer Zeit

---

186 Nach Martin Brecht, *Martin Luther. Sein Weg zur Reformation 1483-1521* (Stuttgart: Calwer Verlag, 1981), 176f., machte das Bankhaus Fugger einen Gewinn von 52,286 Dukaten von den 21,000 Dukaten, den es dem Erzbischof vorstreckte. Das war ein Gewinn von mehr als 200 Prozent!

 | DOI:10.30965/9783657760541_011

so reich werde, dass er Könige und Kaiser auskaufen konnte?"[187] – Zur selben Zeit stiegen die Preise von hergestellten Gütern so beträchtlich, dass viele Handwerker und Künstler zu Unternehmern wurden, während ihre Arbeiter nur einen kleinen Teil des Einkommens erhielten. Zum Beispiel war Lucas Cranach der Ältere (1472-1553) nicht nur ein berühmter Maler, sondern er besaß auch eine Apotheke, eine Druckerei – er verlegte Luthers Septemberbibel – und hatte ein Monopol auf den Verkauf von Medikamenten in Wittenberg. Außerdem war er bis 1545 mehrmals Bürgermeister von Wittenberg. Albrecht Dürer (1471-1528) verkaufte nicht nur seine Gemälde in seiner Heimatstadt Nürnberg, sondern beschäftigte Verkäufer, die seine „Kupferstiche und Holzschnitte von einem Land zum andern und von einer Stadt zur anderen trugen" und zum höchstmöglichen Preis verkauften.[188] Mit dem Beginn dieses neuen Kapitalismus tat sich die Kluft zwischen den Reichen und den Armen oder den beinahe Armen immer weiter auf. Dies ging an Luther nicht unbemerkt vorbei, denn er kam aus einer Familie, die sich in der Kupfergewinnung zu einem gewissen Wohlstand emporgearbeitet hatte.

Als Luther 1525 heiratete, war er mit den täglichen wirtschaftlichen Problemen in Wittenberg konfrontiert, denn er musste eine Familie ernähren. Seine Frau war in Finanzdingen sehr geschickt, denn sie nahm Studenten in Kost und Logis auf, kaufte einen kleinen Bauernhof in der Nähe ihres Geburtsortes in Zölsdorf und konnte damit fast die Familie selbst versorgen. Luther bemerkte jedoch die hohen Zinsen, und manchmal beklagte er sich auch über die hohen Lebensmittelpreise, die selbst bei einer guten Ernte nicht heruntergingen. So überrascht es nicht, dass er sich zu wirtschaftlichen Fragen ausführlicher äußerte. Schon 1520 in seiner Schrift *An den christlichen Adel deutscher Nation* erwähnte er, wodurch die Menschen in Armut kommen, nämlich durch teure Kleidung, exotische Gewürze und Kreditkäufe.[189] Auch wunderte er sich dort, wie die Fugger und andere zu so viel Reichtum gekommen sind.

In Hinblick auf Stellen wie Exodus 22,24 („Wenn du Geld verleihst an einen aus meinem Volk, an einen Armen neben dir, so sollst du an

187 Luther, *Von Kaufhandlung und Wucher* (1524), *WA* 15:312.24-26.45:271.

188 Ludwig Veit, „Albrecht Dürer und seine Familie: Dokumente," in: *Albrecht Dürer 1471-1971* (München: Prestel, 1971^3), 31, Zitat S. 43 (55).

189 Vgl. Luther, *An den christlichen Adel*, *WA* 6:465-467.

ihm nicht wie ein Wucherer handeln; ihr sollt keinerlei Zinsen von ihm nehmen") war es unter Christen umstritten, Zinsen zu nehmen. Man schloss, dass man kein Geld verleihen sollte, um damit einen finanziellen Vorteil zu erreichen. Christen sollten einfach einander helfen, wenn sie in Not sind. Wahrscheinlich war dies zu idealistisch gedacht, und deshalb verbot Papst Leo der Große (ca. 400-461) sowohl Klerikern als auch Laien, „Geld für Zinsen zu vergeben, um sich damit wie Wucherer zu bereichern".[190] Mehrere Konzilien wiederholten dieses Verbot. Thomas von Aquin jedoch (ca. 1225-74) und andere scholastische Theologen fanden es richtig, dass man Zinsen verlangte, wenn jemand eine Schuld nicht rechtzeitig zurückzahlte oder wenn der, der das Geld verliehen hatte, nicht alles oder nur einen Teil des geliehenen Geldes zurück bekam oder wenn jemand aus Dankbarkeit Zinsen zahlte.[191] Damit war das Zinsnehmen nicht völlig ungesetzlich. Auf einem Reichstag zu Augsburg wurde 1500 entschieden, dass Zinskauf, was wörtlich bedeutete, dass man Zinsen kaufen konnte, rechtmäßig war.[192] Damit man auf ein Darlehen keine Zinsen zahlte, denn dies war von der Kirche aus als Wucher verboten, übergab der Geldverleiher einer Person einen bestimmten Betrag und „kaufte" dann einen regulären Zins oder ein Einkommen von diesem Kredit. Dies konnte auf verschiedene Weise geschehen: Einmal konnte man sich Geld borgen, und der, der einem das Geld gab, würde einen bestimmten Teil vom Grund und Boden des Schuldners als Pfand bekommen. Oder es konnte bedeuten, dass der ganze Grundbesitz als Sicherheit verpfändet wurde, was man einen „blinden Zinskauf" nannte. Zur Ablöse der Schuld würde der Geldverleiher einen vorher bestimmten Teil der Ernte oder einen Prozentsatz seines Darlehens als Zins bekommen sowie sein Darlehen. Luther sah das Problem beim Zinskauf darin, dass der Geldverleiher praktisch kein Risiko einging. Der Schuldner musste einen bestimmten Betrag entweder in Geld oder in Gütern von dem Land geben, für das das Geld vorgestreckt wurde, ungeachtet, ob die Ernte gut oder schlecht ausfiel. Fiel die Ernte schlecht aus, musste der Schuldner

---

190 Leo the Great, *Letters* (4,4), in: *Nicene and Post-Nicene Fathers of the Church*, Second Series, 12:3-4.

191 Vgl. Thomas Aquinas, *Summa theologica*, II-II q 78 (Von der Sünde des Zinsnehmens) a2, resp.

192 So Hans-Jürgen Prien, *Luthers Wirtschaftsethik* (Göttingen: Vandenhoeck & Ruprecht, 1992), 63.

immer noch seine finanziellen oder materiellen Pflichten erfüllen. Wenn die Sicherheitsleistung nicht nur ein Teil des Landes, sondern den ganzen Besitz betraf, dann konnte dieser völlig verloren gehen, falls die Ernte sehr schlecht war. Am Beispiel des Zinskaufs kann man sehen, dass es für Christen viele Schlupflöcher gab, um das Zinsverbot zu umgehen. Bei Juden war das noch eklatanter, denn sie wurden praktisch in das Geldgeschäft hineingedrängt.

In Canon 25 des 3. Laterankonzils (1179) wurden die Gesetze gegen Wucher verschärft, und ein christliches Begräbnis wurde denen versagt, die sich dagegen versündigten. Dadurch kam der Geldverleih immer mehr in die Hände von Juden. Der Grund dafür war, dass in vielen Ländern es den Juden nicht erlaubt war, einen Handwerksberuf auszuüben oder sich in anderen Geschäftszweigen zu betätigen, und in manchen Ländern durften sie nicht einmal Land- und Grundbesitz erwerben. Deshalb erbrachte notgedrungen das Geldgeschäft ihr Haupteinkommen. Viele Unternehmen brauchten jedoch mehr Geld, als sie hatten, und so kamen ihnen die Juden zu Hilfe. Aber in Zeiten wirtschaftlicher Notlagen wurden sie oft Wucherer genannt und sogar aus Städten vertrieben, damit die verschuldeten Bürger ihre Schulden loswerden konnten. Im Mittelalter blühte dann ein Antijudaismus auf, und Juden wurden als reich, habgierig und betrügerisch hingestellt. So ist es nicht überraschend, wenn auch sehr bedauerlich, dass Luther als Kind seiner Zeit gegen die Juden loszog. In zwei seiner Ausgaben vom *Sermon vom Wucher* (1519) ist auf der Umschlagseite ein Jude zu sehen mit den Worten „zahle oder Zinsen", während auf der 3. Auflage ein Lehrer mit vier Personen zu sehen ist, die aufmerksam zuhören, wobei zwei davon Juden sind.[193] Ähnlich verhält es sich bei der 3. Auflage seiner zweiten Predigt über den Wucher von 1520, während die anderen 9 Auflagen ohne solche Karikaturen sind. Luther meinte zwar, dass er sich nicht um die Illustrationen seiner Veröffentlichungen kümmern konnte. Da sie aber ursprünglich in Wittenberg gedruckt wurden, hätte er diese Karikaturen vermeiden können, wenn er wirklich gewollt hätte. Seine späteren Veröffentlichungen gegen den Wucher kommen ohne solche Karikaturen aus, obwohl seine negative Haltung gegenüber den Juden und ihrem

193 Vgl. Luther, (*Kleiner*) *Sermon vom Wucher* (1519), *WA* 6:2 (Ausgaben).

Geldverleih die durchgängige Meinung der Menschen von damals widerspiegelt.[194] Aber was hat Luther wirklich geschrieben?

a. Luthers kleiner Sermon vom Wucher (1519/20)

An der Wende vom 15. zum 16. Jahrhundert gab es eine ungewöhnlich große Anzahl von Missernten so 1490-94, 1500-1504 und 1515-19. Viele Bauern mussten sich Geld leihen, das sie nicht zurückzahlen konnten, und verloren deshalb ihren Besitz. Luther schrieb dazu 1519 seinen *Kleinen Sermon vom Wucher*, indem er unter Berufung auf das Alte Testament feststellte, dass man willentlich und mit einem frohen Herzen jemandem Geld leihen sollte, der in Not ist, ohne dafür Zinsen zu verlangen (Dtn 15,7-11). Niemand sollte betteln müssen oder Hunger leiden. Mit Bezug auf Lukas 6,30ff. schreibt Luther: „Aus welchen Worten klar wird, dass Christenmenschen nicht anders zu tun gebührt, denn geben und leihen umsonst, dazu den Feinden wohltun, und nicht mit ihnen hadern, noch sie beschädigen."[195] Wenn wir anderen Menschen Wein, Getreide, Geld oder was immer leihen und ihnen so hohen Zins auferlegen, dass sie mehr zurückzahlen müssen, als wir ihnen geliehen haben, dann sind das „jüdische Stücklein und Tücklein und ist ein unchristliches Verhalten wider das heilige Evangelium Christi, ja wider das natürliche Gesetz und Recht".[196] Luther bezieht sich hier auf Lukas 6,31 („Wie ihr wollt, dass euch die Leute tun sollen, so tut ihnen auch!"). Wenn niemand Zinsen zahlen mag, warum verlangt man sie von anderen Menschen? Aber Luther weiß, dass dieser Ratschlag nicht willkommen ist, und sagt deshalb einfach, „tust du es nicht [und nimmst Zinsen], so bist du auch kein Christenmensch und wirst deinen Himmel hier auf Erden empfangen haben". Dann fasst er seinen Ratschlag zusammen: „Christlicher Handel und Wohltun mit zeitlichem Gut besteht aus den dreien: geben umsonst, leihen ohne Aufsatz und mit Liebe fahren lassen."[197] Nach Luther soll ein

194 S. seine Veröffentlichungen *Von Kaufhandlung und Wucher* (1524), *WA* 15:283-5, und *An die Pfarrherrn wider den Wucher zu predigen, Vermahnung* (1540), WA 51:327f., und vgl. zu Luther und die Juden in wirtschaftlichen Angelegenheiten Hans-Jürgen Prien, *Luthers Wirtschaftsethik*, 69-71.

195 Luther, (*Kleiner*) *Sermon von dem Wucher*, *WA* 6:4.36-5.2.

196 Ebd., *WA* 6:5.6-8 und 19-20 für dieses und das nachfolgende Zitat.

197 Ebd., *WA* 6:6.12-14.

Christ nicht an irdischen Dingen hängen oder sich damit bereichern. Das war natürlich schon in der damaligen Zeit sehr idealistisch gedacht.

Mit dem sogenannten Zinskauf denkt Luther etwas anders. Er räumt ein, dass man in diesem Fall 4, 5 oder 6 Prozent verlangen konnte, abhängig davon, wie gut die Ernte auf einem Feld war, das beliehen wurde. Aber sieben oder 8 Prozent ist Wucher und Räuberei, denn „hier wird das arme, gemeine Volk heimlich ausgesaugt und schwer unterdrückt".[198] Auch in Geldgeschäften sollte man immer dem Nächsten dienen, ohne ihm Schaden zuzufügen. Doch dachte Luther immer noch, dass dieses Verfahren des Zinskaufs etwas fragwürdig sei, denn der Zins war sicher, während man niemals wusste, wie die Ernte ausfiel. So kann sich der Geldverleiher bequem zurücklehnen, während der andere das ganze Risiko trägt. Schon zwei Monate später, im Dezember 1519, hat Luther diesen Sermon beträchtlich erweitert in seinen *Großen Sermon vom Wucher*. Wahrscheinlich gab es Kritik an seiner Veröffentlichung, und deswegen wollte er seine Position detailliert vorbringen, „sodass Christi reine Lehre nicht noch mehr Anstoß errege".[199]

Für Luther ist es sehr wichtig, dass Finanzgeschäfte ohne Gewaltanwendung abgewickelt werden. Er bezieht sich hier auf Matthäus 5,40: „Und wenn jemand mit dir rechten will und dir deinen Rock nehmen, dem lass auch den Mantel." Während manche Dinge am Gerichtshof nicht bestraft werden wie etwa Selbstverteidigung oder Streit im Gerichtssaal, geziemen sich solche Dinge nicht vor Gott. „Nun ist das nicht der Weg zum Frieden, so jedermann das seine wieder fordert und nicht Unrecht leiden will."[200] Wenn jemand mit allen Mitteln sein Recht erkämpft, ist der Gewinn oft geringer, als das, was man in solch eine Sache investierte. Wir sollten immer versuchen, finanzielle Streitigkeiten friedfertig zu lösen.

Dann geht Luther auf den zweiten Punkt ein, „dass wir jedermann umsonst freiwillig geben sollen, der dessen bedarf oder begehrt".[201] Wieder bezieht er sich auf die biblische Vorgabe: „Gib dem, der dich bittet, und wende dich nicht ab von dem, der etwas von dir borgen will." (Mt 5:42). Luther unterscheidet zwischen verleihen und geben, wobei er sagt, dass

---

198 Vgl. ebd., *WA* 6:7.1f.

199 In der Einführung zum *(Großen) Sermon vom Wucher* (1520), *WA* 6:33.

200 Ebd., *WA* 6:40.9-11.

201 Ebd., *WA* 6:41.16f.

leihen bedeutet, dass ich etwas früher oder später zurückbekommen möchte, aber ohne etwas Zusätzliches, d.h. Zinsen, während geben bedeutet, dass ich das Gegebene nicht zurück erwarte. Außerdem sollte in der Christenheit niemand betteln müssen oder hungrig sein. Die offene Hand sollte nicht nur Freunden gereicht werden, sondern sogar den eigenen Feinden und Gegnern. Luther gibt jedoch zu bedenken, dass man nicht nur der Kirche etwas geben sollte, etwa für den Bau der Peterskirche in Rom, weil man etwa meint, dass dies ein besonders gutes Werk sei. Luther will aber nicht „verwerfen, dass man geziemende Kirchen baue und schmücke, der wir nicht entbehren mögen, und Gottesdienst billig aufs zierlichste gehalten wird; aber doch sollte ein Maß da sein, und mehr geachtet werden, dass es reiniglich, denn köstlich wäre, was zum Gottesdienst verordnet ist."[202] Der Hauptstrom der guten Werke sollte den Armen und Notleidenden zukommen, damit diese Taten „größer und mehr leuchten, denn alle steinernen und hölzernen Kirchen". Jede Stadt und jedes Dorf sollte seine eigenen Kirchen bauen und ausstatten und auch Vorkehrungen treffen, sich um seine Armen zu kümmern, so dass die Bettler nicht mehr von einem Ort zum anderen ziehen müssen.

Nachdem er seine wichtigen Punkte noch einmal zusammengefasst hat – wir sollten geben, ohne dass wir das Gegebene wieder zurückholen; wir sollten etwas Verliehenes nicht für mehr zurück wollen, als wir gegeben haben, und wir sollten die Dinge in Frieden fahren lassen, wenn sie uns mit Gewalt genommen wurden – kehrt Luther jetzt zu dieser neuen Methode des Zinskaufs zurück. Er wendet dabei ein: „Wiewohl derselbe Zinskauf nun ist bestätigt als ein geziemender Kauf und zugelassener Handel, so ist er doch gehässig und feindselig aus vielen Ursachen."[203] Wer das Geld vorstreckt, ist immer besser dran als der, der es empfängt.[204]

Damit das Risiko nicht nur auf der Seite dessen ist, der das benötigte Geld empfängt, sagt Luther, dass der Schuldner nicht mit seinem ganzen Besitz schulden sollte, sondern nur mit einem Teil davon, so dass er nicht in Armut gerät, indem er seinen ganzen Besitz verliert, wenn er den

202 Für dieses und das nachfolgende Zitat s. ebd., *WA* 6:44.34-45.2.8.

203 Ebd., *WA* 6:51.20-22.

204 Vgl. zum Folgenden den ausgezeichneten Beitrag von Andreas Pawlas, „Luther zu Geld und Zins. Mit einem Vorwort über Lutherische Erwägungen zu Geld und Zins" (University of Uppsala, Working Paper 2013), hier S. 28. http://uu.diva-portal.org/smash/get/diva2:676716/FULLTEXT01.pdf (24. März 2020).

Zins nicht zahlen kann. Das Risiko sollte nicht allein bei dem Schuldner bleiben, sondern auch bei dem, der das Geld verleiht, da er nichts mit seinem Geld unternimmt, der Schuldner aber sehr wohl. Nur der Schuldner sollte das vorgestreckte Geld zurückfordern dürfen, aber nicht der, der es vorgestreckt hat, denn das würde wieder zur Armut führen. Aber wenn der Schuldner etwas Ungerechtes mit dem Geld gemacht hat, ist er dem für den verlorenen Gewinn des Unternehmens haftbar, der ihm das Geld vorstreckte.

Es wundert nicht, dass Luther schreibt: „Das sind Wucherer, Diebe und Räuber, denn sie verkaufen des Geldes Glück, das nicht ihres ist, noch in ihrer Gewalt."[205] Zu schnell und zu leicht kann ein Schuldner in Armut enden, ohne dass es sein Verschulden ist. Luther fordert, dass der Schuldner keinen Zins zahlen muss, bis dieser seine Arbeit frei, gesund und ohne Probleme verrichten kann. Das bedeutet, wenn der Schuldner auf seinem Feldbesitz arbeitet, aber ohne sein Verschulden nicht die erwartete Ernte einbringt, dann schuldet er dem überhaupt nichts, der ihm das Geld geliehen hat. „Denn willst du ein Interesse mithaben zu gewinnen, musst du auch ein Interesse mithaben zu verlieren, wie das fordert die Art eines jeglichen Kaufs", sollte nach Luther der Schuldner sagen.[206] Wenn es kein gemeinsames Risiko gibt, dann ist dies nach Luther Wucher. Für ihn wäre die beste Lösung, dem biblischen Hinweis des Zehnten zu folgen, der bei Not auch auf 9, 8 oder 6 Prozent herabgesetzt werden könnte. – Der Zehnte ist 10 Prozent des Ertrags.

„So bliebe es alles fein gleich und stünde alles in Gottes Gnaden und Segen. Denn wo der Zehnte ein Jahr wohl geriete, so trüge er viel dem Zinsherrn; geriete er aber übel, so trüge er wenig; und müsste also der Zinsherr für die Gefahr und das Glück ebenso wohl tragen als der Zinsmann, und müssten beide Gott in die Hände sehen. [...] Darum ist der Zehnte der allerfeinster Zins und von Anbeginn der Welt in Übung gewesen und im Alten Gesetz gepriesen und bestätigt, als der nach göttlichem und natürlichem Bericht der allerbilligste ist."[207]

Luther ist kein Biblizist, denn er beruft sich sowohl auf das biblische Vorbild als auch auf die Vernunft. Er kann sich auch mehr oder weniger mit dem Zehnten anfreunden, denn dessen Betrag hängt davon ab, was

---

205 Luther, *Großer Sermon vom Wucher*, *WA* 6:55.34-56.1.

206 Ebd., *WA* 6:57.17-19.

207 Luther, *Von Kaufshandlung und Wucher* (1524), *WA* 15:321,18-22.25-27.

jeweils die Ernte hergibt. Aber er will keinen festen Betrag an Geld festlegen, der jedes Jahr gleich bleibt, denn viele würden dadurch in Armut geraten. Der Adel sollte solche Vorschläge überwachen, und ein kaiserlicher Reichstag sollte entscheiden, welches die angemessenen Gesetze wären, um Wucher zu vermeiden.

b. Von Kaufshandlung und Wucher (1524)

Nach einigen Jahren musste sich Luther schon wieder mit Zinsproblemen befassen, da Dr. Jakob Strauß (ca. 1480-ca. 1532) 1522 in Wittenberg angekommen war und im darauf folgenden Jahr als Pfarrer an die Kirche Sankt Georg in Eisenach berufen wurde. Dort veröffentlichte er eine Sammlung von Artikeln, in denen er behauptete, dass nicht nur das Zinsnehmen, sondern auch das Zinsenzahlen Sünde sei, da sich der, der Zinsen zahlt, auch am Wucher beteiligt. Der Gläubige muss Gott mehr gehorchen als dem, der ihm Geld geliehen hat, denn die Bibel sagt, dass man nichts dafür nehmen soll, wenn man etwas verleiht. Wie erwartet, zahlten einige keine Zinsen mehr, was besonders für die kirchlichen Institutionen schmerzhaft war, denn sie waren auf solche Einkünfte angewiesen.

Luther wurde dann gebeten, für Johann Friedrich den Großmütigen (1503-54), den Sohn von Herzog Johann dem Beständigen von Sachsen (1468-1532), der sich mit der Kirchenpolitik befasste, ein Gutachten zu verfassen. Am 18. Oktober 1523 schrieb er ein Memorandum an den sächsischen Kanzler Georg von Brück (1484-1557). Darin verwies er auf die gefährlichsten Punkte in der Veröffentlichung von Dr. Strauß, „dass der Zinsmann sei nicht schuldig, dem Wucherer die Schuld zu reichen; sonst würde er dem Wucherer einwilligen und mit ihm sündigen. Das ist nicht recht. Denn der Zinsmann hat wohlgetan und ist entschuldigt, wenn er dem Zinsherrn den Wucher ansagt und das Unrecht bekennt; aber dennoch soll er sich nicht selbst rächen, sondern einwilligen, den unrechten Zins oder Wucher zu geben.“[208] Luther stimmt mit Strauß überein, dass das Verleihen von Geld für Zinsen unchristlich ist. Doch

---

208 Martin Luther, „An den Kanzler Gregor Brück“ (18 Oktober 1523), *WA BR* 3:176.19-24, Brief Nr. 673, für dieses und das nachfolgende Zitat. Die Frage ist hier, ob die Sozialgesetze des Alten Testaments, wie Dtn. 15:1-11, auch für die Christen gelten.

in dieser Welt können Zinsen niemals ganz verboten und in ein gutes System verwandelt werden, „weil die gemeine Welt geizig ist und alle Zeit das ihre sucht".

Luther befasst sich ausführlicher mit dem Geldverleih und dem Handel in seiner Schrift *Von Kaufshandlung und Wucher* (1524). Er macht sich keine Illusionen, dass seine Vorschläge Gehör finden. Aber er weiß auch, dass die Menschen, die das Evangelium kennen, vor ihrem Gewissen her beurteilen können, was angemessen ist und was nicht. Deshalb wendet er sich an jene, die lieber mit Gott arm als mit dem Teufel reich sind. Während es selbstverständlich ist, dass Kaufen und Verkaufen notwendig sind, fragt er, ob Luxusartikel notwendig sind oder ob durch deren Erwerb nicht das eigene Land finanziell ausblutet und das Geld in andere Länder fließt. Luther ist auch nicht damit einverstanden, dass man Waren so teuer wie möglich verkauft, ohne auf den Käufer zu blicken, da man sich mit solchen Methoden am Nächsten versündigt. Man raubt und stiehlt dem Nächsten seine Mittel. Die Regel der Kaufleute sollte nicht lauten: „Ich mag meine Ware so teuer geben, als ich kann oder will; sondern also: ich mag meine Ware so teuer geben, als ich soll, oder als recht und billig ist."[209] Der Kaufmann ist bei seinem Handel Gott und den Nächsten gegenüber verantwortlich. Er hat also keinen festen Profit, denn der Preis hängt von den eigenen Unkosten ab, von den Investitionen und der Gefahr, die Waren zu bekommen. Letzteres muss besonders beachtet werden, wenn etwa die Waren von weither kamen, denn die Straßen waren damals gefährlich, da sie selten unterhalten wurden und Räuber und Wegelagerer den Handel beeinträchtigten. Aber „ein Arbeiter ist seiner Speise wert" (Mt 10,10), ist Luthers Empfehlung, und wenn man zu viel Gewinn nimmt, muss man beten „vergib uns unsere Schuld", denn niemand ist ohne Sünde.

In einem zweiten Teil beschäftigt sich Luther mit finanziellen Bürgschaften. Er nennt es deutlich „ein törichtes Werk".[210] Die Schrift gebietet, dass man keinem Menschen trauen noch sich auf einen Menschen verlassen soll, sondern allein auf Gott. „Denn die menschliche Natur ist

---

209 Luther, *Von Kaufshandlung und Wucher*, *WA* 15:295.20-22.

210 Ebd., *WA* 15:298.29f. Um die Risiken im Handel zu minimieren, bildete sich der Gebrauch einer Bürgschaft aus, durch die man gegen eine Gebühr das Risiko vom Kaufmann auf einen Bürgen übertrug. Wurden allerdings die Waren verloren, konnte das dem Bürgen teuer zu stehen kommen.

falsch, eitel, lügenhaft und ungewiss, wie die Schrift sagt und auch die Erfahrung täglich lehrt."[211] Aber wenn man bürgt, vertraut man einer Person und gefährdet damit das eigene Leben und den eigenen Besitz. Da dies keine gute Möglichkeit ist, was sollte man dann tun? Unter Christen, schreibt Luther, sollten wir unseren Besitz herleihen oder borgen und ihn zurücknehmen, falls er uns zurückgegeben wird. Wenn er nicht zurückgegeben wird, müssen wir eben ohne ihn auskommen. Wir sollten immer freiwillig herleihen und unser Glück versuchen, ob wir das Verliehene zurückbekommen oder nicht. Christen sind einander Brüder und Schwestern, „und einer lässt den andern nicht; so ist auch keiner so faul und unverschämt, dass er ohne Arbeit sich auf des andern Gut und Arbeit verlassen und zehren wollte mit Müßiggang von eines anderen Habe."[212] Wo aber keine Christen sind, da soll die Obrigkeit darauf achten, dass der bezahlt, wer etwas geborgt hat. „Treibt sie nicht und ist säumig, so soll der Christ leiden solchen Raub."[213] Da Christen seltene Leute auf Erden sind, sollte die Obrigkeit Nichtchristen dazu bringen, das Geborgte zurückzuzahlen. Kommt sie aber nicht ihrer Verpflichtung nach, dann müssen Christen eben auf das Geborgte verzichten. Luther räumt auch ein, dass man nicht verpflichtet ist, etwas zu verleihen, es sei denn, es käme aus dem eigenen Überfluss oder wenn wir es nicht für unser eigenes Leben brauchen. Unsere erste und größte Verpflichtung ist gegenüber denen, die auf uns angewiesen sind.

Ausführlich beschäftigt sich Luther mit der Bedrohung durch den aufkommenden Kapitalismus, dass ein Handelsherr oder einige Kaufleute eine Monopolstellung für bestimmte Güter haben, besonders wenn diese von weither kommen. Sie verkaufen diese dann so teuer wie möglich. Oder sie sehen zwar die Not des Nächsten, lindern sie aber nicht, sondern machen nur das Beste für sich daraus und werden reich auf deren Kosten. Luther bezeichnet sie dann als „öffentliche Diebe, Räuber und Wucherer".[214] Er ruft die Obrigkeit zu Hilfe, um solchen Monopolmissbrauch abzustellen. „Recht täte hier die weltliche Obrigkeit, dass sie solchen nehme alles, was sie hätten, und triebe sie zum Land hinaus."[215]

---

211 Ebd., *WA* 15:299.4f.

212 Ebd., *WA* 15:302.33-37.

213 Ebd., *WA* 15:302.37-303.1.

214 Ebd., *WA* 15:305.17f.

215 Ebd., *WA* 15:307.20f.

Solche Menschen sind nicht wert, Menschen genannt zu werden, und es sollte ihnen nicht erlaubt sein, unter uns zu leben. Luther zeigt dann an Beispielen, wie der Preis von Gütern in schwindelnde Höhen getrieben werden kann. Es ist daher die Pflicht der Fürsten, „zu strafen und zu wehren, dass ihre Untertanen nicht so schändlich von den Kaufleuten geschunden würden".[216] Aber er vermutet, dass sie mit den Kaufleuten gemeinsame Sache machen. Doch ist er überzeugt, dass Gott solche Ungerechtigkeit nicht ungestraft davonkommen lässt, denn „Gott straft einen Buben mit dem andern".

c. An die Pfarrherrn, wider den Wucher zu predigen (1540)

Da der Wucher so weit verbreitet war, fühlte Luther, dass er wieder zur Feder greifen sollte. Er bittet alle Prediger, dass sie nicht davon ablassen sollen, gegen den Wucher zu predigen, das Volk zu ermahnen und zu warnen. Er befolgte die Entscheidungen der Kirche und schrieb: „Wenn du Geld ausleihst und fragst nach mehr oder nimmst mehr, als du ursprünglich gegeben hast, dann ist das Wucher und zu Recht verdammt."[217] Schon fünf oder 6 Prozent Zinsen ist Wucher. Er redet hier nicht vom Geben oder Verkaufen, sondern vom Verleihen. Ginge es nach ihm, sollten wir nur das zurückbekommen, was wir ausgeliehen haben, und nicht mehr. Falls jemand einwenden sollte, dass dann niemand etwas ausleihen würde, erwidert Luther, dass ausleihen ohne Zins „ein gutes Werk" sei, weil es niemand sonst tut.[218] Es dient denen, die Not leiden.

Luther ist sich bewusst, dass dies eine weltliche oder säkulare Sache ist, zu deren Lösung ein Prediger wenig beitragen kann. Es ist vielmehr eine Sache der Juristen, die den Wucher verbieten und bestrafen müssen, wenn er praktiziert wird. Bei den vielen Beispielen aus der Geschichte, die Luther anführt, beruft er sich auch auf Aristoteles, der schrieb: „Daher wird mit der allergrößten Berechtigung der Geldverleih gegen Zinsen gehasst, denn dabei stammt der Gewinn aus dem Münzgeld selber, nicht aus der Verwendung, für die es geschaffen wurde – denn es entstand (zur

216 Für dieses und das folgende Zitat s. ebd., *WA* 15:311.24f..

217 Luther, *An die Pfarrherrn wider den Wucher zu predigen, Vermahnung* (1540), *WA* 51:332.32-33.

218 Ebd., *WA* 51:337.32.

Erleichterung) des Warenumschlages. (Bei Geldgeschäften) vermehrt jedoch der Zins das Geld, daher hat er ja diesen Namen (Gezeugtes), denn das Erzeugte gleicht dem Erzeuger. Zins ist aber Geld, gezeugt von Geld. Daher ist auch diese Form von Erwerb am meisten wider die Natur."[219] In weltlichen Dingen war Aristoteles für Luther immer noch eine Autorität. Er folgte dessen Argumentation und berief sich bei Wucher auf die natürliche Vernunft. Er führt mit Abscheu an, dass man in Städten wie Leipzig mehr als 40 Prozent Zinsen verlangt, sodass ein Bürger oder ein Bauer innerhalb eines Jahres von den Zinsen verschlungen wird.[220] Juristen und der Adel müssen hier zusammenstehen, damit dieser Diebstahl ein Ende hat. Dann beschließt er dieses Kapitel, indem er noch einmal betont, dass „geben, ausleihen und leiden" gute Werke sind.[221] Christen sollen mit Wucher nichts zu tun haben.

Im nächsten Kapitel schreibt Luther über das Geben und bezieht sich hier auf Matthäus 5,42: „gib dem, der dich bittet". Er erklärt, dass dies bedeutet, dass wir jedem helfen sollen, der in Not ist, ob Freund oder Feind. Dies schließt jedoch nicht diejenigen ein, die nicht arbeiten wollen oder nicht aus der heimischen Stadt sind. – Damals gab es viele Bettler, die von Stadt zu Stadt zogen. – Es bedeutet auch nicht, dass man dann noch geben soll, wenn man selbst fast nichts mehr zum Leben hat. Man soll auch nicht alles hergeben, denn sonst könnte man nichts mehr geben, wenn sich eine neue Not auftut. Freizügig geben heißt nicht, dass man dadurch selbst zum Bettler wird. Man soll auch nicht deswegen geben, damit man Vorteile daraus zieht oder für seine guten Taten gerühmt wird. Luther würde die gegenwärtig weit verbreitete Idee abscheulich finden: „Tu etwas Gutes und rede darüber!" Nein, sagt er mit Verweis auf Römer 12,8 („Wer gibt, gebe mit lauterem Sinn"), tue es einfach und vergiss es, „als ob du niemals etwas gegeben hättest oder etwas Wohltätiges getan hättest".[222]

Luther kommt dann auf das Verleihen zu sprechen. Verleihen betrifft wiederum Freund und Feind gleichermaßen und soll denen helfen, die in Not geraten sind. Die Leitmaxime ist die goldene Regel: tue andern so,

---

219 Aristoteles, *Politik*, Buch 1 (10), übers. u. erl. V. Eckart Schütrumpf (Darmstadt: Wissenschaftliche Buchgesellschaft, 1991), 28.

220 Cf. Luther, *An die Pfarrherrn*, *WA* 51:365.18-19.

221 Ebd., *WA* 51:380.23.

222 Ebd., *WA* 51:387.19-20.

wie du erwartest, dass andere dir tun sollen. Man sollte sich nicht über das Unglück anderer freuen, sondern mit einer offenen Hand mit ihnen Mitleid haben. „Es gibt keinen größeren Feind der Menschen, außer den Teufel, als eine geizige Person und einen Wucherer, denn solch eine Person will Gott über alle Menschen sein."[223] Weswegen sich Luther so heftig gegen solche Menschen ausspricht, wird aus den Fällen deutlich, denen er begegnet: Um möglichst schnell reich zu werden, kümmerte man sich nicht um andere Menschen. Die christliche Nächstenliebe blieb auf der Strecke. Wie Luther schreibt, war die weltliche Obrigkeit entweder zu schwach oder zu gleichgültig, um dagegen einzuschreiten. Zum Teil war sie sogar daran beteiligt, indem sie auf Kosten ihrer Untertanen im Luxus lebte.

Luther kommt dann zu seinem dritten und letzten Punkt, den er schon in früheren Schriften benannte, dass nämlich Christen bewusst leiden sollen. Christen sollen das Recht nicht in ihre eigene Hand nehmen. Sie werden unter der Obrigkeit, in den Rathäusern, unter den Bürgern und unter dem Adel viele finden, die einen leiden lassen, weil sie weder etwas geben, noch leihen oder helfen. Sogar die Pfarrer haben ihre Not mit solchen Menschen, da die Pfarrer nur gastweise in den Pfarrhäusern wohnen, und wenn sie sterben, ihre Witwen oft zu Bettlern werden. Luther begegnete diesen Zuständen auf seinen Visitationen, die 1525 im Kurfürstentum Sachsen begannen, und sah, dass die Pfarrhäuser oft wie verkommene Hütten aussahen. Aber er schließt seine Ausführungen an die Pfarrherrn nicht im Negativen. Auch wenn man leiden muss, soll man nicht verzweifeln. „Sei du nur ein frommer Christ, Prediger, Pfarrer, Bürger, Bauer, Adeliger und Herr und führe dein Amt einfach fleißig und treu. [...] Sei du ein wahrer Christ, der mit einem einfältigen Herzen leidet um Gottes willen und keine Ursache zum Leiden gibt."[224] Luther beschließt seine Ausführungen, indem er sich über die andere Seite lustig macht: die habgierigen Menschen und die Wucherer sollten nicht denken, dass er völlig gegen sie ist, da es einen reichen Herrn gibt, der mit ihnen konform gehen würde und es ihnen hundert- und tausendfach vergelten würde, nämlich Gott, der Schöpfer Himmels und der Erden. Er „lässt uns durch seinen lieben Sohn im Evangelium anbieten: gibt und verleihe, dann wird es euch wiedergegeben werden, nicht allein dasselbe,

223 Ebd., *WA* 51:396.28-30.

224 Ebd., *WA* 51:412.23-25 und 30-32.

sondern viel mehr, nämlich ein volles Maß, ein gerütteltes Maß, ein festes Maß, ein Maß, das überfließt."[225] Hier wäre der richtige Ort, um Wucher zu treiben. Doch Luther gesteht, dass die Leute diesen Ratschlag nicht befolgen werden.

d. Luthers Kampfansage an die wirtschaftliche Praxis

Wenn man die vier Veröffentlichungen Luthers über den Wucher liest, bemerkt man, dass sich seine Argumente über die Jahre kaum veränderten. Man könnte allenfalls sagen, dass sein Ton immer schärfer wurde. Dafür bestand jeder Grund, denn im Frühjahr 1539 wurden in der Gegend von Wittenberg die Nahrungsmittel überaus teuer, da es im vorhergehenden Sommer wenig Regen gab. Dazu wurde ein künstlicher Mangel erzeugt, der die Preise noch mehr in die Höhe trieb. Viele Menschen hungerten, und die kleinen Geschäftsleute häuften immer mehr Schulden an oder mussten ihre Geschäfte und damit ihre Lebensgrundlage aufgeben.[226] Luther wandte sich für sie an den Bürgermeister von Wittenberg, den Maler und Unternehmer Lucas Cranach den Älteren, und an den Kurfürsten Johann Friedrich. Auch versuchte er, das Übel mit theologischen Argumenten anzugehen. In Übereinstimmung mit der Bergpredigt sollten die Christen die fälligen Zinsen nicht verweigern und Gott vertrauen, dass er ihnen ihr tägliches Brot geben wird. Sie sollten auch jedem das Erbetene zukommen lassen, ohne danach zu fragen, was sie finanziell dafür bekommen würden. Indem er die Idee zurückwies, nach Zinszahlungen zu fragen, stimmte er mit dem 5. Laterankonzil von 1515 überein, auf dem das Zinsenverbot erneuert wurde, obwohl es in Wirklichkeit viele Ausnahmen gab. Er dachte, es sei besser, den Zehnten zu verlangen oder einen anderen bescheidenen Prozentsatz des tatsächlichen Ertrags, der mit einem Darlehen erwirtschaftet wurde. Ältere Menschen sowie Witwen und Waisen sollten Darlehen bekommen, ohne dass sie dafür Zinsen bezahlen mussten. Johannes Calvin dachte ähnlich, aber er war für Zinsen, da dies in den Städten üblich war. Bei seinem Appell an die Magistrate und den Adel verlangte Luther, dass der Zins in

225 Ebd., *WA* 51:419.24-27.

226 Zum Folgenden vgl. Theodor Strohm, „Luthers Wirtschafts- und Sozialethik", in: Helmar Junghans, Hg., *Leben und Werk Martin Luthers von 1526 bis 1546*, 1:215-217.

Übereinstimmung mit den Gesetzen und Gebräuchen in angemessener Weise verlangt würde. Dies bedeutete, dass die Zinsrate nicht höher als 5 Prozent sein sollte und vermindert würde, wenn der Ertrag niedriger war, der mit dem geliehenen Geld erzielt wurde. Reiche Kreditgeber konnte man überreden, etwas von den Zinsen nachzulassen, während ältere und weniger begüterte Personen auf alle Fälle die ihnen zustehenden Zinsen bekommen sollten. Es sollten auch strengere Gesetze für Schulden und für Kreditkauf eingeführt werden.

Obwohl Luther bekannt war, dass Zinskauf eine legale Art des Handels war, wusste er, dass dieser gefährlich war und dem natürlichen Gesetz und dem christlichen Liebesgebot widersprach. Er konnte Menschen leicht in Gefahr bringen, indem sie ihren Besitz verloren und in Armut endeten. Die einzige Rechtfertigung für den Zinskauf sieht Luther darin, dass sowohl der Geldverleiher als auch der, der sich das Geld leiht, am Gewinn wie auch am Risiko beteiligt sind. Luther wusste, dass Handel, ohne zu kaufen und zu verkaufen und ohne Geld zu verleihen und Darlehen zu nutzen, nicht existieren konnte. Aber das Gebot, Gott und den Nächsten zu lieben, sollte bei allen Geschäften nicht kompromittiert werden. Ob dies aber wirklich bedeutet, dass man keine Zinsen verlangen soll, wie es Luther vorzog, muss bezweifelt werden. Er begründete seine Ablehnung nicht nur mit der Bibel, besonders mit dem Alten Testament, sondern mit Aristoteles. Aber seine Ablehnung einer kapitalistischen Wirtschaft, von der nur einige wenige profitieren, und sein Bekenntnis zu einer Wirtschaft, die sich am Allgemeinwohl orientiert, ist auch heute noch bedenkenswert. Dies kommt sehr gut in seiner Erklärung des siebten Gebots zum Ausdruck: „Wir sollen Gott fürchten und lieben, dass wir unseres Nächsten Geld oder Gut nicht nehmen noch mit falscher Ware oder Handel an uns bringen, sondern ihm sein Gut und Nahrung helfen besseren und behüten."[227] Sich um das Wohlergehen unseres Nächsten zu bemühen, ohne unser eigenes Wohlergehen zu gefährden, muss in wirtschaftlichen Dingen Vorrang haben.

---

227 Luther, *Der Kleine Katechismus*, in: *Die Bekenntnisschriften der Evangelisch-Lutherischen Kirche*, 866.

11. Der christliche Glaube ist nicht wissenschaftsfeindlich

Bei einem Tischgespräch Luthers am 4. oder 5. Juni 1539 soll von einem neuen Astronomen die Rede gewesen sein, der meinte, dass die Erde und nicht der Himmel, der Mond und die Sonne sich bewegten. Darauf soll Luther entgegnet haben: „Wer da will klug sein, der soll ihn nichts gefallen lassen, was andere achten. [...] Ich glaube der Heiligen Schrift, dass Josua hieß die Sonne stillzustehen und nicht das Erdreich."[228] Mit diesem neuen Astronomen war wahrscheinlich Kopernikus gemeint, der den Übergang vom alten, geozentrischen Weltbild zum heliozentrischen markiert. Luther war also ein Mensch des Mittelalters und argumentierte mit der Bibel gegen den naturwissenschaftlichen Fortschritt. Aber stimmt das? Die angebliche Tischrede von 1539 wurde erst 1566 von Johann Goldschmied, genannt Aurifaber, gedruckt, und in den Tagebüchern der damals anwesenden Zeitzeugen findet sich keine Aussage Luthers zu Kopernikus oder zu den Fortschritten in der Astronomie. Auch hat er das Aufblühen der Naturwissenschaften an der Wittenberger Universität keineswegs behindert. Wie der Physiker und Wissenschaftshistoriker Andreas Kleinert zeigte, ist eine antikopernikanische Einstellung Luthers eine Erfindung katholischer Historiker des 19. Jahrhunderts.[229] Franz Beckmann und Franz Hippler, zwei preußische katholische Historiker, waren im Kulturkampf der katholischen Kirche mit der Regierung unter Bismarck beschäftigt. Dabei machten sie Luther zu einem Gegner der naturwissenschaftlichen Revolution des 16. Jahrhunderts. Bereitwillig wurde diese Geschichtslüge dann von nachfolgenden Historikern und Theologen weiter verbreitet. Im Gegensatz zu Melanchthon, der ein Polyhistor war, hatte Luther als Theologe wenig Interesse an den Naturwissenschaften, soweit sie nicht seinen theologischen Grundüberzeugungen widersprachen. Das schien bei dem neuen Weltbild nicht der Fall zu sein.

---

228 Luther, *WA TR* 4:412.35-413.1-3, Nr. 4638.

229 Andreas Kleinert, „Eine handgreifliche Geschichtslüge. Wie Martin Luther zum Gegner des kopernicanischen Weltsystems gemacht wurde", in: *Berichte zur Wissenschaftsgeschichte* (Juli 2003), 26:101-111.

 | DOI:10.30965/9783657760541_012

a. Wittenberger Interesse an Kopernikus

Allerdings hat sich Philipp Melanchthon in seiner Schrift *Initia doctrinae physicae* ausführlich zum heliozentrischen Weltbild des Kopernikus geäußert. – Die *Initia doctrinae physicae* (Einführung in die Physik) war in protestantischen Ländern lange Zeit ein verbreitetes Lehrbuch, das von 1549-1600, vereinzelt revidiert, mindestens 22 Mal aufgelegt wurde. – Er meinte darin, dass dieses angeblich neue Weltbild nur eine Wiederholung dessen war, was schon der griechische Astronom und Mathematiker Aristarch von Samos (ca. 319 – ca. 230) in der Antike postulierte. Dagegen verwies Melanchthon auf Psalm 19,5f.: „Er [Gott] hat der Sonne ein Zelt am Himmel gemacht; sie geht heraus wie ein Bräutigam aus seiner Kammer, und freut sich wie ein Held, zu laufen die Bahn." Melanchthon verwies also auf die Schrift, die ihm ein geozentrisches Weltbild vermittelte.

Nikolaus Kopernikus (1473-1543) selbst war an keiner „kopernikanischen Wende" interessiert, sondern an der Entwicklung eines Systems, das dem klassischen Begriff der Spärenharmonie zu neuem Glanz verhalf. Wie der amerikanische Theologe Harold Nebelsick (1925-89) betonte: Kopernikus hatte „wahrlich kein Interesse, seine Geometrie von den tatsächlichen Bewegungen des Himmelskörpers abzuleiten".[230] Man war zur Zeit Luthers noch so stark an der griechischen Idee einer Sphärenharmonie orientiert, dass Kopernikus sogar die Genauigkeit seiner Beobachtungen für die gewünschte Eleganz seiner Berechnungen opferte. Auch die Kirche vertrat die damals vorherrschende Meinung und ermahnte Galileo Galilei (1564-1642), die heliozentrische Theorie nur als Hypothese und nicht als Faktum zu lehren. Erst Johannes Kepler (1571-1630) verfolgte mit seiner Mathematik einen Weg, der die Astronomie revolutionierte, denn sein Verständnis von Harmonie wurde durch Beobachtungen gestützt.

Martin Luther befasste sich hauptsächlich mit dem rechtfertigenden Wort Gottes, das an den einzelnen Menschen erging. Da er die Ambivalenz der Vernunft betonte, konnte sie für den Glauben keine letzte Stütze sein. Wie der lutherische Theologe Werner Elert (1885-1954) bemerkte: „Die Kirche, die ihre Sendung aus dem Evangelium ableitet und in der Verkündigung des Evangeliums erschöpft weiß, hat an den verschiedenen

---

230 Harold P. Nebelsick, *Circles of God. Theology and Science from the Greeks to Copernicus* (Edinburgh: Scottish Academic Press, 1985), 237.

Weltbildern kein Interesse."[231] Elert führt jedoch weiter aus, *„dass seine [Luthers] theologische Autorität die Ausbreitung des neuen Weltbildes gehemmt habe, ist eine handgreifliche Geschichtslüge"*. Ungehindert durch etwaige theologische Interessen konnten an der Wittenberger Universität, auch zur Zeit Luthers, naturwissenschaftliche Vertreter des kopernikanischen Weltbildes lehren. Selbst Giordano Bruno (1548-1600) wurde Zuflucht in Wittenberg gewährt und lehrte dort von 1586-88. Da Luther Theologe war, finden sich in seinen Hauptwerken keine Aussagen über die Naturwissenschaften. Auch Bemerkungen zur Astronomie kommen fast ausschließlich aus den Tischreden Luthers. Trotzdem führte die Astronomie in Wittenberg kein Schattendasein.

1532 begann Georg Joachim von Lauchen (1514-74), genannt Rhaeticus, in Wittenberg mit seinem Studium. Er studierte Mathematik, wozu damals auch die Astronomie gehörte, und bei Melanchthon Griechisch. Dieser erkannte schnell das Talent des Studenten und förderte ihn nach Kräften, sodass er eine Professur für Mathematik bekam, die auch Astronomie mit einschloss. Auf einer Studienreise, die ihm Melanchthon ermöglichte, besuchte Rhaeticus 1538 Kopernikus, bei dem er zwei Jahre blieb. 1541 kehrte er wieder nach Wittenberg zurück, wurde dann dort Dekan der geisteswissenschaftlichen Fakultät und Mitglied der theologischen Fakultät. Im Mai 1542 reiste er nach Nürnberg, um dort bei dem Drucker Johannes Petraeus die erste Ausgabe von Kopernikus' Werk, *De revolutionibus orbium coelestium* zu überwachen. Damit es von theologischer Seite akzeptiert wurde, schrieb Andreas Osiander, ein vertrauter Martin Luthers, noch ein Vorwort, in dem er die Theorie des Kopernikus als reine Hypothese beschrieb, die allerdings zufällig mit den astronomischen Berechnungen übereinstimmte. Dieses Werk wurde dann kurz vor dem Tod von Kopernikus 1543 veröffentlicht.

b. Die Pflege der Naturwissenschaften in Wittenberg

„Als im Jahre 1545 die niedere Professur [in Mathematik] abermals neu zu besetzen war, konnte die Universität in ihrem Berufungsvorschlag an

231 Werner Elert, *Morphologie des Luthertums.* Erster Band: *Theologie und Weltanschauung des Luthertums hauptsächlich im 16. und 17. Jahrhundert* (München: C. H. Beck, 1965[3] [1931]), 371f., für dieses und das nachfolgende Zitat.

den Kurfürsten mit Stolz darauf hinweisen, dass hinsichtlich der Pflege der Mathematik die Universitäten Tübingen, Leipzig, Greifswald und Rostock dem Wittenberger Vorbild gefolgt seien. Auch der Inhaber der Lektorat für höhere Mathematik, Erasmus Reinhold, mit dem zusammen Luther den Kometen vom 13. Januar 1538 beobachtete (TR 3,3711), wurde begeisterter Kopernikaner."[232] Reinhold rühmte ausdrücklich Kopernikus und sein Werk *De revolutionibus* und schrieb selbst einen Kommentar dazu. Trotzdem wies er das heliozentrische System aus physikalischen und theologischen Gründen zurück. Man konnte sich also an der Universität Wittenberg zu Kopernikus bekennen, ohne dass man eine kirchliche Zensur befürchten musste. Allerdings besagte solch ein Bekenntnis zu Kopernikus noch lange nicht, wie wir bei Reinhold sehen, dass man damit auch dessen Weltanschauung übernahm. Der fachwissenschaftliche Kampf um das kopernikanische System dauerte also sehr lange, selbst bei glühenden Verehrern des Kopernikus. Insgesamt kann man jedoch sagen, dass Wittenberg ein guter Platz für die Förderung der Naturwissenschaften war, was einerseits Melanchthon zuzuschreiben ist und andererseits auch Luther, der sich naturwissenschaftlicher Urteile enthielt, aber eine gesunde Neugierde angesichts der Natur als Schöpfung Gottes bewies.

---

232 Werner Elert, *Morphologie des Luthertums*, 1:372f.

12. Astrologie gibt uns keinen Blick in die Zukunft

„Das endende 15. und das gesamte 16. Jh. gelten als Blütezeit der Astrologie. In keiner Epoche konnte sie eine so breite Anerkennung finden und so weite Bereiche des täglichen Lebens erfassen."[233] Selbst Fachleute auf dem Gebiet der Astronomie, wie der berühmte dänische Astronom Tycho Brahe (1546-1601) und auch Johannes Kepler verschmähten es nicht, dass Horoskop zu stellen. Die Popularität der Astrologie lag einerseits daran, dass sie einen festen Platz im Lehrplan der Universitäten fand. So wurde zum Beispiel in Bologna ein eigener Lehrstuhl für Astrologie eingerichtet. Zum andern konnten Kalender durch den Buchdruck weite Verbreitung finden, bei der ein Jahreskalender auch astrologische Daten über das kommende Jahr enthielt, wie etwa das zu erwartende Wetter, wie die Ernte ausfiel und welche Krankheiten und Kriegsgefahren drohten. Bei dieser weiten Verbreitung der Astrologie ist es nicht überraschend, dass auch Philipp Melanchthon ein eifriger Förderer astrologischer Studien war und für seine Kinder sofort nach deren Geburt ein Horoskop erstellen ließ, genauso, wie das sein Vater für ihn getan hatte. Allerdings sind bei Melanchthon die Sterne nur ein Zeichen der Allmacht Gottes, denn sie sind Werkzeuge seiner Macht, deren Einfluss Gott immer noch abändern kann. Die Gestirne üben also keinen von Gott unabhängigen Einfluss auf den Menschen und seine Umwelt aus, denn sie sind Gottes Willen unterworfen und Machtobjekte seiner Vorsehung. Deshalb war es ihm wichtig, durch die Astrologie diesen Willen Gottes vorauszusehen.[234] Für Luther jedoch war der Glaube an die Macht der Gestirne Götzendienst, der dem ersten Gebot zuwider lief.[235] Er verwarf sie, weil sie eine Einschränkung der Allmacht Gottes war, denn Gott allein ist für die Schöpfung und deren Zukunft maßgebend. Er gebraucht dazu keine Gestirne. Obwohl

233 So Klaus Matthäus, „Astrologie II/2. Reformationszeit und Neuzeit", *TRE* 4:288.

234 Vgl. Stefano Caroti, „Melanchthon's Astrology", in: *‚Astrologi hallucinati'. Stars and the End of the World in Luther's Time*, hg. v. Paola Zambelli (Berlin: Walter de Gruyter, 1986), 118f.

235 So Luther *WA TR* 1:519.3f., Nr. 1026.

 | DOI:10.30965/9783657760541_013

Martin Luther keine eigene Schrift zur Astrologie verfasste, äußerte er sich doch häufig dazu in seinen Tischreden, aber nicht in seinen Hauptschriften. Entwaffnend ist sein Vergleich mit Melanchthon, wenn er sagt: „Ich glaube, dass Philipp [Melanchthon] die Astrologie bemüht, so wie ich einen starken Trunk Bier nehme, wenn immer ich trübselige Gedanken habe."[236]

a. Einheit und Gegensatz von Astronomie und Astrologie

Obwohl zur Zeit Luthers jeder Astronom auch ein Astrologe war und deshalb die Begriffe Astronom und Astrologe manchmal durcheinander zu gehen scheinen, gehörte für Luther die Astronomie zu den sogenannten exakten Wissenschaften. Er folgerte das aus Genesis 15,5, wo Gott zu Abraham sprach: „Sieh gen Himmel und zähle die Sterne." Damit ist sie auch von Gott gebilligt. So sagt Luther: „Die Astronomie ist die älteste Wissenschaft, und hat viele Künste mit sich gebracht. Den Alten und besonders den Hebräern war sie sehr bekannt, welche den Himmelslauf sehr sorgfältig beobachteten."[237] Wenn sie innerhalb ihrer Grenzen bleibt, ist die Astronomie nach Luther eine Gabe Gottes. Wenn sie allerdings vorhersagt, was einem jeden widerfahren werde, also zur Astrologie wird, dann ist sie nicht zu billigen. So gesteht Luther ein: „Die Astronomie nehme ich an, und sie gefällt mir gut um ihres mannigfachen Nutzens willen."[238] Da die Astronomie als Teil der Mathematik angesehen wurde, sagte Luther: „Ich lobe die Astronomie und die Mathematik, welche mit Beweisen umgehen, der Astrologie schreibe ich nichts zu."[239] Obwohl Luther selbstverständlich der Schrift den Primat über die Naturerkenntnis einräumte, entfachte er keinen Glaubenskrieg zwischen Bibel und Naturwissenschaft. Dies war anders bei seiner Auseinandersetzung mit der Astrologie, die er aus theologischen und vernunftgemäßen Gründen verwarf, ohne es auch hier zu einem Glaubenskrieg kommen zu lassen.

---

236 Luther, *WA TR* 1:7.9f., Nr. 17, in einer Tischrede von 1531.

237 Luther, *WA TR* 2:619.12-14, Nr. 2730a.

238 Luther, *WA TR* 1:421.21, Nr.855.

239 Luther, *WA TR* 2:457.24f., Nr.2413a.

b. Theologische und praktische Einwände gegen die Astrologie

Am gewichtigsten sind bei Luther die theologischen Argumente gegen die Astrologie. Zu einer Bemerkung Melanchthons, dass Menschen, die nach Mitternacht im Zeichen der Waage geboren wurden, unglücklich seien, meinte Luther: „Die Astrologen sind sehr unglücklich, welche sich nicht von Gott, sondern von den Gestirnen Leiden und Anfechtungen auferlegen lassen; deshalb haben sie keine Geduld."[240] Was geschieht, kommt von Gott und ist nicht den Sternen zuzuschreiben. „Der Himmel fragt nach denen nicht, und unser Herrgott fragt auch den Himmel nicht."[241] Auch gegenüber den Gestirnen ist die Gottheit Gottes entscheidend, denn er ist der souveräne Herr über seine Schöpfung. Die Gestirne haben keine vermittelnde Funktion, durch die Gott die Geschicke in unserer Welt leiten würde. Zudem ist die Zukunft allein Gott vorbehalten, sodass man sie nicht durch Betrachtung der Gestirne erkennen kann. Auch darf man nach Luther nicht vergessen, dass die Gestirne nicht uns beherrschen, sondern wir die Gestirne. Wir brauchen also die Gestirne nicht zu fürchten. Als Melanchthon auf Grund der Gestirnkonstellationen für Juni und Juli 1532 Unglück ankündigte, erwiderte Luther, dass die Astrologie meistens Unheil ankündigt, „wogegen die Theologie das Heil ankündigt".[242] Wenn es in Psalm 19,2 heißt: „die Himmel erzählen die Ehre Gottes", dann sollten aber die Gestirne uns Anlass zum Lob Gottes geben. Nach Luther beschneidet die Astrologie die Alleinwirksamkeit und Souveränität Gottes und vergeht sich damit gegen das erste Gebot.

Abgesehen von seinen theologischen Argumenten gegen die Astrologie erhebt Luther schwerwiegende praktische Einwände. Zunächst lebt die Astrologie von Allgemeinplätzen. So sagt Luther: „Ich bin so weit gekommen und habe die Astronomie [es sollte eigentlich heißen „Astrologie"] soweit gebracht, dass ich glaube, sie sei nichts, obwohl Philipp dafür hält, die Kunst sei zwar da, aber man habe keine Künstler. Das haben sie im Almanach als gewiss erfunden, dass man im Sommer nicht Schnee setzen soll, noch Donner im Winter; dass man im Frühjahr säen

240 Luther, *WA TR* 3:114.24-26, Nr. 2952b von 1533.

241 Luther, *WA TR* 4:543.12f., Nr. 4846 vom Juli1543.

242 Luther, *WA TR* 2:109.20-22, Nr. 1480, von 1532.

soll und im Herbst ernten, das wissen die Bauern wohl auch."[243] Dann ist die Astrologie nicht logisch, wie er besonders an den Horoskopen bemängelt, die anlässlich der Geburt eines Kindes erstellt werden. Wenn die Strahlen der Gestirne schon eine solche Kraft haben, dass sie die Zukunft eines neugeborenen Kindes bestimmen können, warum bezieht man dann in ein Horoskop nicht die Strahlen aller Gestirne ein, die bei der Geburt dieses Kindes über dem Horizont standen, und wählt nur einige davon aus, fragt Luther. Außerdem fragt er, warum für die Einwirkung der Gestirne der Zeitpunkt der Geburt so maßgebend sein soll. Wenn die Gestirne Kraft haben, die Zukunft eines Kindes zu bestimmen, dann „sollten die Sterne nicht genauso gut wirken in utero als extra uterum? Was meint ihr, dass die Sterne fragen nach einem kleinen Häutlein, das über dem Bauch des Weibes ist", sondern bis zur Geburt eines Kindes mit ihrem Einfluss warten müssen?[244]

Für viele Astrologen waren auch zu Luthers Zeit die Gestirne noch immer antike Gottheiten, die bei der Geburt eines Kindes Macht über dessen zukünftiges Leben bekamen. Das war für Luther natürlich ein geradezu gotteslästerliches Denken. Luther weist auch auf die gegenteilige Entwicklung von Zwillingen hin, die praktisch zur gleichen Zeit geboren wurden. So sagt er: „Esau und Jakob sind von einem Vater und einer Mutter, auf eine Zeit, und unter gleichem Gestirn geboren, und doch gar widerwärtiger Natur, Ort und Sinn. Summa, was von Gott geschieht und sein Werk ist, das soll man den Gestirnen nicht zuschreiben."[245] Luther verweist auch auf seinen eigenen Lebenslauf, um zu betonen, dass die Astrologie nicht in der Lage ist, ein wirklich konkretes Menschenleben vorauszusagen: „Ich habe oft mit Philipp [Melanchthon] davon geredet, und ihm ordentlich erzählt mein ganzes Leben, wie es nacheinander ergangen ist und ich's getrieben habe. Ich bin eines Bauern Sohn, mein Vater, Großvater, Ahnherr, sind rechte Bauern gewesen. […] Dass ich aber bin Bakkalaureus, Magister, ein Mönch usw. geworden, das steht im Gestirn nicht."[246] Bei seinen Einwendungen gegen die Astrologie stand Luther auch in einer Tradition, wie es aus seinen Predigten über die zehn Gebote

243 Luther, *WA TR* 3:57.8, Nr. 2892a, von 1533.
244 Luther, *WA TR* 5:254.27-29, Nr. 5573 (Frühjahr 1543).
245 Luther, *WA TR* 1:420.23-26, Nr. 855.
246 Luther, *WA TR* 1:421.3-10, Nr. 855.

von 1516/17 deutlich wird.[247] Zu dieser Tradition, die die Astrologie ablehnte, gehören neben Augustin und dem britischen Philosophen und Theologen Wilhelm von Ockham (ca. 1288-1347) auch Luthers eigener Lehrer an der Erfurter Fakultät, Judocus Trutveter (ca. 1460-1519).

Allerdings darf man nicht vergessen, dass Luther auch ein Kind seiner Zeit war. So schrieb er in einem Brief vom Erscheinen des später nach dem Astronomen Edmond Halley (1656-1742) benannten Kometen, dass dieser nichts Gutes bedeutet. In einem späteren Brief fügte er dann noch hinzu, dass vom Kaiser und König Ferdinand Schlimmes drohe, da der Komet seinen Schweif zuerst nach Norden und dann nach Süden gewendet hat. Zugleich tadelt er die Astrologen, dass sie die Wirkkraft der Gestirne zumeist auf das Negative hin deuten, wogegen es eine Ausnahme gab bei dem Stern, den die Weisen sahen, „weil dieser auf die Offenbarung des Evangeliums hinweist, das schon gegenwärtig ist".[248] „Mit diesem Glauben an die böse Vorbedeutung von Kometen und Finsternissen steht Luther in langer Traditionsreihe von der Antike her. [...] Ihrer Bewertung nach gehören diese Himmelsereignisse – wie ebenfalls schon in der Antike – in eine Reihe mit ‚monstra' oder ‚portenteta' irdischen Ursprungs, wie insbesondere Missgeburten, Naturkatastrophen oder andere abnorme oder ungewöhnliche Vorkommnisse, die damaliger Wissenschaft unerklärlich waren."[249] Gerade in Luthers Tischreden und auch in seinen Briefen gibt es zahlreiche Kommentare über ungewöhnliche Vorkommnisse in der Natur oder bei Tieren, die der Reformator immer wieder als Hinweise auf den Zorn Gottes und das nahe Ende der Welt deutet. Gott will uns damit zu verstehen geben, so Luther, dass ein großer Unfall oder Veränderungen anstehen.[250] Doch auch hier kann er sich wieder auf die Schrift berufen, denn nach Lukas 21,25 sagt Jesus: „Es werden Zeichen geschehen an Sonne und Mond und Sternen, und auf Erden wird den Völkern bange sein, und sie werden verzagen vor dem Brausen und Wogen des Meeres, und die Menschen werden vergehen vor Furcht und in Erwartung der Dinge, die kommen sollen über die

---

247 Luther, *Decem praecepta Wittenbergensi praedicata populo* (1518), *WA* 1:404.37-405.2.

248 Luther, *WA TR* 2:322.14f., Nr. 2102 von 1531.

249 So Klaus Lämmel, „Luthers Verhältnis zu Astronomie und Astrologie (nach Äußerungen in Tischreden und Briefen)", in: *Lutheriana. Zum 500. Geburtstag Martin Luthers von den Mitarbeitern der Weimarer Ausgabe*, hg. v. Gerhard Hammer und Karl-Heinz zur Mühlen (Wien: Böhlau, 1984), 312.

250 Vgl. Luther, *Deutung des Mönchkalbs zu Freyberg* (1523), *WA* 11:380.1ff.

ganze Erde." Umgekehrt errichtet Gott nach der Sintflut den Regenbogen als Zeichen seines Friedens mit den Menschen. So lassen sich diese Zeichen nach Luther, für den immer die Bibel maßgebend war, als Gottes Warnung an die sündhafte Menschheit verstehen, oder auch als Zeichen seiner Gnade.

c. Die Astrologie will vom Menschen aus die Zukunft ergründen

Die Astrologie geht jedoch nicht von der biblischen Botschaft aus, sondern bemüht sich selbst durch Ausdeutung der Gestirne die Zukunft zu erkunden. Somit steht nicht mehr Gott im Mittelpunkt, der den Menschen etwas mitteilen will, sondern der Mensch selbst, der sich der Zukunft bemächtigen will. Dies widerstrebt zutiefst dem Verständnis Luthers, dass Gott im Regiment sitzt. Trotzdem fand sich Luther bereit, die deutsche Übersetzung der Prophezeiungen von Johannes Lichtenberger von 1527 mit einem Vorwort zu versehen. Lichtenberger wirkte in den 1470er Jahren an deutschen Fürstenhöfen und war auch Hofastrologe Kaiser Friedrichs III. In seiner zunächst anonym gedruckten *Pronosticatio* (astrologische Vorhersage der drei Stände bis zum Jahr 1576), das viele Auflagen erlebte, hatte er schwere Trübsal vorausgesagt, die sich besonders auf die geistliche und die weltliche Obrigkeit erstreckten. Da die geistlichen und weltlichen Herren nach der Niederschlagung des Bauernaufstandes wieder sorglos und sicher geworden waren, fand Luther dieses Büchlein dafür geeignet, sie mit dieser schweren Trübsal aufzuschrecken.

Luther stellt aber klar, dass die Weissagungen Lichtenbergers keine geistliche Offenbarung sind, denn eine solche geschieht ohne die Astrologie, „sondern es ist eine heidnische, alte Kunst", die in der Antike verherrlicht wurde.[251] Während Gott die Welt durch seine Engel regiert, tut er „im Himmel auch seine Zeichen, wenn sie ein Unglück treffen soll, und lässt Schwanzsterne [d.h. Kometen] entstehen, oder Sonne und Mond den Schein verlieren, oder sonst eine ungewöhnliche Gestalt erscheinen".[252] Mit solchen Zeichen droht nach Luther Gott den Gottlosen und warnt sie vor zukünftigem Unglück. Aus solchen Geschehnissen sind

251 *Vorrede Martin Luthers auf die Weissagung des Johannes Lichtenbergers* (1527), *WA* 23:8.17.

252 Ebd., 23:10.6-9.

dann die Astrologie und die Wahrsagekunst entstanden. Da sich Gottes Wege von den Menschen nicht klar bestimmen lassen, ist diese Kunst ungewiss. Nach Luther hatten Lichtenbergers Prophezeiungen einen gewissen Wahrheitsgehalt, aber seine astrologische Kunst ist ungewiss. Die Zeichen am Himmel und auf Erden sind zwar nicht falsch, da sie Gottes und der Engel Werk sind, um die gottlosen Herren und Länder zu warnen. Eine Kunst daraus zu machen, ist falsch, was man auch daran sieht, dass seine Prophezeiungen nicht immer eingetroffen sind. Überdies darf man nicht vergessen, dass Gott die Gestirne nicht dazu gemacht hat, dass sie uns Unglück verkünden, sondern „dass sie das Erdreich erleuchten".[253] Obwohl nach Luther die Bibel darauf hingewiesen hat, dass himmlische Erscheinungen Zeichen für zukünftiges Geschehen sind, verbot sie zugleich alle Sterndeuterei. Deshalb sollen rechte Christen nicht nach solchen Weissagungen fragen. Für sie gilt die Aussage Jeremia 10,2: „Ihr sollt euch nicht fürchten vor den Zeichen des Himmels, wie die Heiden sich fürchten." Darauf bezog sich auch Luther in seiner Vorrede zu Lichtenbergers Prophezeiungen.

Obwohl Luther in vielen seiner Aussagen auf das Ende der Welt hinweist, gibt es bei ihm keine Verbindung von Astrologie und Eschatologie. Man könnte eher von einer Verbindung zwischen Astrologie und Luthers Gesetzesverständnis im theologischen Sinn reden, denn die außergewöhnlichen Vorgänge in der Natur sollen die Menschen in ihrer Sündhaftigkeit aufrütteln. Aus astrologischen Vorhersagen stellt sich bei Luther keine Furcht ein, sondern allein von Gott. Dabei kann er dessen gewiss sein, dass Gott einem reuigen Sünder gnädig ist.

Luther war einerseits ganz ein Kind seiner Zeit. „Sobald ihm aber die Heilige Schrift anders zu lehren schien, als sonst allgemein anerkannt wurde, distanzierte er sich von seinen Zeitgenossen, auch wenn das die engsten Mitarbeiter und Freunde waren. Damit kam er mitunter zu einer Haltung, die in ihrer Freiheit von Zeitauffassungen überrascht und die ihn seiner Zeit weit vorauseilen ließ."[254] So sagte er über seinen engen Vertrauten und Mitarbeiter Philipp Melanchthon: „Es schmerzt mich, dass Philipp Melanchthon der Astrologie so sehr anhängt, weil er meist

253 Luther, *WA TR* 1:322.15, Nr. 678.

254 So Ingetraut Ludolphy, „Luther über Astrologie", in: … *und fragten nach Jesus. Beiträge aus Theologie, Kirche und Geschichte. Festschrift für Ernst Barnikol zum 70. Geburtstag* (Berlin: Evangelische Verlagsanstalt, 1964), 175.

getäuscht wird; denn leicht wird er von den himmlischen Zeichen beeindruckt und von seinen Vorstellungen genarrt. Es ist ihm oft misslungen, aber doch kann er nicht überzeugt werden. Als ich einmal ziemlich angeschlagen aus Torgau kam, sagte er, dass mir der Tod bevorstehe. Ich habe nie wollen glauben, dass es so ernst wäre. Ich fürchte die himmlischen Zeichen nicht; denn unsere Kreatur ist mehr als die Sterne, sie kann diesen nicht unterworfen sein, mögen ihnen unsere Körper unterworfen sein. Ich fürchte mich vor den himmlischen Zeichen nicht; ich will das den klugen Weltweisen überlassen."[255]

Wir sehen hier den großen Unterschied zwischen Luther und Melanchthon. Für Luther haben die Gestirne wenig bis gar keinen Einfluss auf das menschliche Leben, und deswegen brauchte man sich auch nicht vor ihnen zu fürchten, wohingegen Melanchthon als Vertreter eines christlichen Humanismus der Astrologie einen wichtigen Einfluss auf das menschliche Leben einräumte. Während Melanchthon die wissenschaftliche Genauigkeit der Astrologie niemals bezweifelte, war sie für Luther mehrdeutig und in ihren Vorhersagen oft falsch. Trotz dieser beträchtlichen Unterschiede in der Einschätzung der Astrologie kam es zu keinem Dissens zwischen den beiden. Für Luther gefährdeten die astrologischen Interessen Melanchthons nicht das Zentrum des gemeinsamen christlichen Glaubens, denn die Macht Gottes ist auch für Melanchthon der Grund aller natürlichen und historischen Ereignisse. Somit weist die Astrologie letztendlich auf Gott hin, der alles lenkt und leitet. Solange man mit der Astrologie nicht die Gottheit Gottes gefährdete, sah Luther keinen Grund, gegen sie einzuschreiten.

255 Luther, *WA TR* 3:373.14-22 (Januar 1537), Nr. 3520. Zitiert bei Ingetraut Ludolphy, „Luther und die Astrologie," in: ‚*Astrologi hallucinati*', 106.

13. Wider den Patriarchalismus

Martin Luther lebte im Spätmittelalter, einer Epoche, die vom Patriarchalismus geprägt war. Allerdings darf man sich davon nicht täuschen lassen und folgern, Frauen hätten damals keine Stimme gehabt. Wie sich bei Luthers Ehe zeigt, verwaltete seine Frau die Finanzen und war zuständig für Haus und Hof einschließlich des Gesindes. Er hingegen vertrat sein Haus nach außen. Zum Beispiel ermahnte seine Frau Katharina ihn, dass sie mit dem ihr zur Verfügung stehenden Geld nicht auskommen könnte. Er wurde daraufhin beim Kurfürsten vorständig, um eine Gehaltsaufbesserung zu erreichen. Luther erläuterte in einer Tischrede: „Meine Frau kann mich überreden, so oft es ihr beliebt, denn sie hat in ihrer Hand allein die ganze Herrschaft. Ich gestehe ihr zwar gern die ganze Herrschaft im Hauswesen zu, aber ich möchte mein Recht auch unverletzt und ganz haben, und Weiberregiment hat nie nichts Gutes ausgerichtet."[256] Bei seinen Tischreden mit Studenten oder Freunden hörte Luthers Frau manchmal zu. Wenn sie ihre Stimme erhob, dann schätzte das Luther nicht immer. So sagte er einmal: „Die Weiber haben von Natur die Redekunst, welche sich die Männer mit großer Mühe aneignen müssen, aber dies ist nur wahr in dem Hauswesen; im weltlichen Regiment ist ihre Redekunst nichts nütze. Dazu sind die Männer geschaffen, nicht die Weiber."[257] Für Luther war es jedoch selbstverständlich, dass die Frau in Gottes Ordnung eine wichtige Stelle innehatte. Er sagte dazu in einer Predigt von 1545: „Denn es ist ja gewiss, dass niemand ohne Mutter geboren wird; sondern was geboren wird, das kommt von der Mutter her. Und so wenig als Adam sich selbst gemacht hat, sondern von Gott geschaffen ist; so müssen alle Menschen auch von Gott im Mutterleib geschaffen, erhalten und danach mit Gottes Hilfe in die Welt geboren werden."[258] Ohne Mütter, also ohne Frauen, schafft Gott keine Kinder und damit auch keine Männer. Die Frauen sind das Medium, durch das Gott Kinder erschafft. Deswegen ist nach Luther die Ehe der

---

256 Luther, *WA TR* 2:25.38-26.2 (1532/33), Nr. 2847a.

257 Luther, *WA TR* 2:286.13 (1531), Nr. 1979.

258 Luther, Predigt bei der Hochzeit Sigmunds von Lindemann in Merseburg gehalten zu Heb. 13,4 (4. August 1545), *WA* 49:798.25-30.

 | DOI:10.30965/9783657760541_014

älteste Stand unter all den anderen Ständen. Er kann ihn auch einen „heiligen Stand" und eine „göttliche Ordnung" nennen, denn er setzt voraus, „dass Gott sein Geschöpf und Ordnung, den heiligen Ehestand also gehalten haben will, indem, dass täglich Männlein und Fräulein geboren und jung werden".[259] Die Ehe dient also nach Luther zuallererst zur Erhaltung der Menschheit.

a. Der Ehestand

Ein Mann kann Gott danken, dass er von ihm als Mann geschaffen wurde, genauso wie eine Frau Gott danken kann, dass sie als Frau geschaffen wurde, und beide, dass sie in den heiligen Ehestand gesetzt wurden, um nach Gottes Willen und mit seinem Segen Kinder zu zeugen. Deswegen, so Luther, soll niemand diesen Stand und diese Ordnung Gottes hassen oder verdammen, sondern wir sollen sie hoch, lieb und wert halten. Luther weist darauf hin, dass zur Zeit der Kirchenväter Augustin und Ambrosius (339-397) es noch einem jeden Priester freigestanden hätte, solange er wollte, ledig zu bleiben oder doch zu heiraten. Luther wendet sich hier gegen den Pflichtzölibat, der nach ihm erst später von den Mönchen eingeführt wurde. – Zwar war während des ersten Jahrtausends der Kirchengeschichte die große Mehrheit der Geistlichen verheiratet, doch gab es auf der Synode von Ankyra 314 eine erste Regelung, die eine Verheiratung von bereits Geweihten untersagte. – Grundordnung Gottes ist also für Luther die Ehe. Der Papst jedoch, so Luther, verachtet den heiligen Ehestand und hält ihn für unrein. Luther weist damit auf die damals gängige Überzeugung hin, dass die mönchische oder priesterliche Ehelosigkeit verdienstvoller sei als die Ehe.

Gott schuf die Menschen als Männer oder als Frauen, und deswegen sollen wir uns nicht als Männer zu Frauen machen oder als Frauen zu Männern, sondern sollen uns so annehmen, wie uns Gott geschaffen hat. Da wir Geschöpfe Gottes sind, sollen wir unsere jeweilige Leiblichkeit als eine Gabe Gottes annehmen, denn „wie er mich und dich gemacht hat, so sind wir: ich ein Mann, du ein Weib".[260] Daraus folgt die Gleichwertigkeit

259 Ebd., *WA* 49:798.10f.

260 Martin Luther, *Vom ehelichen Leben* (1522), *WA* 10/II:276.3f.

von Mann und Frau, denn „solche gute Gemächte will er geehrt und unverachtet haben als sein göttliches Werk, dass der Mann das Weibsbild, oder seinen Leib und Glied, nicht verachtet noch verspottet; wiederum, das Weib den Mann nicht, sondern ein jegliches ehre des andern Bild und Leib als ein göttliches gutes Werk, das Gott selbst wohlgefällt."[261]

Nach Luther ist die Ehe ein göttliches Werk, dass man nicht verhindern darf, denn „es ist ein notwendiges natürliches Ding, dass alles, was ein Mann ist, muss ein Weib haben und was ein Weib ist, muss einen Mann haben".[262] Natürlich entgeht Luther nicht Matthäus 19,12, wo Jesus von Verschnittenen redet, die nicht zur Ehe taugen. Aber darüber hinaus gibt es keine Entschuldigung, den Stand der Ehe zu verwerfen. Luther wendet sich hier explizit an die Priester, Mönche und Nonnen, die ein Gelübde der Ehelosigkeit abgelegt haben, und betont, dass diese Gelübde der Schöpfungsordnung Gottes widersprechen. Doch gibt es auch welche, die zwar zur Ehe taugen, aber willentlich ohne Ehe bleiben, damit sie das Evangelium verkünden und geistliche Kinder vermehren. Luther sagt dazu realistisch: „Diese sind selten und unter tausend Menschen kaum einer. Denn es sind Gottes besondere Wunderwerke."[263] Der Zölibat ist eben nur für ganz wenige Menschen, wohingegen die Ehe als Gottes Ordnung für alle vorgesehen ist.

Luther weiß auch, wie geringschätzig die Welt von der Ehe sprechen kann, etwa dass ein Weib ein nötiges Übel sei und kein Haus ohne solch ein Übel sei. Oder dass die Ehe eine kurze Freude und eine lange Unlust sei. Luther unterscheidet hingegen zwischen ehelich sein und eheliches Leben und sagt: „Wer ehelich ist und eheliches Leben nicht erkennt, der kann nimmermehr ohne Unlust, Mühe und Jammer darin leben, er muss klagen und lästern, wie die Heiden und unvernünftigen blinden Menschen. Wer es aber erkennt, der hat Lust, Liebe und Freude darin ohne Unterlass."[264] Die Ehe ist Gottes Werk und gefällt Gott wohl. Wenn man dies erkennt, dann hat man Friede im Leid und Lust mitten in der Unlust, Freude mitten in der Trübsal. Wir müssen unser Fühlen auf Gottes Werk ausrichten und auf seinen Willen und nicht auf das, was wir suchen.

261 Ebd., *WA* 10/II:276.4-8.

262 Ebd., *WA* 10/II:276.18-20.

263 Ebd., *WA* 10/II:279.19-21.

264 Ebd., *WA* 10/II:294.22-26.

b. Geschlechtlichkeit und Liebe

Wie wir gesehen haben, ist es nach Luther Gottes guter Wille und sein Werk, dass der Mensch in dieser Welt als Mann und als Frau erscheint. Da beide Geschlechter Gottes gute Werke sind, sollte das eine nicht versuchen, das andere zu verachten und herabzusetzen, sondern es als ein gutes Werk ehren, das Gott wohl gefällt. Gott hat es so bestellt, dass Mann und Frau aufeinander angewiesen sind. Auch die Neigung und das Begehren zueinander, also die geschlechtliche Liebe, sind ein Werk Gottes. „Und das ist das Wort Gottes, durch dessen Kraft in des Menschen Leib Same zur Frucht und die intensive natürliche Neigung zum Weib geschaffen und erhalten wird. Die weder mit Gelübden noch mit Gesetzen verhindert werden kann, denn sie ist Gottes Wort und Werk."[265] Dies gilt seit Beginn der Schöpfung und ist heute noch gültig. Luther spricht mit hohen Worten von der Liebe der Geschlechter, denn sie ist die allergrößte und lauterste unter aller irdischen Liebe. Er stellt sie nicht nur der falschen Liebe gegenüber, die egoistisch das Ihre sucht, sondern auch der natürlichen Liebe zwischen Eltern und Kindern und unter den Geschwistern. „Alle andere Liebe sucht etwas anderes, denn den sie liebet; diese allein will den Geliebten eigen ganz selbst haben. Und wenn Adam nicht gefallen wäre, so wäre es das lieblichste Ding gewesen, Braut und Bräutigam."[266]

Adam ist jedoch gefallen, und damit ist die Menschheit der Sünde verfallen. Diese betrifft auch die geschlechtliche Liebe, die jetzt nicht mehr rein ist. Sie ist nicht mehr reine Hingabe an den anderen, sondern sucht zugleich die eigene Lust am anderen. Selbst bei der Zeugung ist die fleischliche Lust dazugekommen. Luther folgt hier ganz seinem Mentor Augustin. Er versteht dabei Psalm 51,7: „Denn ich bin in Schuld geboren; in Sünde hat mich meine Mutter empfangen", als Hinweis auf die biologische Weitergabe der Erbsünde, die mit dem menschlichen Zeugungsakt verbunden ist. – Heute ist es in der alttestamentlichen Exegese allgemein üblich, diesen Vers als Deutung des historischen

265 Luther, *Christliche Schrift an W. Reißenbusch, sich in den ehelichen Stand zu begeben* (1525), *WA* 18:275.25-28.

266 Luther, *Ein Sermon von dem ehelichen Stand* (1519), in: *WA* 2:167.33-35.

Schicksals Israels zu verstehen.[267] – Als ehemaliger Augustinermönch vertritt Luther also die augustinische Verachtung der geschlechtlichen Lust, denn für diesen Kirchenvater war die geschlechtliche Lust sündhaft. Aber Luther erkennt auch, dass es eine Dämonie egoistischen Begehrens in der Liebe der Geschlechter zueinander gibt, die den anderen nur benutzt, anstatt, wie Luther es in der Interpretation des sechsten Gebotes nahelegt, ihn oder sie zu lieben und zu ehren.[268] Im Rahmen dieser durch die Erbsünde verursachten Problematik sieht Luther die Ehe.

Zunächst stellt Luther klar und unmissverständlich fest, dass die Ehe Gottes Wille und Werk schon vor dem Sündenfall war. Sie war keine Notlösung, um die menschliche Sündhaftigkeit in Grenzen zu halten. Gott hat den Ehestand eingesetzt, damit die Welt mit Menschen bevölkert werde. Obwohl für Luther Ehe und Kinder wie selbstverständlich zusammengehören, sieht er den Sinn der Ehe keineswegs nur in der Zeugung von Kindern. In unserer gefallenen Welt hat die Ehe für uns als Sünder auch den Sinn, Hilfe und Heilmittel wider die Zügellosigkeit des Geschlechtsdranges zu sein und Hilfe gegen alle Unordnung, die von der Sünde über uns kommt. Die Ehe bändigt die entartete Geschlechtlichkeit und wehrt dem Schaden an Leib, Gut, Ehre und Freundschaft, der sich durch ein ungezügeltes Geschlechtsleben ergibt. Die Ehe kann heute nicht mehr ohne Sünde gelebt werden, denn das sinnliche Begehren setzt sich in der Ehe fort. Trotzdem ist die Ehe Gottes Wille und Werk, sie ist eine heilige Ordnung, die unter dem Segen Gottes steht.

Ehe, Sinnlichkeit und Zölibat: Gott rechnet die sinnliche Begehrlichkeit in der Ehe dem nicht zu, der im Glauben steht und Gottes Willen tun möchte. Der Ehestand empfängt deshalb trotz der ihm anhängenden Sünde, wenn nicht von Natur aus, so doch durch Gottes Gnade, sein gnädiges Wort der Schöpfung, Vergebung und Rechtfertigung. Auch in der Sünde bleibt die Ehe ein göttlicher und heiliger Stand. Luther sieht also die Liebe der Geschlechter unter einem doppelten Aspekt, dem von Gottes guter Schöpfung und dem durch die Sünde belasteten Verhalten des Menschen.

267 Vgl. Luther in einer Hochzeitspredigt über Heb 13,4 vom 8. Januar (?) 1531, in: *Predigten des Jahres 1531, WA* 34/I:73.3-10.

268 Vgl. Luther, „Das sechste Gebot": *Der Kleine Katechismus*, in: *Die Bekenntnisschriften der Evangelisch-Lutherischen Kirche*, 866.

Die Ehe ist nach Luther die grundlegende Ordnung Gottes, von der sich alle anderen Ordnungen und Stände ableiten. Sie ist durch Gottes Schöpferwillen geboten, da der Mensch von Natur aus zu ihr drängt. Sie kann deshalb nicht einfach als Gottes Gebot verstanden werden, sondern gehört vom Schöpfer her notwendig zum Menschsein dazu. Wer nicht irgendwann in den Ehestand tritt, verfällt nach Luther unweigerlich der geschlechtlichen Zuchtlosigkeit, der Hurerei oder Masturbation. Diese Aussagen sind durch Luthers eigene Erfahrungen und Beobachtungen mit dem Zölibat gefärbt und beinhalten ein großes Maß an Zeitkritik. Deshalb kann Luther auch behaupten, dass derjenige, der sich dem Ehestand entzieht, Gott versuche und den Willen des Satans tue. Allein in der Ehe ist die Geschlechtlichkeit keine zerstörerische Macht. Darum sollte jeder in die Ehe treten, schon allein wegen der Not und Sündhaftigkeit des Geschlechtslebens.

Luther kennt jedoch Ausnahmen von der Ehe, die von Gott selbst zugelassen werden. Zum einen gibt es Menschen, die von Natur aus nicht zur Ehe taugen, sodann andere, denen Gott die hohe, übernatürliche Gabe der Enthaltung verliehen hat, so dass sie auch ohne Ehe keusch bleiben können. Solche Menschen sind aber sehr selten. „Es sind Gottes besondere Wunderwerke.“[269] Dies hat die Römische Kirche außer Acht gelassen, als sie den Zölibat der Priester zum Gesetz machte. Hat allerdings jemand diese Gabe von Gott, so darf er dafür dankbar sein. Aber es soll sich niemand diese Enthaltung zutrauen und sie anstreben, es sei denn, Gott habe ihn speziell zur Ehelosigkeit berufen oder er fühle Gottes Gnadengabe der Enthaltung in sich mächtig.

Luther räumt also die Möglichkeit eines ehelosen Standes ein und betont dessen besondere Aufgabe und Würde. Während es im Alten Testament Sünde war, ohne Weib und Kind zu sein, gilt das nicht mehr für das Neue Testament. Im Anschluss an Paulus kann Luther sogar erklären, dass der ehelose Stand insofern besser sei, als man ohne die Bindung der Ehe „besser predigen und des Wortes Gottes warten könne. [...] Gottes Wort und Predigen machen den keuschen Stand besser, denn der eheliche ist, wie ihn Christus und Paulus geführt haben. In sich selbst aber ist er viel geringer.“[270] Das heißt also, dass es ethisch gesehen keinen Stand gibt, der höher ist als der Ehestand. Luther lehnt damit die qualitative

269 Luther, *Vom ehelichen Leben* (1522), *WA* 10/II:279.20f.

270 Ebd., *WA* 10/II:302.12-15.

Höherwertigkeit des priesterlichen Standes ab. Durch die Lasten, die Gott den Eheleuten auferlegt, hilft der Ehestand nach Luther auch zum Absterben des alten Menschen und ist die hohe Schule der geduldigen Ergebenheit in Gottes Willen. Die Ehe gibt unzählige Gelegenheiten, Geduld und Liebe zu erweisen, wie sie ein eheloser Mensch nicht hat. Die Ehe ist also die Regel, das zölibatäre Leben aber die große Ausnahme.

Man soll frohgemut in die Ehe gehen und froh in ihr bleiben, weil man weiß, dass Gott Wohlgefallen an ihr und den Eheleuten hat. Der Ehestand ist mit Gottes Wort geschmückt und geheiligt. Daher ist die Ehe eine mächtige Quelle der Freude unter allen Lasten, Nöten und Enttäuschungen. Es gibt in ihr Frieden im Leid, Lust mitten in Unlust, Freude in der Trübsal. „Es ist höchste Kunst, diesen Stand nach Gottes Wort anzusehen, welches allein beide, den Stand und die Eheleute lieblich macht."[271] Luther lehnt also eine säkulare Sicht der Ehe ab, welche die Ehe nur als ein menschliches Arrangement ansieht, das mit Gott nichts zu tun hat. Die Ehe ist durch Gottes Willen und sein Wort heilig.

c. Die Ehe als weltlich Ding

Von den Menschen her gesehen kann der Ehestand allerdings nur dann heilig werden, wenn er im Wissen um Gottes Einsetzung gelebt wird, also im Glauben. Dies bedeutet keinen Widerspruch zur Bezeichnung der Ehe als ein äußerlich, leiblich oder weltlich Ding, wie auch die Hochzeit von Luther „ein weltlich Geschäft" genannt werden kann.[272] Die Ehe gehört zur natürlichen Schöpfungsordnung Gottes, nicht zur Erlösungsordnung Christi. Deswegen ist sie auch kein Sakrament, wohl aber eine Institution, die unter dem Segen Gottes steht. Selbst bei Nichtchristen ist sie ein heiliger Stand. Da sie jedoch unter die natürliche Ordnung fällt, ist die Kirche für die Ehe als Rechtsgestalt nicht zuständig. Die Ehe soll nicht kirchlicher Gesetzgebung und Gerichtsbarkeit unterliegen, sondern dem weltlichen Regiment. Deshalb wurde in den Gebieten, in denen die lutherische Reformation eingeführt wurde, die Ehegerichtsbarkeit von

271 Luther in einer Hochzeitspredigt über Heb 13,4 vom 8. Januar (?) 1531, in: *Predigten des Jahres 1531*, *WA* 34/I:67.5-7.

272 Luther, *Ein Traubüchlein für die einfältigen Pfarrherr* (1529), *WA* 30/III:74.3.

der weltlichen Obrigkeit ausgeübt. – Da nach römisch-katholischem Verständnis die Eheschließung ein Sakrament ist und kein weltlich Ding, hat sich die katholische Kirche bis ins 20. Jahrhundert hinein dagegen gewehrt, dass die standesamtliche Eheschließung vor der kirchlichen Trauung vollzogen werden musste. So kam es immer wieder in streng katholischen Gegenden zu kirchlichen Trauungen, ehe die standesamtliche Eheschließung stattfand. Nach lutherischem Verständnis ist die kirchliche Trauung ein rein kirchlicher Akt, durch den das schon rechtlich verheiratete Brautpaar den Segen Gottes für ihre Ehe erbittet und von dem Geistlichen zugesprochen bekommt. – Die Kirche kann in Sachen dieser natürlichen Gottesordnung überhaupt keine Gesetze aufstellen, so wenig wie Christus und die Apostel das getan haben, erklärt Luther. Die einzige Ausnahme besteht dort, wo die Gewissen berührt werden. Hier ist es auch die Aufgabe des Pfarrers, die Menschen zu beraten und notfalls zu trösten, wenn sie im Gewissen unsicher und verwirrt sind oder sich gegen die rechte Ordnung der Ehe vergangen haben. Luther hat sich oft in seinen Briefen und in den Tischreden mit Eheproblemen befasst. Er war dabei ein sehr geschätzter Ratgeber.

In Luthers Verständnis der Ehe zeigen sich die Konsequenzen der Zwei-Reiche-Lehre. Die Ehe ist von der Schöpfungsordnung her ein weltlich Ding und gehört zum Reich zur Linken. Sie ist nicht Teil der Erlösungsordnung Gottes, denn man kann auch ohne Ehe selig werden. Damit ist die Frage, welche Formen eine Ehe annehmen soll, etwa patriarchalisch, partnerschaftlich oder egalitär, eine Frage, die im weltlichen Bereich gelöst werden muss und zu der die Kirche keine eigenen Erkenntnisse beitragen kann. Die Form der Ehe wird durch die jeweiligen zeitlichen und sozialen Gegebenheiten bestimmt. Dies traf auch für Luthers eigene Ehe zu. Wie wir oben sahen, war nach der damaligen Sitte Katharina Luther eigenverantwortlich für Haus und Hof und die Finanzen der Familie, während ihr Mann seine Aufgaben in der Theologie verfolgte. Für die Kindererziehung waren beide zuständig, seine Frau meist untertags und wenn er auf Reisen war, er hingegen meistens nach Feierabend und bei Krankheitsfällen, obwohl die Kinder auch sonst um seinen Arbeitstisch herumtollen durften. Eine klare Trennung der Zuständigkeitsbereiche gab es bei ihnen nicht, denn in seinem langen Junggesellendasein hatte er z.B. auch gelernt, seine Kleider selbst zu flicken, eine Gewohnheit, die er unter Protest seiner Frau noch in der Ehe ausübte.

Obwohl Luther als Pfarrer grundsätzlich nichts mit Eheproblemen zu tun gehabt hätte, da die weltliche Obrigkeit die Ehegerichtsbarkeit wahrnahm, nahm er dennoch, wenn man ihn bat, zu bestimmten Fragen Stellung, um die Gewissen zu beraten. Wie erwähnt, hat er sich deswegen in seinen Briefen oft seelsorgerlich mit Eheproblemen beschäftigt. Nach Luther ist die eigentliche Aufgabe des kirchlichen Amtes bei der Ehe, dass es denen, die eine Ehe beginnen, Gottes Willen über die Ehe und das Evangelium verkündet. Sodann soll es ihnen die Kraft des Glaubens und die Liebe zusprechen, ohne die man keine Ehe richtig führen kann.

Praxis der Ehe: Luther hat in der Praxis die überlieferte Zweiteilung der Eheschließung fortgeführt. Vor der Kirchentür fand die eigentliche Trauung statt, also das Zusammensprechen des Paares, während in der Kirche am Altar die geistliche Handlung vollzogen wurde, indem Gottes Wort über die Ehe verkündet, Gottes Segen gespendet und die Fürbitte der Gemeinde für das junge Paar erbeten wurde. „Der Pfarrherr, so Braut und Bräutigam segnet, bestätigt ihre Ehe und bezeugt, dass sie sich zuvor angenommen und öffentlich bekannt haben.“[273] Die so genannte „kirchliche Trauung“ ist damit auch heute noch nach lutherischen Verständnis nur eine Bestätigung der vorher schon vollzogenen Ehe und ein nachträglicher kirchlicher Segensakt.

Zum Wesen der Ehe gehört ihre Öffentlichkeit. Luther hat streng darauf geachtet, dass die Eheschließung als ein öffentlicher Akt unter Zeugen vor der Gemeinde stattfand. Ein heimliches Verlöbnis gibt nach Luther keine Gewissheit, und die Aussage der beiden Verlobten genügt nicht zur Anerkennung ihrer Ehe. Die Ehe soll auch nicht ohne Wissen und Willen der Eltern geschlossen werden, denn sonst verstößt man gegen das vierte Gebot. Auf der anderen Seite sollen die Eltern ihre Kinder nicht gegen deren Willen und Liebe zu einer Ehe zwingen und ihnen, wenn sie einander lieben, die Heirat nicht verweigern.

Die Ehe hat einen zweifachen Sinn, im Verhältnis der Eheleute zueinander und der Aufgabe der Zeugung und Erziehung von Kindern. Mann und Frau sind zunächst füreinander da. Das Glück der Ehe liegt darin, „dass Mann und Weib sich liebhaben, eines sind, eins des anderen wartet“.[274] Die sinnliche Liebe allein genügt nicht, denn sie kann bald erkalten. Die Ehe ist vielmehr ein Bund der Treue. „Das ist der Grund und

273 Luther, *Exempel, einen rechten christlichen Bischof zu weihen* (1542), *WA* 53:257.8-10.
274 Luther, *Vom ehelichen Leben* (1522), *WA* 10/II:299.6f.

das ganze Wesen der Ehe, dass sich eins dem andern gibt und verspricht, Treue zu halten und keinen anderen einzulassen. Dieweil dann eines sich also an das andere bindet und sich gefangen gibt."[275] In diesem Treuebund hat das Geschlechtsleben einen anderen Kontext als außerhalb der Ehe, denn es wird nicht mehr von eigensüchtiger Lust bestimmt, sondern von der Bereitschaft, dem anderen zu dienen.

Die leibliche Gemeinschaft braucht sich nicht auf die Zeugung von Kindern zu beschränken, sondern Gott erlaubt den Eheleuten den Verkehr auch darüber hinaus als Ausdruck und Vollzug der ehelichen Liebe. Hier übt Luther Kritik an Paulus, wenn er schreibt: „Wiewohl nur christliche Eheleute ihre Leiber nicht im Suchen böser Lust regieren lassen sollen, wie Paulus den Thessalonichern schreibt [1 Thess 4,5], so muss doch ein jeglicher sich selbst prüfen, dass er sich nicht in Gefahr der Hurerei oder anderer Sünde begebe mit seinem Enthalten [vom ehelichen Verkehr]."[276] Die eheliche Liebe und Treue bewährt sich vor allem bei der Enttäuschung am Ehegatten, bei Konflikten und dann, wenn der andere krank, unverträglich oder bösartig ist.

Luther betrachtet die Ehe sehr nüchtern und erkennt, dass sie immer gefährdet ist, wenn sie nur aus ihrer eigenen Kraft gelebt wird. Ein Christ sieht jedoch nicht oberflächlich auf das Glück, sondern auf Gottes Willen. Ähnlich argumentiert Luther, wenn er von der Krankheit eines Ehegatten spricht. In dieser Situation soll man sich nicht von ihm scheiden lassen, sondern Gott in dem Kranken dienen. „Selig und abermal selig bist du, wenn du solche Gabe und Gnade erkennst und deinem Gemahl also um Gottes Willen dienst."[277] Man darf Gott vertrauen, dass er einem nicht mehr zu tragen gibt, als man ertragen kann. Es liegt also alles daran, ob man mit Gott oder selbstsicher, nämlich ohne Gott, in die Ehe tritt und in ihr steht. Eine erste Liebe oder ein vorläufiges Verliebtsein ist nach Luther keine tragfähige Grundlage für eine Ehe. „Ein Weib ist bald genommen; aber [sie] stets lieb zu haben, das ist dann schwer."[278] Es ist eine Tat des Teufels, dass einer des anderen überdrüssig wird und man sein Auge auf andere wirft. Man soll sich gegen diese Gefahr wappnen, indem man die Ehe unter Gottes Augen und im Gebet um seine Hilfe beginnt und führt.

275 Luther, *Ein Sermon vom ehelichen Stand* (1519), *WA* 2:168.38-169.2.
276 Luther, *Vom ehelichen Leben* (1522), *WA* 10/II:292.17-20.
277 Ebd., *WA* 10/II:291.29f.
278 Luther, Tischrede Nr. 5524 (1542/43), *WA TR* 5:214.27f.

Mag mir auch eine andere Frau schöner und begehrenswerter erscheinen als meine, so sage ich mir: „Ich habe daheim doch einen viel schöneren Schmuck an meinem Gemahl, so mir Gott gegeben und mit seinem Wort verzieret hat vor allen anderen, ob sie auch gleich von Leib nicht schön oder sonstwie gebrechlich wäre."[279]

Der andere Aspekt der Ehe besteht nach Gottes Wort und Willen in der Fruchtbarkeit. Hier darf die Mutter dem Liebeswillen Gottes mit seiner Kreatur dienen. Sie ist gewürdigt mit ihrem ganzen Wesen, Werkzeug und Hand Gottes zu sein. Das gilt bei der Schwangerschaft und auch bei der Geburt angesichts der Not und Todesgefahr, die Luther wegen der damaligen medizinischen und hygienischen Verhältnisse sehr deutlich erlebte. Was dem natürlichen Menschen als reine Last, Enge und Mühsal erscheint, das erkennt das Auge des Glaubens als eine einzigartige Berufung, Gottes gnädigem Willen zu dienen und neues Leben zu fördern. Gott beruft deshalb die Eltern als Apostel, als Bischöfe und Pfarrer ihrer Kinder.

d. Elternschaft und Familie

Die Eltern stehen nach Luther an Gottes Statt, und sie sind für die Kinder die höchste Autorität auf Erden. Alle andere menschliche Autorität, auch die der Obrigkeit, ist aus der elterlichen abgeleitet. Die elterliche Autorität erstreckt sich über das weltliche und das geistliche Regiment. Die Eltern sind einerseits die Obrigkeit der Kinder im weltlichen Regiment. Kraft des allgemeinen Priestertums sind sie aber auch die geistliche Autorität für ihre Kinder und haben ihnen das Evangelium zu verkünden. Von daher sollen die Eltern ihre Kinder nicht nur lieben und für die weltliche Gesellschaft und den äußeren Erfolg erziehen, sondern ihnen auch geistlich das Beste angedeihen lassen. Die Eltern können durch die gute Erziehung ihrer Kinder die Seligkeit erlangen oder durch Vernachlässigung die Hölle verdienen. Luther hätte also nichts von der jetzt oft geäußerten Meinung gehalten, dass man die Kinder nicht beeinflussen soll. Sie sollen selbst einmal entscheiden, was sie glauben wollen. Ganz im Gegenteil! Obwohl Luther stets betonte, dass man den Glauben

279 Luther in einer Predigt zu Mt 5,27-29, in: *Wochenpredigten über Mt 5-7* (Druck 1532), *WA* 32:372.18-21.

niemandem aufzwingen könne und dürfe, wusste er um die Vorbildfunktion der Eltern und um die Wahrheit des Sprichworts: „Der Apfel fällt nicht weit vom Stamm." Wenn die Eltern kein positiven Glaubensverhältnis haben, werden auch die Kinder, bewusst oder unbewusst, zu religiöser Gleichgültigkeit erzogen. Gott hat aber die Eltern als seine Stellvertreter eingesetzt. Deswegen sollen die Kinder ihre Eltern an Gottes Statt ansehen. So schreibt Luther im *Kleinen Katechismus*, dass die Kinder ihre Eltern in Ehren halten sollen, da ehren mehr ist als lieben.[280] Zur Ehre gehören aber auch die Liebe und darüber hinaus die Furcht. Liebe soll nicht ohne Furcht sein, doch Furcht auch nicht ohne Liebe, denn beide sollen den Eltern gleich wie Gott selbst dargebracht werden. Um das Eltern-Kind-Verhältnis recht zu würdigen, müssen wir zunächst bedenken, dass die Eltern die oberste, in sich einheitliche Autorität für die Kinder darstellen. Diese Autorität ist jedoch in keinem elterlichen Machtanspruch begründet, denn dieser wird durch die göttliche Beauftragung der Eltern begrenzt.

Luther räumt dem Hausvater als Familienvorstand weitgehende Rechte ein. Zu einer spätmittelalterlichen Familie gehören neben Eltern und Kindern auch Dienstboten, Gesellen und Lehrlinge des Handwerkers oder Kostgänger im eigenen Hause. Im Verhältnis der Ehegatten zueinander ist der Mann der Frau vorgeordnet, was Luther schon aus der körperlichen und seelischen Anlage der Partner ableitet. Doch von den regulären Aufgaben der Frau steht keine unter der Würde des Mannes, wenn es die Not erfordert. So kann Luther schildern, wie der Mann des Nachts das Kind wiegt und die Windeln wäscht, seine Frau pflegt und für sie arbeitet, denn dies geschieht zum Wohlgefallen Gottes.[281]

Die Frau ist die Lebensgefährtin des Mannes. Sie übte ihre damaligen, kleinbürgerlichen Funktionen – an solche dachte hier Luther – in Haus und Hof in eigener Zuständigkeit und nicht erst im Auftrag des Mannes aus. Das Regiment des Hausvaters ist mit dem der Ehefrau koordiniert und im Verhältnis zum übrigen Hausstand uneingeschränkt. Obwohl der Hausstand staatlichem Recht unterworfen ist, folgen sein innerer Aufbau und die Funktionen seiner Glieder untereinander einer ihm eigenen, schöpfungsmäßigen Ordnung. Deshalb hat der Hausvater seine Macht

---

280 Vgl. Luther, „Das vierte Gebot": *Der Kleine Katechismus*, in: *Die Bekenntnisschriften der Evangelisch-Lutherischen Kirche*, 864.

281 Vgl. dazu Luther, *Vom ehelichen Leben* (1522), *WA* 10/II:296.2-11.

weder vom Staat noch für ihn, sondern ist im häuslichen Bereich vom staatlichen unabhängig. Die Hauptsorge der Hausfrau gilt der Wirtschaft. Der Hausvater hingegen ist für den religiösen Teil der Familie zuständig. Er soll nach Luthers Vorrede zum *Großen Katechismus* wenigstens einmal wöchentlich mit Kindern und Gesinde den Katechismus-Stoff durchgehen.[282] Damit übernimmt er dieselbe Funktion für sein Haus wie der Pfarrer für die Gemeinde. Seine geistliche Fürsorge für die Seinen leitet der Hausvater, entsprechend einem kirchlichen Katecheten, nicht durch kirchliche Beauftragung ab, sondern durch seine Stellung, die ihm als getauftem Christ von Gott innerhalb der Familie zugewiesen ist. Was den christlichen Glauben betrifft, ist dieser keineswegs eine Sache vornehmlich für Frauen, wie das heute leider meist der Fall ist.

Die besondere Funktion des Hausvaters ergibt sich dadurch, dass er zusammen mit der Mutter für Nachkommen sorgt und diese, mindestens bis zu einem gewissen Alter, von der elterlichen Obhut abhängig sind. Die Kinder stehen damit zu den leiblichen Eltern in einem ähnlichen Verhältnis wie die Menschen zu Gott, der sie alle erschuf. Die natürliche Liebe zu den Kindern, die aus dem biologischen Zusammenhang entsteht, entspricht dem Willen des Schöpfers. Doch darf sie zu keiner fleischlichen Liebe führen, also zu sexuellem Missbrauch, denn die Eltern erziehen für Gott und an Gottes Statt. Deshalb sollen sich die Eltern das Wohl der Seelen der Kinder ebenso angelegen sein lassen wie die Pflege der Körper ihrer Kinder. Erziehung für Gott heißt aber nicht, dass die Kinder ins Kloster geschickt werden sollen, sondern dass sie so erzogen werden, um im Dienst an anderen, in der Berufserfüllung und in der Bereitschaft für Gemeinde und Obrigkeit Gott zu dienen lernen. Der Eigensinn des Kindes, das sich gegen die Autorität der Eltern sträubt, ist nach Luther die Vorstufe der asozialen Haltung des Erwachsenen und muss deshalb durch kluge, im Notfall auch strenge Zucht unterbunden werden. „Mit großem Eifer soll man die Kinder zu einer guten Furcht erziehen, dass sie die Dinge fürchten, von denen man Ehrfurcht haben soll, und nicht, dass man sie an sich furchtsam mache, wie es manchen Eltern genügt, damit sie sehr furchtsam sind, was ihnen ihr Leben lang schadet."[283]

282 Vgl. Luther, *Der Große Katechismus*, Vorrede, in: *Die Bekenntnisschriften der Evangelisch-Lutherischen Kirche*, 912.

283 Luther, *Decem praecepta Wittenbergensi praedicata populo* (1518), *WA* 1:449.35-39, in seinen Ausführungen zum 4. Gebot.

Unnötige Härte gegenüber den Kindern ist deshalb töricht, weil sie leicht das Gegenteil bewirkt, was die Eltern erreichen wollen. Sie ist auch eine Versündigung an der Natur des Kindes, das in seiner Ursprünglichkeit dem Urstand des ersten Menschen noch näher steht als ein Erwachsener. Luther kann deshalb Eltern tadeln, die sich nicht mit der natürlichen Kindlichkeit ihrer Kinder abfinden oder deren Individualität nicht anerkennen wollen.

Man erkennt in der Beziehung zwischen Eltern und Kinder und bei den Ehepartnern untereinander ein grundsätzliches ethisches, reziprokes Verhältnis. Man kann Luther kein patriarchalisches Familienverständnis vorwerfen, in dem der Vater unumschränkter Herrscher wäre, auch wenn das zu seiner Zeit noch gang und gäbe war. Natürlich geht Luther von der für ihn und seine Umwelt noch als natürlich geltenden Vorordnung des Mannes gegenüber der Frau in der Familie aus. Diese wurde von ihm mit der Tradition auch naturrechtlich begründet. Interessant ist an dieser Stelle noch, dass in der damaligen Zeit nach sächsischem Recht eine Frau, deren Mann verstorben war, einen Vormund bekam, der ihre Angelegenheiten nach außen vertrat. Als Martin Luther sein Testament verfasste, beriet er sich mit den Juristen. Er setzte Katharina in seinem Testament als Alleinerbin und Vormund für ihre unmündigen Kinder ein. Dieser letzte Wille Luthers war außergewöhnlich und widersprach damaligem Recht, nach welchem ein Vormund für die überlebende Ehefrau und die Kinder bestellt werden musste. Als Luther starb, wurde jedoch sein Testament trotz seines Ansehens nicht anerkannt, und seiner Witwe und den Kindern wurde ein Vormund zugeteilt. Katharina erreichte aber schließlich doch, dass man ihr nicht die Verantwortung für die Kinder nahm und dass sie auch weiterhin in ihrem Haus bleiben und ihren Besitz selbst verwalten konnte. Ganz gegen die damalige Sitte sah Luther seine Frau als mit ihm gleichberechtigt an und wollte, dass dies nach seinem Tod auch so blieb.

Die Analogie Luthers aber, die er zwischen den Eltern und der weltlichen Obrigkeit zog, ist uns durch unsere demokratisch konstituierte „Obrigkeit“ verwehrt, selbst wenn wir gelegentlich noch von einem „Landesvater“ sprechen. Obwohl uns in diesem Kapitel der geschichtliche Abstand zu Luther sehr deutlich wird, darf man auch die modern anmutenden Züge in Luthers Ehe- und Familienverständnis nicht übersehen. So hatte etwa bei ihm das Recht der Eltern seine Grenze im ersten Gebot, nach dem man Gott mehr gehorchen muss als den Eltern. Luther ging gegen den ausdrücklichen Willen seiner Eltern ins Kloster. Wie sich in der Ehe Luthers zeigt, hatte seine Frau einen Freiraum, in dem er als Mann nicht hineinregierte. Man kann bei Luther sogar von einer partnerschaftlichen Ehe im Sinne einer „geistigen und geistlichen Partnerschaft der Frau" reden,[284] wobei Mann und Frau aufeinander angewiesen waren und auf gemeinschaftliches Wohlergehen achteten.

---

284 So Ingetraut Ludolphy, Art. „Frau VI. Reformationszeit", in: *Theologische Realenzyklopädie*, 11:443, mit Bezug auf Luther.

14. Der Gottesdienst muss fröhlich sein

Im *Evangelischen Gesangbuch* der Evangelischen Kirche Deutschlands sind 29 Lieder abgedruckt, zu denen Martin Luther den Text oder wenigstens einen Teil des Textes beitrug. Zu 16 von diesen schrieb er auch die Melodie. Außerdem hat er bei zwei weiteren nur die Melodie beigetragen. Im *Lutheran Book of Worship* der Evangelical Lutheran Church of America sind 20 Lieder verzeichnet, zu denen Martin Luther den Text, die Melodie oder beides verfasste. Wenn man sich vorstellt, dass Luthers Lieder Gelegenheitsarbeiten waren, so muss man sich fragen, wie viele der heutigen Kirchenlieder in 500 Jahren noch in einem Gesangbuch oder im Gotteslob stehen werden, um Luthers Einfluss auf das Kirchenlied zu erfassen. Es überrascht nicht, dass 1620 der Jesuit Adam Conzenius schrieb: „Luthers Lieder haben mehr Seelen umgebracht als seine Schriften und Vorträge."[285] Das heißt, dass das gesungene Liedgut Luthers einen größeren Einfluss auf die Menschen hatte als seine publizistische Tätigkeit und seine Predigten. Es war kein Zufall, dass Luther zur Musik kam, denn dies war bei seinem schulischen Lebensweg selbstverständlich. Nicht selbstverständlich jedoch war, dass Luther musikalisch begabt und interessiert war.

a. Die musikalische Ausbildung Luthers

Ob in Luthers Elternhaus musiziert wurde, wissen wir nicht. Doch schon 1497, also mit dreizehn Jahren, kam Luther an die Domschule in Magdeburg, die von den Brüdern vom Gemeinsamen Leben geleitet wurde, eine Ende des 14. Jahrhunderts in den Niederlanden gegründete Ordensgemeinschaft. Ein Jahr später kam er an die Georgenschule in Eisenach, benannt nach dem Stadtheiligen St. Georg. Unter Erzbischof Ernst von Sachsen (1476-1513) erlebte die Choral- und Figuralmusik im Magdeburger Dom eine besondere Blütezeit, und es ist anzunehmen,

285 Conzenius (1620), nach Karl Anton, *Luther und die Musik* (Zwickau: Johannes Herrmann, ^{3}1928 [1916]), 11.

 | DOI:10.30965/9783657760541_015

dass Martin Luther auch regelmäßig im Chor mitsingen musste.[286] Wahrscheinlich hat er dort Gesangsunterricht bekommen und sich mit den anderen jungen Schülern durch den Gesang vor den Bürgerhäusern etwas Geld verdient.[287] 1498 sandte ihn sein Vater nach Eisenach, da sie dort Verwandte hatten, und er sang dort wieder mit den anderen Schülern vor den Bürgerhäusern, um sich etwas zum Lebensunterhalt dazu zu verdienen. Er wohnte bei der Patrizierfamilie Schalbe und war mit dem Priester Johannes Braun (um 1450-nach 1516) befreundet, der ein fröhliches Leben führte und in dessen Haus geistliche und weltliche Musik gepflegt und sogar Motetten gesungen wurden. Ab 1501 studierte Luther an der Artistenfakultät der Universität Erfurt. Zur Zeit Luthers war dies die größte deutsche Universität mit etwa 260 Neueinschreibungen pro Jahr. Als Teil seines Studiums musste er sich theoretische Kenntnisse in Musik aneignen.[288] So gehörte zu seinem Studienplan eine Vorlesung über aristotelische Musiklehre. Während seines Studiums der freien Künste betätigte sich Luther auch im Lautenspiel, und zu dieser Zeit lernte er das Komponieren.[289]

Nachdem Luther 1510 überraschend in das Erfurter Kloster der Augustiner Eremiten eingetreten war, brachte ihn das theologische Studium, das er bald begann, wieder mit der Musikanschauung von Augustin, Thomas von Aquin, Gabriel Biel u.a. in Berührung. Besonders enge Freundschaft pflegte er mit dem Kantor Johann Walter (1496-1570). Als Kurfürst Friedrich der Weise 1525 starb, wollte sein Nachfolger, Johann der Beständige, die Kantorenstellen von Walter in Torgau und zwei weiteren Kantoren in Wittenberg aufheben. Doch Luther setzte sich vehement für ihn beim Kurfürsten ein.[290] Auch als Familienvater sang Luther mit seiner Baritonstimme im Familienkreis und begleitete auf der Laute. Der Kapellmeister des Kurfürsten von Sachsen, Konrad Rupff (ca. 1475-1530), und Johann Walter waren im Herbst 1525 drei Wochen bei Luther in Wittenberg zu Gast, um ihm bei der musikalischen Gestaltung

286 Zum Folgenden vgl. Joachim Stalmann, „Luther, Martin", in: *Die Musik in Geschichte und Gegenwart* (2004), Personenteil, 11:636-654.

287 So Martin Brecht, *Martin Luther. Sein Weg zur Reformation 1483-1521*, 28.

288 So Martin Brecht, *Martin Luther*, 43.

289 Luther, *WA TR* 5:657.11-12 (Nr. 6428).

290 Martin Luther, „Luther an Joh. Walther," *WA BR* 4:121.3-8 (Nr. 1041), in einem Brief vom 21. September 1526.

der deutschen Messe zu helfen.[291] Auch mit dem Münchner Komponisten Ludwig Senfl (ca. 1486-1543) und dem Thomas-Kantor, dem späteren Ratsherrn in Wittenberg, Georg Rhau (1488-1548) war er befreundet. Ebenso rühmt er die Kompositionen von Josquin des Prés (ca. 1450-1521), da dieser durch seine Musik das Evangelium verkündet.[292] 1531 schickt Luther Senfl einige Bücher als Zeichen seiner Dankbarkeit, weil er ihm einige Motetten übersandt hatte.[293] Schon das Jahr zuvor, als er von der Feste Coburg aus den Reichstag zu Augsburg verfolgte, bat er den Hofmusiker Senfl, ihm eine mehrstimmig gesetzte Komposition zu schicken. Obwohl er wusste, dass die Herzöge von Bayern ihm nicht wohlgesonnen waren, pries er sie, „weil sie die Musik so begünstigen und ehren".[294]

Luther betonte in diesem Brief auch, dass die Musik die bösen Geister vertreibt und „dass nach der Theologie keine Kunst da sei, welche der Musik gleichgestellt werden könnte". Ebenso wie die Theologie gibt die Musik einem ein ruhiges und fröhliches Gemüt. Es ist seine Überzeugung, wie Luther immer wieder betont, dass die Musik Traurigkeit und Schwermut vertreibt. Für ihn sind Theologie und Musik überaus eng verbunden, was schon die Propheten erkannten, da sie „die Wahrheit in Psalmen und Liedern verkündigten". Die Musik ist also ein Instrument der Verkündigung, wie wir besonders im Liedschaffen Luthers erkennen können. Auch für die Erziehung seiner eigenen Kinder war ihm die Musik wichtig. Als er z.B. seinen Sohn Johannes nach Torgau in die Schule schickte, damit er „in der Grammatik und Musik" geübt werde, wies er ausdrücklich darauf hin, dass Johann Walter, der dort die Kantorenstelle innehatte, sich seinen Sohn „befohlen sein lasse in der Musik".[295] Bei diesem Interesse an der Musik ist es selbstverständlich, dass Luther die Musik in den Dienst seiner reformatorischen Bemühungen stellte.

---

291 Nach *WA* 35:82 in einem Bericht von Johann Walter.

292 So Martin Brecht, *Martin Luther. Ordnung und Abgrenzung der Reformation 1521-1532* (Stuttgart: Calwer Verlag, 1987), 363.

293 Luther, „An Hieronymus Baumgartner in Nürnberg," *WA BR* 6:1.4-7, in einem Brief vom 1. Januar 1531.

294 Luther, „An Ludwig Senfl in München," *WA BR* 5:639.8, 12f., 21, Nr. 1727, für dieses und die nachfolgenden Zitate (Nr. 1727) in einem Brief vom 4. Oktober 1530.

295 Luther, „Marcus Crodel in Torgau," *WA BR* 10:134.4f., 18f., Nr. 3783, in einem Brief vom 26. August 1542.

b. Luther und das Kirchenlied

Durch die Jahrhunderte war die gottesdienstliche Gemeinde weitgehend eine schweigende Gemeinde. In der Liturgie sprach sie das *kyrie eleison* (Herr, erbarme dich), weil das angemessen war, aber sonst schwieg sie. Im 11. Jahrhundert entstanden aus dem liturgischen Brauch, die Gemeinde durch Kyrie-Rufe an der Allerheiligenlitanei und an lateinischen Hymnen zu beteiligen, die sogenannten Leisen (von: *eleison*). Dies sind kurze einstrophige, in der Regel vierzeilige responsorische Antworten in der Volkssprache auf Gesänge der Messfeier. Da Martin Luther mehrere *Leisen* aufgegriffen und zu Chorälen erweitert hat, gelten sie auch als Wegbereiter des evangelischen Kirchenliedes. Es überrascht nicht, dass Luther mit der damaligen gottesdienstlichen Praxis nicht zufrieden war. Die Gemeinde durfte sich nicht aktiv an der Liturgie beteiligen, außer bei dem gelegentlichen Sprechen des *kyrie eleison* oder dem Singen einer *Leise*. Zudem wurde die Messe ganz auf Lateinisch zelebriert. Sogar viele Priester verstanden nicht das Latein, dass sie lasen, und so war es nicht überraschend, dass die Gemeinde weitgehend keine Ahnung hatte, was sich im Gottesdienst vollzog. – So kam es zu üblen Verballhornungen. Zum Beispiel entstand wahrscheinlich aus dem „hoc est corpus meum" (das ist mein Leib) bei der Messe das Wort Hokuspokus. Die Gläubigen meinten, der Priester verwandelte wie ein Zauberer die Elemente in Leib und Blut Christi. – Luther war überzeugt, dass die Gemeinde die Liturgie einschließlich der Schriftlesungen, der Predigt und der Gesänge verstehen musste. Deswegen hatte er ja zunächst die Bibel ins Deutsche übersetzt. Die Menschen konnten die Bibel nun auch selbst lesen. Das nächste Projekt war, die Gottesdienstbesucher zum aktiven Mitwirken beim Gottesdienst anzuregen.

1523 schrieb Luther an den Sekretär seines Kurfürsten, Georg Spalatin: „Es besteht die Absicht, nach dem Beispiel der Propheten und Altväter der Kirche, deutsche Psalmen für das Volk zu verfassen, das heißt geistliche Lieder, dadurch Gottes Wort durch Gesang unter den Leuten verbleibe."[296] Luther orientierte sich also am Beispiel der Propheten (Psalmlieder) und der alten Kirche (Ambrosius). Wie oben schon erklärt, war die Messe eine Schaumesse geworden, bei der der Priester allein mit dem Chor antiphonierte. Da nach Luthers Verständnis jeder

296 Luther, „An Spalatin," *WA BR* 3:220.1-3, Nr. 698, in einem Brief von Ende 1523.

Christ ein Priester ist, durfte die Messe nicht dem Priester und dem Chor überlassen bleiben. Als er sich auf Abhilfe besann, erinnerte er sich an den ambrosianischen Gesang in gereimten Hymnen, den er den Messgesängen Gregors des Großen vorzog. Ein jeder sollte in der Kirche wieder selbst mitsingen dürfen. So übersetzte er lateinische Gesänge und ließ sie auf Deutsch von der Gemeinde als Choräle singen. Er beteiligte sich auch persönlich an der Schöpfung landessprachlicher Lieder, denen im Gottesdienst eine liturgische Funktion zukam und die in der Öffentlichkeit für den neuen Glauben werbend wirkten. Als 1527 in Oberösterreich der Pfarrer Leonhard Kaiser als Ketzer verbrannt wurde, bat dieser das umstehende Volk, *Komm, Heiliger Geist, Herre Gott* zu singen, das Luther drei Jahre zuvor ‚christlich verbessert' hatte.[297] So wurde Gesang zu einer der schärfsten Waffen der Reformation. In der Bischofsstadt Hildesheim wurde daher 1524 verboten, auf der Straße zu singen, und in Braunschweig wurden 1526 Schustergesellen beim Priester angezeigt, weil sie für sich evangelische Lieder sangen. Auch in der damaligen DDR war 1989 das Singen, das sich von evangelischen Kirchen auf die Straßen hin erstreckte, ein wichtiges Instrument für die friedliche Revolution.

Doch zur Reformationszeit waren die Menschen von der Idee fasziniert, in ihrer Sprache singend mit Gott in Kontakt treten zu können. Besonders instruktiv ist dabei Luthers Gesangbuch von 1529.[298] Nach einer Vorrede gliedert Luther das Gesangbuch in fünf Teile. Im ersten Teil finden wir 28 Lieder Luthers, von denen 24 in den Jahren 1523 und 1524 geschrieben wurden und durch Liedblätter verbreitet in Erfurt und Straßburg sofort in Gesang- und Liturgiebüchern aufgenommen wurden. Der zweite Teil umfasst Lieder, die von Autoren stammen, mit denen Luther eng zusammenarbeitete. Im dritten Teil folgen vier mittelalterliche Lieder, die z.T. eingedeutscht waren, nämlich zwei Weihnachtslieder, ein Vesperhymnus und ein Osterlied, darunter „In dulci jubilo / Nun singet und seid froh" und „Christ ist erstanden". Im vierten Teil schließen sich dann andere geistliche Lieder an, die von Zeitgenossen verfasst waren. Der fünfte und letzte Teil beinhaltet 15 Cantica, „Lieder aus der Heiligen Schrift, so die lieben Patriarchen und Propheten vor Zeiten gemacht

---

297 Wolfgang Suppan †, Art. „Reformation", in: *Oesterreichisches Musiklexikon online*, Zugriff: 26.2.2020 (https://www.musiklexikon.ac.at/ml/musik_R/Reformation.xml).

298 Zum Folgenden vgl. Markus Jenny, „Luthers Gesangbuch," in: Helmar Junghans, Hg., *Leben und Werk Martin Luthers von 1526 bis 1546.* 1:303-321.

und gesungen haben".[299] Darunter ist auch das Magnificat, der Lobgesang Mariens. Dieses Wittenberger Gemeindegesangbuch von 1529, das Luther herausgab, ist das erste illustrierte Gesangbuch überhaupt, wenn man von den illuminierten Handschriften des Mittelalters absieht, ein Buch, bei dem Musik, Wort und Bild zusammengehören. Alle Künste sollen nach Luther im Dienste Gottes stehen, der sie gegeben und geschaffen hat.

Interessant ist, dass dieses Gesangbuch 1529 erschien, denn im selben Jahr wurden das *Betbüchlein* und der *Kleine* und der *Große Katechismus* veröffentlicht. Wie erwähnt war das Gebetbuch nicht nur eine Sammlung von Gebeten, sondern sollte in den christlichen Glauben einführen. Ebenso war das Gesangbuch kein Buch, durch das man sich nur die für die Liturgie nötigen Gesänge aneignen konnte, sondern ein umfassendes Buch der singenden Christenheit. Auch die beiden Katechismen waren keine Abfragebücher für den Unterricht, sondern führten in die Praxis christlicher Existenz ein. Alle diese Veröffentlichungen sind bebildert. Ebenso ist die Luther-Bibel illustriert. Wort und Bild gehören für Luther zusammen, ebenso wie die Musik dazugehört, und alle drei unterweisen im christlichen, genauer: im reformatorischen Glauben. So schreibt der praktische Theologe und Spezialist für Luthers Lieder, Markus Jenny, zu Recht: „Die Arbeit am Gesangbuch ist ein selbstverständlicher und integrierender Bestandteil der Gemeindeaufbauarbeit, deren Notwendigkeit Luther anhand der katastrophalen Visitationsberichte [vom Jahr 1528] klar wurde. Es ist von daher auch begreiflich, dass Luther die Gesangbucharbeit nicht an irgendeinem ‚Fachmann' delegieren konnte und wollte, sondern sie in der eigenen Hand behalten musste."[300]

Obwohl Luther das deutsche geistliche Lied aus seiner Jugendzeit ebenso gut kannte wie lateinische liturgische Gesänge, wurde er erst zum Liedermacher, als die Reformation schon weit fortgeschritten war. Wie üblich hatte Luther aus einer Notlage heraus gehandelt. Er wurde zum Liedschöpfer, weil es an geeigneten Kirchenliedern fehlte. So schreibt er 1523: „Ich möchte, dass wir möglichst viele Lieder in der Volkssprache hätten, welche die Gemeinde in der Messe singen könnte, sowohl zum Graduale als auch zum Sanctus und Agnus Dei. [...] Aber es fehlen uns die Dichter oder sind noch nicht bekannt geworden, die uns fromme und

299 Zitiert nach Markus Jenny, ebd., 1:305.
300 Ebd., 1:321.

geistliche Lieder (wie Paulus sagt) kunstgerecht zusammenfügten, die es wert wären, in der Gemeinde Gottes in Gebrauch zu stehen."[301] Um die frühchristliche Praxis des Gemeindegesangs wiederzubeleben, forderte er „deutsche Gesänge, die das Volk während der Messe singe". In Wittenberg konnte er dies durchsetzen, denn in der *Deutschen Messe* von 1526, dem deutschsprachigen Gottesdienst in Wittenberg, stehen deutsche Lieder ganz am Anfang und nach der Epistellesung. Auf das Evangelium folgt das Glaubenslied, *Wir glauben all an einen Gott*, und im Rahmen der Abendmahlsliturgie werden von der Gemeinde Liedstrophen gesungen. Obwohl Luther schon vor seiner beabsichtigten Reform des Gottesdienstes geistliche Lieder dichtete, dienten seine Liedschöpfungen „direkt oder indirekt der Verkündigung des Evangeliums".[302] Damit die Gemeinde am Gottesdienst teilnehmen konnte und auch verstand, was im Gottesdienst vonstattenging, bedurfte es deutscher Lieder.

Es gab zwar das deutsche Gemeindelied schon seit dem 12. Jahrhundert als kurze Liedstrophen, die dann mit dem *Kyrieleis* endeten, also dem „Herr, erbarme dich". Diese oben erwähnten *Leisen* wurden bei Wallfahrten, Prozessionen und anderen Gelegenheiten gesungen, aber selten bei der Messe, also dem sonntäglichen Gottesdienst. Manche dieser einstrophigen Lieder wurden schon vor Luther zu mehrstrophigen erweitert, wie etwa das Osterlied „Christ ist erstanden". Auch wurden schon im 14. Jahrhundert lateinische Hymnen ins Deutsche übertragen, zu Luthers Zeit durch den radikalen Reformator und Revolutionär Thomas Müntzer. Wichtig für Luther war jedoch, dass sowohl Text als Melodie das Evangelium verkündeten. Die Melodie sollte die Freude am Evangelium wiedergeben. Ebenso vergaß er nicht das didaktische Moment. So schuf Luther eine Reihe von Katechismus-Liedern, etwa „Dies sind die heilgen zehn Gebot", eine Liedbearbeitung des Glaubensbekenntnisses, oder ein Lied zur Taufe und zum Vaterunser. Selbst Kinderlieder waren ihm wichtig, wie das Weihnachtslied „Vom Himmel hoch, da komm ich her". Das erste Lied, das Luther verfasste und bekannt wurde, schrieb er aus Empörung über die Verbrennung von zwei reformatorisch gesinnten

---

301 Luther, *Formula Missae et Communionis* (1523), *WA* 12:218.15-16; 21-23.

302 Markus Jenny, „Luther als Liedschöpfer," in Gerhard Bott, Hg., *Martin Luther und die Reformation in Deutschland. Ausstellung zum 500. Geburtstag Martin Luthers. Veranstaltet vom Germanischen Nationalmuseum Nürnberg in Zusammenarbeit mit dem Verein für Reformationsgeschichte* (Frankfurt am Main: Insel, 1983), 294.

Augustinermönchen im Juli 1523 in Brüssel. Dieses Lied, das auf Flugblättern weiterverbreitet wurde, war leicht auswendig zu lernen. Eine Strophe davon lautete:

Zwei große Feur sie zündten an,
Die Knaben sie her brachten.
Es nahm groß Wunder jedermann,
Dass sie solch Pein verachten.
Mit Freuden sie sich gaben drein,
mit Gottes Lob und Singen.
Der Mut ward den Sophisten klein
für diesen neuen Dingen,
dass sich Gott ließ so merken.

Eine Liedgattung, die Luther selbst erfand, war das Psalmlied. Vor Luther gab es dieses weder in Ansätzen noch in Vorstufen, hatte durch ihn aber „sofort eine gewaltige Breitenwirkung".[303] Unter diese Liedgattung fällt das berühmteste Lied Luthers, *Ein feste Burg ist unser Gott*, eine Umdichtung von Psalm 46. Die Vertonung dieses Psalms ist ein Trostlied: Christus behält das Feld, Gottes Wort stürzt den Teufel, und das Reich Gottes bleibt den Rechtgläubigen. Luther versuchte auch Freunde zum Übertragen von Psalmen in Liedform anzuregen, damit diese im Gottesdienst gesungen werden konnten. Straßburg wurde der erste Ort, an dem seine Anregung zur Schaffung von Psalmliedern schöpferisch aufgenommen wurde, denn dort tauchten schon 1524 Psalmlieder zum gottesdienstlichen Gebrauch auf. Auch Zwingli ließ sich zu einem Psalmlied inspirieren, und der Nürnberger Schuhmacherpoet Hans Sachs (1494-1576) veröffentlichte 1526 dreizehn Psalmen. Calvin lernte in Straßburg den deutschen Psalmengesang kennen und wurde dadurch zu seinem später weit verbreiteten Genfer Psalter inspiriert.

Schon seit den 1520er Jahren erreichten Flugschriften und auch Gesangbücher die österreichischen Länder. 1524 wurde in Tirol ein Gesangbuch veröffentlicht, das protestantische Geisteshaltung bezeugt. Noch 1574 wurde von Andreas Franck in Graz ein Gesangbuch herausgebracht, in dem Zeugnisse des katholischen wie des evangelischen Kirchengesangs

303 So Markus Jenny, *Luther – Zwingli – Calvin in ihren Liedern* (Zürich: Theologischer Verlag Zürich, 1983), 18.

ineinander übergehen. Erst 1567 wurde mit dem Bautzener Druck, *Geistliche Lieder und Psalmen der alten apostolischen recht- und wahrgläubigen christlichen Kirchen*, der neue Typ eines gegenreformatorischen Liederbuchs eingeführt. So kann man zu Recht behaupten: „Die römisch-katholische Kirchenlied- und Gesangbuchgeschichte wäre ohne Kenntnis von Luthers Initialzündung nicht zu verstehen."[304] Das ebenfalls 1567 vom apostolischen Administrator für die Lausitz herausgegebene erste große römisch-katholische Kirchengesangbuch des 16. Jahrhunderts, war deutlich von dem Leipziger Gesangbuch von 1545 beeinflusst, das bei Valentin Bapst gedruckt und von Luther mit einer Gesangbuchvorrede versehen wurde. Man kann ohne Übertreibung sagen, dass Luther der Vater des evangelischen Kirchenlieds und der Schöpfer des Evangelischen Kirchengesangbuchs ist. Von seinem Wirken gingen für die evangelische Gottesdienstgestaltung und Frömmigkeit weit über Deutschland hinaus nachhaltige Impulse aus. Auch andere Konfessionen konnten sich diesen Impulsen nicht entziehen.

Für Luther war das Gesangbuch nicht nur ein liturgisches Buch, sondern auch ein Haus- und Schulbuch. Es sollte die Frömmigkeit und den Glauben der Christen in der Kirche, im eigenen Haus und in der Schule fördern. So war für Luther selbstverständlich die Musik ein wichtiges Schulfach. Luther betonte: „Man muss die Musik dringend in der Schule behalten. Ein Schulmeister muss singen können, sonst sehe ich ihn nicht an. Man soll auch junge Leute, bevor man sie zum Predigtamt ordiniert, sie in der Schule [in dieser Kunst] üben."[305] Nach Luther gehörten Schule und Kirche zusammen, denn es war ein Hauptanliegen seiner Reformation, Seele und Geist auszubilden. Neben den mittelalterlichen Kloster- und Domschulen wurden in der Reformationszeit lateinische Stadt- und Ratsschulen errichtet, sowie deutsche Schreib- und Leseschulen. In den Lateinschulen diente der Musikunterricht mit dazu, die Schüler auf den liturgischen Dienst vorzubereiten. Der Schülerchor wurde durch einige Erwachsene ergänzt und war zugleich Kirchenchor. Das heißt, Schulmusik und Kirchenmusik waren weitgehend identisch.

Luther beauftragte seinen Freund Johann Walter, Lieder mit Figuralsätzen zu versehen. 1524 erschien in Wittenberg als Ergebnis dieser

---

304 So Markus Jenny, „XI. Kirchenlied, Gesangbuch und Kirchenmusik," in: Gerhard Bott, Hg., 293.

305 Luther, *WA TR*, 5:557.19-21, Nr. 6248.

Arbeit das erste Chorgesangbuch in der Geschichte der evangelischen Kirchenmusik, in dem Luthers Lied, *Ein feste Burg ist unser Gott*, nicht fehlen durfte. Walter war damals Bassist der kurfürstlichen Hofkapelle in Torgau. Als 1525 Friedrich der Weise starb, löste sein Nachfolger, Johann der Beständige, diese Kapelle auf, und Walter wurde nach einigen Jahren, in denen er ohne Unterhalt war, Lehrer an der Torgauer Stadtschule. Dort baute er „die erste evangelische Kantorei auf" und war damit sozusagen der erste lutherische Stadtkantor geworden.[306] Luther schrieb zu dem Chorgesangbuch im Vorwort: „Und es sind [diese Lieder] auch in vier Stimmen gesetzt, aus keinem anderen Grund, als dass ich gerne möchte, dass die Jugend, die ohnehin soll und muss in der Musik und anderen rechten Künsten erzogen werden, etwas hätte, damit sie die Buhllieder und fleischlichen Gesänge los würde und statt denselben etwas Heilsames lernte und so das Gute mit Lust, wie es den Jungen gebührt, einginge. Ich bin auch nicht der Meinung, dass durchs Evangelium sollten alle Künste zu Boden geschlagen werden und vergehen, wie etliche falsche Eiferer vorgeben. Sondern ich möchte alle Künste, besonders die Musik gerne sehen im Dienst des, der sie gegeben und geschaffen hat."[307] Das Chorgesangbuch befolgte also eine didaktische Absicht, nämlich junge Menschen von textlich fragwürdigen Liedern weg zu guter Musik zu führen.

Außerdem betonte Luther im Vorwort, dass das Evangelium der Kunst nicht feindselig gegenübersteht, sondern dass die Kunst, und hier besonders die Musik, dem Gott zu dienen habe, der sie gegeben und geschaffen hat. Zur Ehre und zum Ruhme Gottes sollte die Musik und damit das Musikschaffen Luthers erschallen. Luther war aber keineswegs Purist, sondern wie schon geschildert, griff er zuhause oft zur Laute und sang dazu, zusammen mit seinen Tischgenossen. Für Luther war die Musik „eine Gabe und Geschenk Gottes, nicht ein Menschengeschenk", das die Menschen fröhlich macht und sie allen Zorn und andere Laster vergessen lässt.[308] So bekannte er: „Ich gebe nach der Theologie der Musik den nächsten Platz und die höchste Ehre." Damit sind wir allerdings bei

306 Vgl. dazu Markus Jenny, „Johann Walter übertrug Luthers Musikanschauung in die Praxis," in: Gerhard Bott, Hg., 321.

307 Luther, „Die Vorrede des Wittenberger Gesangbuchs von 1524," *WA* 35.474.18-475.5.

308 Luther, *WA TR* 6:348.20-24, Nr. 7034, für dieses und das nächste Zitat.

dem Verhältnis von Theologie zu Musik angelangt, das bis jetzt nur indirekt angesprochen wurde.

c. Theologie und Musik

Obwohl Luther selbst Lieder vertonte, ging es ihm nicht darum, bekannten Liedstücken eine andere Melodie zu geben, sondern den Text im Sinne des Evangeliums zu reinigen. Gesang war schon früh ein Kennzeichen der Lutherischen und eines der wichtigsten Instrumente der Reformation. Luther selbst war ein begabter Musiker, der den Wohlklang von Stimmen und Instrumenten liebte. Anders als die Schweizer Reformatoren Zwingli und Calvin hat sich Luther nie kritisch über Musik geäußert. Im Gegenteil, er preist die Musik als eine herrliche und göttliche Gabe Gottes, die die Menschen fröhlich macht. Dies soll sich auch im gottesdienstlichen Singen ausdrücken. Nach Luther ist es „um Veränderung des Textes und nicht der Noten zu tun".[309] Luther wollte kein musikalischer Neuerer werden, sondern wollte den Glauben im Sinne des Evangeliums reformieren. So sollte die Musik „ihrem lieben Schöpfer und seinen Christen dienen, dass er gelobt und geehrt, wir aber durch sein heiliges Wort und mit süßem Gesang ins Herzen getrieben, gebessert und gestärkt werden im Glauben." Die Musik dient der Verbreitung des Evangeliums und der Stärkung des rechten Glaubens. Er sagte schon in seiner *Psalmenauslegung* (1519-21): „Einst war die Musik heilig und göttlich. Im Laufe der Zeit aber geriet sie wie alles in den Dienst des Prunks und der Begierde."[310] Die Musik muss von der menschlichen Selbstdarstellung weg hin zum Dienst Gottes und seines Evangeliums verändert werden.

Luther sieht eine Verbindung zwischen Musik und Theologie, denn die Musik hat eine theologische und seelsorgerliche Funktion. Sie bringt ein fröhliches Gemüt, vertreibt den Teufel und trägt zur Erquickung des Menschen bei. Luther betont auch: „Dem Menschen aber ist allein vor den anderen Kreaturen die Stimme mit der Rede geschenkt worden, damit er wissen sollte, dass er Gott loben soll mit Gesängen und Worten,

---

309 Luther, „Die Vorrede zu der Sammlung der Begräbnislieder 1542," *WA* 35:480.15f.; 6-9, für dieses und das folgende Zitat.

310 Luther, *Operationes in Psalmos*, in seiner Auslegung von Psalm 4, *WA* 5:98.38-40.

nämlich mit hellem, klingendem Predigen und Rühmen von Gottes Güte und Gnade, darinnen schöne Worte und lieblicher Klang zugleich gehört wird.“[311] Dem Menschen ist die Sprache gegeben, damit er sie mit einer Melodie zu einem Lied verbinde und Gott loben kann. Dies zeichnet ihn vor allen anderen Kreaturen aus.

Die enge Verbindung von Wort und Gesang war bei Luther auch für sein Gottesdienst-Verständnis wichtig. So betonte er 1544 bei der Einweihung der Schlosskirche in Torgau, dass in diesem Gotteshaus „nichts anderes darin geschehe, denn dass unser lieber Herr selbst mit uns rede durch sein heiliges Wort, und wir wiederum mit ihm reden durch Gebet und Lobgesang“.[312] Rede allein ist nicht die Bestform, denn „die Noten machen den Text lebendig“.[313] Auch Gott selbst hat das Evangelium durch die Musik gepredigt, so meint Luther mit Verweis auf Josquin de Prés, dessen Musik Luther sehr schätzte und oft am Tisch sang.[314] Obwohl Luther lateinische Gesänge nicht ablehnte, war es ihm wichtig, dass die Menschen in ihrer Muttersprache im Gottesdienst mitsingen konnten. Entscheidend für ihn war allerdings das Wort, das durch den Gesang weitergegeben wurde. So hat er z.B. 1542 Begräbnisgesänge auf Lateinisch und Deutsch herausgegeben, wobei er auch den lateinischen Text neu schrieb.[315] Luther hatte zur mittelalterlichen Gregorianik ein durchaus positives Verhältnis, wie sich aus der *Vorrede* auf die Begräbnisgesänge von 1542 zeigt. Er schreibt: „Zudem haben wir auch als gute Beispiele die schöne Musik oder Gesänge genommen, die im Papsttum, in Vigilien, Seelenmessen und Begräbnissen gebraucht sind, davon etliche in diesem Büchlein drucken lassen und wollen mit der Zeit derselben mehr nehmen, oder wer es besser vermag als wir. Doch [haben wir] andere Texte daruntergesetzt, um damit unseren Artikel der Auferstehung zu schmücken. Nicht das Fegfeuer mit seiner Pein und Genugtuung, weswegen ihre Verstorbenen nicht schlafen noch ruhen können.

311 Luther, „Die Vorrede zu der Sammlung der Begräbnislieder 1542,“ auf die Gesänge vom Leiden Christi, „Praefatio zu der Symphoniae iucundae“ (1538), *WA* 50:372.16-20.

312 Luther, „Predigt am 17. Sonntag nach Trinitatis, bei der Einweihung der Schlosskirche zu Torgau gehalten“ (5. Oktober 1544), *WA* 49:588.15-18.

313 Luther, *WA TR* 2:518.6f. (Nr. 2545b) von 1532.

314 Luther, *WA TR* 2:11.26 (Nr. 1258) von 1531.

315 So Markus Jenny, „Luther als Schöpfer des evangelischen Gesangbuches,“ in: Gerhard Bott, Hg., 307.

Der Gesang und die Noten sind köstlich. Schade wäre es, dass sie sollten untergehen. Aber unchristlich und ungereimt sind die Texte oder Worte, die sollten untergehen."[316]

Luther preist die schöne Musik und die Gesänge der Tradition, von denen er sogar noch mehr, als in seinem Büchlein gedruckt, übernehmen möchte. Da der Text allerdings von mittelalterlichen und oft unbiblischen Glaubensvorstellungen zeugt, wie Fegfeuer, Genugtuung für die Sünden u.ä., ist er mit einem christlichen Begräbnis und der Auferstehungshoffnung nicht zu vereinbaren. Deshalb muss diese Musik textlich gereinigt werden. Drastisch betont Luther: „Also haben sie auch wahrlich viel treffliche schöne Musik oder Gesang, besonders in den Stiften und Pfarreien. Aber viel unflätige, abgöttische Texte wurden damit verziert."

Luther will keine textliche oder musikalische Gleichmacherei, dass die Texte und Melodien in allen Kirchen identisch seien, denn, wie er meint, die verschiedenen Kirchen haben ihre jeweils eigenen Melodien und Gebräuche. Er gesteht, dass er „auch nicht gerne höre, wo in einem Responsorium oder Gesang die Noten verändert [und] anders gesungen werden bei uns, als ich das seit meiner Jugend gewohnt bin". So hat er zum Beispiel in den oben erwähnten *Christlichen Gesängen, Lateinisch und Deutsch, zum Begräbnis* (Wittenberg 1542) „nicht nur deutsche Lieder, sondern an erster Stelle lateinische Responsorium bereitgestellt, mit denen er eindeutig, vernehmlich und bewusst bei der Tradition anknüpft, diese Arbeit im evangelischen Sinne weiterentwickelt".[317] Sein allgemeines Bestreben ist aber, die reichen Schätze des lateinischen Chorals in der erneuerten Kirche nicht brach liegen zu lassen. Luther gesteht so der Tradition ein gewisses Recht zu und will auch die künstlerische Freiheit nicht beschneiden, solange die reformatorische Grundüberzeugung gewahrt bleibt.

Somit werden die deutschen Lieder Luthers, d.h. die Lieder in der Muttersprache, die „von der Kirche bis dahin geduldet, oft abgelehnt, seltener gefördert" wurden, „nun wesentlicher und fester Bestandteil

316 Luther, „Vorrede zu der Sammlung der Begräbnislieder" (1542), *WA* 35:479.19-27; 480.1-3; 13-15. für die folgenden Zitate.

317 Markus Jenny, „Sieben biblische Begräbnisgesänge", in: *Lutheriana*, hg. v. Gerhard Hammer und Karl-Heinz zu Mühlen, 459.

des reformatorischen Programms".[318] Sie werden selbst außerhalb des Gottesdienstes, in Haus und Schule, viel gesungen und sind offen für ständige Erweiterung, Ergänzung und Veränderung. Auch der römisch-katholische Liedschatz wurde durch sie erheblich bereichert. Entscheidend ist die Zentrierung auf die heilsgeschichtlichen Fakten, nicht im Sinne einer *imitatio*, eines Mitfühlens oder gar einer Allegorese, wie das oft bei mittelalterlichen Liedern anzutreffen war. Im Mittelpunkt stehen nun Lob und Dank für das, was Gott für uns getan hat, und die Ermunterung zum eigenen tätigen Glauben. Das Bemühen Luthers um eine Musik, die dem Evangeliums entspricht, findet seine konsequente Fortführung in den Kantaten, Motetten, Oratorien und Passionen eines Johann Sebastian Bach (1685-1750) und den Oratorien eines Georg Friedrich Händel (1685-1759). Ein Jahr vor Luthers Tod erschien 1545 das bis dahin umfangreichste lutherische Gesangbuch, das der Reformator auch noch mit einer Vorrede versehen hatte, das Bapstsche Gesangbuch, an dem sich bis ins 18. Jahrhundert die lutherischen Gesangbuchausgaben orientierten. Dass dieses Gesangbuch auch die katholische Kirche inspirierte, darauf sei nochmals hingewiesen.

---

318 So Gerhard Hahn, Hg., *Martin Luther, Die deutschen geistlichen Lieder* (Tübingen: Max Niemeyer, 1967), xix.

15. Martin Luther: Ketzer, Heiliger oder Reformator?

Als Luther starb, verbreitete sich unter den Altgläubigen, so nannte man die, die beim alten Glauben blieben, allerlei Geschichten über sein Sterben. Zum Beispiel hätte er in seiner Todesstunde seinem Irrglauben abgeschworen. Oder Luther hätte sich an seinem Bettpfosten erhängt, und es habe dann nach Schwefel gerochen, denn der Teufel hätte seine Seele in die Hölle mitgenommen. Zwar wollte mich der katholische Priester Theobald Beer (1902-2000) noch 1981, als ich einen Lehrstuhl in Regensburg übernahm, davon überzeugen, dass Luther im Grunde Atheist war, und mögen auch noch einige Erzkonservative Luther in die Ketzerecke stellen, so wird von der überwiegenden Anzahl katholischer Theologen solchen Ansichten heute strikt widersprochen.

Aber, so wird mancher nachdenkliche Katholik sagen, hatten Luther nicht die Kirche gespalten, eine Spaltung an der wir heute noch leiden? Gewiss, wir leiden heute immer noch an der Kirchenspaltung des 16. Jahrhunderts. Allerdings darf man nicht vergessen, dass schon Papst Leo IX. am 16. Juli 1054 den Bann gegenüber der griechischen Kirche, also den Orthodoxen, aussprach und seitdem die Kirche in eine Ost- und eine Westkirche gespalten ist. Nachdem 1415 auf dem Konzil zu Konstanz Jan Hus verbrannte wurde, erhoben sich in Böhmen die Hussiten und ließen sich fortan nicht mehr völlig unter die päpstliche Oberhoheit zwingen. Auch König Heinrich VIII. von England sagte sich 1534 mit der Suprematsakte von Rom los und wurde höchstes Oberhaupt der Kirche von England in der ganzen Welt, also der Anglikanischen Kirche. Hat also nur Martin Luther die Kirche gespalten? Oder wurde er durch Acht und Bann gleichsam aus der Kirche herausgedrängt? Bis zu seinem Lebensende litt er daran, dass sich die Kirche unter der Führung Roms seinen Reformen verweigerte und langsam eine neue Kirche entstand. Er hätte es niemals zugelassen, dass diese sich nach ihm nennen würde.

Aber da gibt es doch den Antisemiten Luther. Gerade beim Reformationsjubiläum 2017 hörte man sehr viel über Luthers ausfallende Bemerkungen gegenüber den Juden. Im Nationalsozialismus wurden diese Bemerkungen von Julius Streicher (1885-1946) und von anderen

 | DOI:10.30965/9783657760541_016

Nazigrößen bereitwillig aufgegriffen. Aber zur Begründung der abwegigen Idee einer nordischen Herrenrasse und der Ausmerzung als minderwertig diffamierter Untermenschen wie Slawen, Zigeuner und Juden trugen diese Bemerkungen Luthers, die durch nichts zu entschuldigen sind, nicht bei. Doch darf man bei Luther nicht übersehen, dass er damit auch dem Trend der damaligen Zeit folgte. Schon 1290 hatte König Edward I. die Juden aus England vertrieben, 1492 verloren sie Spanien als ihre Heimat, 1506 Lissabon, und 1517 lobte sogar Erasmus von Rotterdam Frankreich, dass es nicht mehr mit Juden und Halbjuden infiziert sei.[319] Schließlich trug 1519 der Domprediger Balthasar Hubmaier (1480-1528) in Regensburg dazu bei, dass die Juden aus dieser Stadt vertrieben wurden und auf das dem Boden gleichgemachten jüdischen Ghetto eine Marienkirche errichtet wurde. Der alte Luther plapperte leider das nach, wozu andere sich ebenfalls hinreißen liessen. Doch hatte er in seiner früheren Zeit auch gute Beziehungen zu Juden.

Obwohl Luther gewiss auch seine Schwächen hatte, was sich an seinen oft sehr aggressiven Bemerkungen zeigt, kann man ihn kaum als Ketzer bezeichnen. Aber in das andere Extrem zu fallen und ihn zum Heiligen hochzustilisieren, könnte ihm auch nicht gerecht werden. Als Reformator hatte er zwar die Heiligen sehr geschätzt, da sie uns als Vorbilder im Glauben und im Leben dienen können. Aber sie sind keine Mittler zwischen uns und Gott, denn dafür hat uns Gott allein Jesus Christus geschickt. An ihn und an Gott den Vater können wir uns ohne Vermittlung wenden, wie es Jesus uns selbst aufgetragen hat. Aber Luther als Heiliger? In keiner lutherischen Kirche sieht man den Reformator mit einem Heiligenschein ausgestattet. Er war sich immer bewusst, dass er ein Mensch war wie jeder andere mit seinen Schwächen und Stärken. Er wuchs also nicht mit der fixen Idee auf, einmal der Reformator der Kirche oder Deutschlands zu werden. Ganz im Gegenteil!

Luther hat die Frage umhergetrieben, die damals jeden beunruhigte: Wie bekomme ich einen gnädigen Gott? Das Leben war kurz. Man erreichte kaum 40 Jahre, denn das Leben war von Mühen, Entbehrung und Krankheiten gekennzeichnet, gegen die man meist hilflos war. Wenn schon auf Erden nichts Positives zu erwarten war, dann wollte man sich

319 Vgl. dazu Heiko Oberman, „Luthers Beziehungen zu den Juden. Ahnen und Geahndete", in: Helmar Junghans, Hg., *Leben und Werk Martin Luthers von 1526-1546*, 1:519.

durch die Gnade Gottes wenigstens der himmlischen Herrlichkeit versichern. Um das zu erreichen, errichtete man Stiftungen, verrichtete alle möglichen Bußübungen oder ging wie Luther ins Kloster. Doch merkte dieser bald, dass er auch im Kloster aus eigener Kraft nicht so werden konnte, wie ihn Gott wollte, nämlich als sündlosen und gottgefälligen Menschen. Im Kloster konnte er aber das erste Mal in seinem Leben eine Bibel in der Hand halten und darin lesen. Die Lektüre der Heiligen Schrift wies ihn auf Christus, dem man allein vertrauen konnte, um selig zu werden. Selbst war man nicht dazu fähig. An Christus erkannte Luther, dass Gott kein rächender Gott ist, der uns für unsere Verfehlungen bestraft. Er ist vielmehr ein gnädiger Gott, der uns wie ein liebender Vater annimmt, wenn wir uns ganz auf ihn einlassen. In Luther wuchs die Erkenntnis der Gnade Gottes, die uns durch Christus zuteil wird. Aber wurde diese Erkenntnis auch in der Kirche vermittelt?

Der katholische Theologe Norbert Greinacher schreibt dazu: „Die Kirche des 15. Jahrhunderts war eine Institution, die sich von ihren theologischen Wurzeln und ihrem Auftrag um die Menschen so weit entfernt hatte, dass von der ‚Sache Jesu' […] nur noch sehr wenig zu erkennen war. Es handelte sich vielmehr um eine Institution, die hauptsächlich von Intrigen und Macht und Reichtum geprägt war. Die erschreckenden Schilderungen über die Ära des Renaissance-Papsttums sind bekannt, und an fürstbischöflichen Höfen und in großen Abteien […] sah es nicht viel anders aus. Die Kirche war zu einer weltlichen Institution geworden. […] Einzelne herausragende Persönlichkeiten dieser Zeit, auf welche die katholische Kirche zu Recht heute noch stolz ist […], können das Gesamtbild leider kaum aufhellen."[320] Nicht umsonst forderten besonders in den Städten die Gebildeten und auch die Herrschenden eine Reformation der Kirche an Haupt und Gliedern. In seiner *Kirchengeschichte des Bistums Regensburg* berichtet der katholische Kirchengeschichtler Josef Staber (1912-1981) von dem Regensburger Fürstbischof Pankraz von Sinzenhofen (Bischof: 1538-48), der auf Schloss Wörth, der Sommerresidenz der Regensburger Fürstbischöfe, residierte. Staber bezeichnet ihn als eine höchst unglückliche Wahl, denn in den Zeiten der Reformation, in der sich der protestantische Glaube innerhalb des Bistums rasch verbreitete,

320 https://www.romaculta.com/leistungen/stadtfuehrungen-rom/luther-in-rom/ Zugriff 15.4.2020.

wäre ein integrer Verfechter des katholischen Glaubens nötig gewesen. Doch Pankraz verkörperte das Gegenteil: Er belohnte die ihn wählenden Domkapitulare in ungebührlicher Weise mit Pfründen. „Er war Vater eines Sohnes, den er 1541 auf dem Regensburger Reichstag legitimieren ließ, und er war ein Pfründenjäger und zu allem Überfluss auch geisteskrank."[321] Auch Luther wurden diese eklatanten Probleme der Kirche immer mehr bewusst. In seiner naiven Art dachte er jedoch, dass der Papst sicher gegen die Missstände einschreiten würde, wenn ihn diese bekannt wären. Erst allmählich erkannte Luther, dass dieser Teil des Problems war und nicht seine Lösung. Papst Alexander VI. (Papst: 1492-1503) kann man höchstens als Agnostiker bezeichnen, und Julius II. (1503-1513) hatte nicht umsonst den Beinamen „der Schreckliche", denn er verwandte den Großteil seines Budgets für kriegerische Unternehmungen. Trotzdem legte er 1506 den Grundstein zum Petersdom und war ein Mäzen der Künste, was er allerdings mit dem Ablasshandel finanzierte. Als Luther diese Dinge langsam bekannt wurden, schritt er, seine Bibelkenntnisse als Theologe zugrunde legend, immer mehr dagegen ein und wurde so zum Reformator. Was hat er dabei getan?

Ganz im Verständnis der Spätrenaissance ging Luther zurück auf die Quellen, was für ihn die Rückkehr zur Bibel bedeutete. Da man ein Christ nur sein kann, wenn man die Bibel kennt, übersetzte er diese in volkstümliche Sprache. Da der Analphabetismus weit verbreitet war, musste man aber erst das Lesen lernen. So trieb er eine Bildungsoffensive voran durch den Ausbau von städtischen Bildungseinrichtungen für Jungen und Mädchen, denn gerade letztere waren damals von der Bildung weitgehend ausgeschlossen. Zum Verständnis des christlichen Glaubens schuf Luther dazu Anleitungen, nämlich den Kleinen und Großen Katechismus, ein Gebetbuch und auch ein Gesangbuch, denn was man singt, das behält man besser, als wenn man es nur liest. Ebenso kümmerte er sich um die Ausbildung des Klerus, die im Argen lag, so wie um einen Gottesdienst, bei dem die Gemeinde durch gemeinsamen Gesang mitmachen konnte. Aber was hat das mit der katholischen Kirche zu tun?

Hier könnte man auf das Sprichwort verweisen: Konkurrenz belebt das Geschäft. Entscheidend dafür war das Konzil von Trient (1545-63), das eine strikte Abgrenzung gegenüber dem vollzog, was man als

321 Josef Staber, *Kirchengeschichte des Bistums Regensburg* (Regensburg: Josef Habbel, 1966), 114.

reformatorisch verstand. Zum Beispiel: Statt wie Luther bei der Bibel auf das hebräische Alte Testament und das griechische Neue Testament zurückzugehen, wurde die lateinische Vulgata als Quelle für die offizielle Lehre der römischen Kirche festgelegt. Ebenso setzte man im Gegensatz zu den Reformatoren die Zahl der Sakramente auf sieben fest. Man beschäftigte sich ebenfalls ausführlich mit der Rechtfertigungslehre, also dem Zentralpunkt der Reformation. Dabei wurde das zurückgewiesen, was man als reformatorisch erkannte, und setzte dem die eigene Position dagegen. Nur langsam sind diese Gegensätze bis heute überwunden worden. Zugleich versuchte man in Trient, die gröbsten Missbräuche, wie etwa beim Ablasswesen, abzuschaffen. Man verbot auch die Ämterhäufung im Bischofsamt, so dass man nicht gegen entsprechende Bezahlung mehrere Bischofsämter zugleich versehen konnte. Zur besseren Ausbildung der Seelsorger wurden Priesterseminare eingerichtet. Die Pflicht zur Predigt, die Luther als Verkündigung des Wortes Gottes so wichtig war, wurde eingeführt. Auch der Zölibat wurde verpflichtend, sodass die Priester nicht mehr im Konkubinat leben konnten. Schließlich wurde zur Unterrichtung im christlichen Glauben der römische Katechismus eingeführt und für den Gottesdienst ein Gesangbuch. Die meisten dieser Reformen waren ganz im Sinne Luthers.

Manche seiner Reformen haben sich aber erst im Zweiten Vatikanischen Konzil durchgesetzt, indem etwa die Laien aufgewertet wurden und man feststellte, dass der Laienapostolat „Teilhabe an der heilbringenden Mission der Kirche" ist,[322] oder indem man betonte, dass Unkenntnis der Schrift „Unkenntnis Christi" ist.[323] Zugleich ging man jetzt über die lateinische Vulgata, die im Konzil von Trient noch als Norm gegenüber den Reformatoren festgesetzt wurde, auf den griechischen und hebräischen Urtext der Bibel zurück und forderte, dass „in Zusammenarbeit auch mit den getrennten Brüdern", d.h. den Evangelischen, „brauchbare und richtige Übersetzungen in die verschiedenen Sprachen erarbeitet würden, vor allem aus den Urtexten der Heiligen Bücher".[324]

Man muss in diesem Zusammenhang auch an die Streitigkeiten über das Abendmahl erinnern. Während der Reformationszeit war es für

322 Dogmatische Konstitution *Lumen gentium*: Kirchen (33), in: Heinrich Denzinger, Nr. 4159, S. 1135.

323 Dogmatische Konstitution *Dei verbum*: Offenbarung (25), in: ebd., Nr. 4232, S. 1182.

324 Dogmatische Konstitution *Dei verbum*: Offenbarung (22), in: ebd., Nr. 4229, S. 1181.

die Lutheraner entscheidend, dass das Abendmahl in beiderlei Gestalt, also als Brot und Wein, an die Gläubigen ausgeteilt wurde. Auf der altgläubigen (katholischen) Seite wurde den Gläubigen nur die Hostie gereicht, während Brot und Wein für den Priester reserviert waren. Inzwischen ist es aber auch auf der katholischen Seite möglich, dass die Gläubigen das Abendmahl in beiderlei Gestalt bekommen. Ein weiterer Streitpunkt beim Abendmahl war die Transsubstantiationslehre. Auf dem vierten Laterankonzil (1215) wurde betont, dass durch einen ordnungsgemäß geweihten Priester die (unsichtbare) Substanz von Brot und Wein in Leib und Blut Christi verwandelt wurden. Die Akzidenz, also das Aussehen von Brot und Wein, veränderte sich hingegen nicht. Zugrunde lag hier die philosophische Unterscheidung von Substanz und Akzidenz, die letztendlich auf Aristoteles zurückging. In den ökumenischen Lehrgesprächen im 20. Jahrhundert hat man allerdings gemerkt, dass es sowohl der katholischen als auch der lutherischen Seite schließlich darum ging, dass Christus in Brot und Wein im Abendmahl wirklich gegenwärtig ist, was die Lutheraner mit der Lehre von der Realpräsenz verdeutlichten. So kann man auf katholischer Seite jetzt auch von einer Transsignifikation sprechen, aber nicht unbedingt von einer Transsubstantiation.[325] Dank der wesenhaften Anwesenheit Christi in den Elementen von Brot und Wein findet ein wesentlicher Bedeutungswandel in den Elementen statt. Auch hier, so könnte man sagen, hat sich Luthers Verständnis positiv ausgewirkt. Trotzdem bleibt hier noch ein Dissens, da nach katholischen Verständnis nur ein Geistlicher, der in Einheit mit seinem Bischof und der wiederum in Einheit mit dem Bischof von Rom steht, ein vollgültiges Abendmahl feiern kann. Das ist aber bei den Evangelischen nicht der Fall. Vielleicht setzt sich auch hier noch die Auffassung durch, dass es sich bei dem Abendmahl nicht um ein Abendmahl einer bestimmten Kirche handelt, sondern um das Abendmahl Christi, denn Christus spaltet nicht, sondern er eint. Dann wäre auch dieser Streitpunkt behoben, und man könnte sich gegenseitig zum Abendmahl einladen.

Luther gab aber auch Impulse, die über kirchliche Belange hinausgingen. So war er durch seine Bibelübersetzung entscheidend an der Herausbildung der neuhochdeutschen Sprache beteiligt und bereicherte

325 Vgl. dazu *Lehrverurteilungen – kirchentrennend?* Bd. 1, Karl Lehmann und Wolfhart Pannenberg, Hg. (Freiburg im Breisgau: Herder, Göttingen: Vandenhoeck & Ruprecht1986), 106.

sie durch viele Ausdrücke und Sprichwörter. Durch seine nachdrückliche Versicherung, dass jeder zu einem bestimmten Dienst und noch dazu zu vielen anderen Diensten berufen ist, für die man Gott und dem Nächsten gegenüber verantwortlich ist, förderte er ein Berufsethos, das heute noch zu spüren ist. Auch das sogenannte preußische Beamtentum, das sich durch Effizienz, Unbestechlichkeit und Treue gegenüber dem Dienstherrn auszeichnen soll, ist ohne Luthers Lehre vom Beruf kaum zu denken. Ebenso wurzelt das sogenannte Ehrenamt, das als Dienst (am Nächsten) verrichtet wird, in Luthers Dienstverständnis.

Wer war nun Luther, und weshalb ist er auch für Nichtlutheraner wichtig? Er war kein Theologe von der Bedeutung eines Thomas von Aquin. Er war vielmehr ein Christ, der in der Tradition von Paulus und Augustin stand, und in dieser Tradition die Hinwendung Gottes, des Schöpfers des ganzen Universums, an uns Menschen neu zum Leuchten brachte. Diese Hinwendung Gottes hat dann viele Menschen – bewusst oder unbewusst – beflügelt, sich ihren Mitmenschen zuzuwenden, wie wir es beispielhaft in der Coronakrise erlebten. Die Impulse, die von Luther ausgingen, sind nicht nur bis heute für die protestantische Christenheit prägend, sondern belebten und erneuerten auch das katholische Bekenntnis in einem Maß, wie es vielen nicht bewusst ist. Darüber hinaus war er für die deutsche Sprache und das Sozialleben äußerst einflussreich. So war es durchaus folgerichtig, dass man die 500Jahr-Feier der Veröffentlichung von Luthers 95 Thesen nicht einfach als konfessionelles Ereignis feierte, denn Martin Luthers Prägekraft reicht über die Kirchen weit hinaus. Damit gehört er nicht nur den Lutheranern, auch wenn sie sich nicht immer zu Recht nach ihm nennen, sondern er gehört zunächst uns Christen, aber auch all denen, die sich heute noch von seinem Verständnis des Dienstes am Nächsten inspirieren lassen.

Weiterführende Literatur

Aland, Kurt (Hg.). *Luther Deutsch. Die Werke Martin Luthers in neuer Auswahl für die Gegenwart*, 10 Bde. u. 1 Registerband, 4. Aufl. Göttingen: Vandenhoeck & Ruprecht, 1993.

Althaus, Paul. *Die Ethik Martin Luthers*. Gütersloh: Gütersloher Verlagshaus, 1965.

—. *Die Theologie Martin Luthers*. Gütersloh: Gütersloher Verlagshaus, 1962.

Barth, Hans-Martin. *Die Theologie Martin Luthers. Eine kritische Würdigung*. Gütersloh: Gütersloher Verlagshaus, 2009.

Bayer, Oswald. *Martin Luthers Theologie. Eine Vergegenwärtigung*. Tübingen: Mohr Siebeck, 2004.

Beutel, Albrecht (Hg.). *Luther Handbuch*. 3. Aufl. Tübingen: Mohr Siebeck, 2017.

Brecht, Martin. *Martin Luther*. Bd. 1: *Sein Weg zur Reformation*. Stuttgart: Calwer Verlag, 1981, ^{2}1983.

Bd. 2: *Ordnung und Abgrenzung der Reformation*. Stuttgart 1986.

Bd. 3: *Die Erhaltung der Kirche*. Stuttgart 1987.

Dingel, Irene. *Geschichte der Reformation*, Göttingen: Vandenhoeck & Ruprecht, 2018.

Feldmann, Christian. *Martin Luther*. Reinbek: Rowohlt, 2009.

Junghans, Helmar (Hg.). *Leben und Werk Martin Luthers von 1526 bis 1546*. 2 Bde. Göttingen: Vandenhoeck & Ruprecht, 1983.

Kaufmann, Thomas: *Luthers Juden*. Ditzingen: Reclam, 2014.

—. *Erlöste und Verdammte. Eine Geschichte der Reformation*. München: Beck, 2016.

Leppin, Volker und Schneider-Ludorff, Gury. (Hg.). *Das Luther-Lexikon*. Regensburg: Bückle & Böhm, 2014.

—. *Martin Luther. Vom Bauernsohn zum Reformator*. Darmstadt: Lambert Schneider, 2013.

Lohse, Bernhard. *Luthers Theologie in ihrer historischen Entwicklung und in ihrem systematischen Zusammenhang*. Göttingen: Vandenhoeck & Ruprecht, 1995.

—. *Martin Luther. Eine Einführung in sein Leben und Werk*. 2. Aufl. München: Beck, 1985.

Manns, Peter. *Martin Luther. Der unbekannte Reformator. Ein Lebensbild*. Freiburg i. Br.: Herder, 1982.

Oberman, Heiko. *Luther. Mensch zwischen Gott und Teufel*. 2. verb. Aufl. Berlin: Severin und Siedler, 1987.

Pesch, Otto Hermann. *Hinführung zu Luther*. Mainz: Matthias Grünewald, 1982.

Prien, Hans-Jürgen. *Luthers Wirtschaftsethik*. Göttingen: Vandenhoeck & Ruprecht, 1992.

Schilling, Heinz. *Martin Luther. Rebell in einer Zeit des Umbruchs. Eine Biographie*. 4. aktualisierte Auflage, München: Beck, 2016.

—. (Hg.): *Der Reformator Martin Luther 2017: Eine wissenschaftliche und gedenkpolitische Bestandsaufnahme*. Berlin/München: De Gruyter / Oldenbourg, 2015.

Schorn-Schütte, Luise. *Die Reformation. Vorgeschichte, Verlauf, Wirkung*. 6. Aufl. München: Beck, 2016.

Schwarz, Hans. *Martin Luther. Einführung in Leben und Werk*. 3. und ergänzte Aufl. Neuendettelsau: Freimund, 2010.

Schwarz, Reinhard. *Luther*. Göttingen: Vandenhoeck & Ruprecht, 1986.

—. *Martin Luther. Lehrer der christlichen Religion*. Tübingen: Mohr Siebeck, 2015.

Wengert, Timothy J. (Hg.) *Dictionary of Luther and the Lutheran Traditions*. Grand Rapids, MI: Baker Academic, 2017.

Die Lutherzitate sind der Kritischen Gesamtausgabe entnommen und sprachlich leicht geglättet. Sie sind wie folgt zitiert: *WA* (Kritische Gesamtausgabe) Band 30 Halbband /II: Seite 245. Zeilen 4-7. Also: *WA* 30/II:245.4-7.

Luther, Martin. *D. Martin Luthers Werke: Kritische Gesamtausgabe*. 73 Bde. Weimar: Hermann Böhlaus Nachfolger, 1883-2009.

WA TR. *D. Martin Luthers Werke: Kritische Gesamtausgabe: Tischreden*. 6 Bde. Weimar: Hermann Böhlaus Nachfolger, 1912-1921.

WA BR. *D. Martin Luthers Werke: Kritische Gesamtausgabe: Briefwechsel*. 18 Bde. Weimar: Hermann Böhlaus Nachfolger, 1930-1985.

WA DB. D. *Martin Luthers Werke: Kritische Gesamtausgabe: Deutsche Bibel*. 15 Bde. Weimar: Hermann Böhlaus Nachfolger, 1901-1961.